大数据环境下创新型档案管理与服务

邬雪军　著

中国原子能出版社

图书在版编目（CIP）数据

大数据环境下创新型档案管理与服务 / 邬雪军著. 北京 : 中国原子能出版社, 2024. 6. -- ISBN 978-7-5221-3450-5

Ⅰ. G271

中国国家版本馆 CIP 数据核字第 20242AA407 号

大数据环境下创新型档案管理与服务

出版发行　中国原子能出版社（北京市海淀区阜成路 43 号　100048）
责任编辑　王齐飞
责任印制　赵　明
印　　刷　北京金港印刷有限公司
经　　销　全国新华书店
开　　本　787 mm×1092 mm　1/16
印　　张　15.75
字　　数　270 千字
版　　次　2024 年 6 月第 1 版　2024 年 6 月第 1 次印刷
书　　号　ISBN 978-7-5221-3450-5　　　定　价　**78.00** 元

前 言

在现代社会发展中，档案管理工作显得越来越重要。通过对档案信息进行科学合理的管理，可以满足用户对信息的需求，有利于政府领导者的决策。目前，随着新技术、新设备的不断涌现，档案管理工作也进入了一个新的时期。新技术的应用使档案管理实现信息化、现代化与数字化，这也成为档案管理工作发展的必然趋势。

数字化在人类文明方面引导着世界文明的发展进程，是当今社会一种不可阻挡的发展趋势，各行各业都在追逐着数字化的发展潮流。在我国，档案管理与社会上的各行各业一样，数字化在其中的重要性越来越明显。档案作为人类社会各项实践活动的真实记录，是社会的宝贵财富，是人类重要的文化遗产，它记载着人类前进的脚步，传承着民族的优秀文化。因此，档案数字化管理被作为一项重要的工作提到了议事日程。

为此各部门应加大档案信息化建设的资金投入，完善档案信息化建设的基础设施，加快建立档案数据库和数字档案室的步伐。面对这种时代的改变，只有顺应时代的进步，运用现代化的管理手段，更新管理理念，重组业务流程，改变服务手段，提高服务质量，带动体制改革，提升管理水平，开发档案资源，才能为社会提供更好的信息服务。

目　录

第一章 大数据概论

第一节 大数据的含义

一、大数据的概念及其内涵

大数据，也就是海量数据，一股指所含的数据集规模巨大，现在大众的软件工具无法在合理的时间进行采集、存储、分析管理的数据信息。因其在各个行业的广泛应用，使之关注热度历年来居高不下。作为人们获得新的认知、理念和创造价值的源泉，大数据的数据来源可以囊括日常生活中普遍可以见到的上传到网页上的图像、视频、录音，高速公路上车辆与收费记录、日常监控录像，医院的治疗病例、高端的基因测序，天文学中通过望远镜收集的信息数据等。

大数据最早出现在何时，何地？通过对大量文献资料追踪溯源，发现这个词出现的最早时间在 1980 年的美国，未来学家托夫勒在其所著的《第三次浪潮》中，将大数据热情地称颂为“第三次浪潮的华彩乐章”。2008 年 9 月，《自然》杂志推出了名为“大数据”的封面专栏。2009 年“大数据”才开始成为互联网技术行业中的热门词汇，被世人推崇讨论。从 1980 年到 2019 年，尽管大数据的发展已有 30 多年的时间，但目前对于大数据仍没有一个统一、完整、科学的定义。

（一）狭义的大数据概念

受早期研究者将数据作为一种工具的思想的影响，很多研究机构和学者将大数据作为一种辅助工具或者从其体量特征来进行定义。

高德纳咨询管理公司数据分析师 Merv Adrian 认为，大数据超过了在正常的时间内和常用硬件环境下，常规的软件工具计算、分析相关数据的能力。

作为大数据研究讨论先驱者的咨询公司麦肯锡，2011 年在其大数据的研究报告“Big Data：The next frontier for innovation，competition.and productivity”中根据大数据的数据规模来对其诠释，它给出的定义是：大数据指的是规模已经超出了传统的数据库软件工具收集、存储、管理和分析能力的数据集。需要指出的是，麦肯锡在其报告中强调，并不是超过某一个特定的数据容量才能定义为大数据，因为随着技术的不断进步，其数据集容量也会不断地增长，行业的不同也会使大数据的定义不同。

电子商务行业的巨人亚马逊的专业大数据专家 John Rauser 将大数据定义为超过了一台计算机的设备、软件等的处理能力的数据量。

日本野村综合研究所的著名学者城田真琴和周自恒在其专著《大数据的冲击》中通过对大数据的起源进行探讨，对大数据作出如下定义：大数据指的是运用现有的一般技术难以进行管理的大量数据的集合。

简言之，对于大数据的狭义理解，研究者大多从微观的视角出发，将大数据理解为当前的技术环境难以处理的一种数据集或者能力；而在宏观方面，研究者目前则还没有提出一种明确的看法，但多数都提出了对于大数据的宏观理解，需要注意其在不同行业领域的差异及随着技术进步，其数据容量不断增长的特点。

（二）广义的大数据概念

广义的大数据概念是以对大数据进行分析管理，挖掘数据背后所蕴含的巨大价值为视角，对大数据的概念进行定义。

维基百科对大数据给出的定义是：或称为巨量数据、大资料，指的是所涉及的数据量规模巨大到无法通过当前的技术软件和工具在一定的时间内进行截取、管理、处理，并整理成为需求者所需要的信息。

肯尼思·库克耶，被誉为“大数据时代的预言家”的维克托·迈尔-舍恩伯格在其专著《大数据时代：生活、工作与思维的大变革》中将大数据定义为：大数据是人们获得新的认知、创造新的价值的源泉；大数据还为改变市场、组织机构，以及政府与公民关系服务。他们还认为大数据是人们在大规模数据的基础上可以做到的事情，而这些事情在小规模的数据基础上是无法完成的。

IBM 组织则是从大数据的特征出发对其进行定义，它认为大数据具有 3V 特征，即：规模性、多样性和高速性，故大数据是指具有容量难以估计、种类难以计算、数目增长速度非常快的数据。

国际数据公司（IDC）则在 IBM 的基础上，根据自己的研究，将 3V 发展为 4V，即数据规模巨大、数据的类型多种多样、数据的产生、处理、分析速度加快、数据的价值难以估测。所以，IDC 认为，大数据指的是规模海量，类型多样，数据的产生、处理、分析速度加快，需要超出典型的数据库软件进行管理，且能够给使用者带来巨大价值的数据集。

通过对大数据的定义进行梳理可以发现，大多数研究机构和学者是从数据的规模量，以及对于数据的处理方式来对大数据进行定义的，且多是从自身的研究视角出发，因此对于大数据的定义，可谓是仁者见仁、智者见智。

本书在参照了学术领域各个研究机构和行业企业对大数据的定义的基础上，将大数据定义为在信息爆炸时代所产生的巨量数据或海量数据，并由此引发的一系列技术及认知观念的变革。它不仅是一种数据分析、管理以及处理方式，也是一种知识发现的逻辑，通过将事物量化成数据，对事物进行数据化的研究分析。大数据具有客观性、可靠性，既是一种认识事物的新途径，又是一种创新发现的新方法。

二、大数据的应用

大约从 2009 年开始，“大数据”成为互联网信息技术行业的流行词汇。美国互联网数据中心指出，互联网上的数据每年将增长 50%，每两年翻一番，而目前世界上90%以上的数据是最近几年才产生的。此外，数据又并非单纯指人们在互联网上发布的信息，全世界的工业设备、汽车、电表上有着无数的数码传感器，随时测量和传递着有关位置、运动、震动、温度、湿度乃至空气中化学物质的变化，这也产生了海量的数据信息。

大量数据的充斥不只影响企业界。贾斯汀·格里莫将数学与政治科学联系起来，对博客文章、国会演讲和新闻稿进行计算机自动化分析等，希望借此洞察政治观点是如何进行传播的。在科学、体育、广告和公共卫生等其他许多领域中，也有着类似的情况。这意味着大数据应用已经朝着数据驱动型的发现和决策的方向发生转变。

在公共卫生、经济发展和经济预测等领域中，大数据的预见能力也正在被开发。在一次调查中，研究者发现“流感症状”和“流感治疗”等词汇在谷歌上的搜索查询量增加，而在几个星期以后，到某个地区医院急诊室就诊的流感病人数量就有所增加，因此，Google流感趋势就可以利用搜索关键词预测流感疫情。

除此之外，洛杉矶警察局和加利福尼亚大学合作，利用大数据预测犯罪的发生；统计学家内特·西尔弗利用大数据预测2012美国选举结果；麻省理工学院利用手机定位数据和交通数据建立城市规划；梅西百货根据需求和库存的情况，基于SAS的系统对多达7 300万种货品进行实时调价；医疗行业早就遇到了海量数据和非结构化数据的挑战，近年来很多国家都在积极推进医疗信息化发展，使医疗机构可以做大数据分析。

三、大数据的价值及其战略意义

（一）大数据的价值

现在的社会是一个高速发展的社会，科技发达，信息通畅，人们之间的交流越来越密切，生活也越来越方便，大数据就是这个高科技时代的产物。阿里巴巴创办人马云曾提到，未来的时代将不是IT时代，而是DT（Data Technology，数据科技）的时代，可见大数据的重要性。

有人把数据比喻为蕴藏能量的煤矿。煤炭按照性质有烟煤、无烟煤、褐煤等，而露天煤矿、深山煤矿的挖掘成本又不一样。与此类似，大数据并不在“大”，而在于“有用”。价值含量、挖掘成本比数量更为重要。对于很多行业而言，如何利用这些大规模数据是赢得竞争的关键。

大数据的价值体现在三个方面：① 为大量消费者提供产品或服务的企业可以利用大数据进行精准营销；② 做小而美模式的中小微企业可以利用大数据做服务转型；③ 面对互联网的压力，必须转型的传统企业需要与时俱进，充分利用大数据的价值。

不过，“大数据”在经济发展中具有巨大作用并不代表其能取代一切对于社会问题的理性思考，科学发展的逻辑不能被湮没在海量数据中。经济学家路德维希・冯・米塞斯曾提醒过：“就今日言，有很多人忙碌于资料之无益累积，以致对问题之说明与解决，丧失了其对特殊的经济意义的了解。”这确实是需要警惕的。

在这个快速发展的智能硬件时代，困扰应用开发者的一个重要问题就是如何在功率、覆盖范围、传输速率和成本之间找到那个微妙的平衡点。利用相关数据和分析，企业组织可以降低成本、提高效率、开发新产品、作出更明智的业务决策等等。通过结合大数据和高性能的分析，下面这些对企业有益的情况都可能会发生：及时解析故障、问题和缺陷的根源，每年可能为企业节省数十亿美元。为成千上万的快递车辆规划实时交通路线，避免拥堵。分析所有 SKU，以利润最大化为目标来定价和清理库存。根据客户的购买习惯，为其推送他可能感兴趣的优惠信息。从大量客户中快速识别出金牌客户。使用点击流数据分析和数据挖掘来规避欺诈行为。

（二）大数据的战略意义

大数据技术的战略意义不在于掌握庞大的数据信息，而在于对这些含有意义的数据进行专业化处理。换言之，如果把大数据比作一种产业，那么这种产业实现盈利的关键在于提高对数据的“加工能力”，通过“加工”实现数据的“增值”。

随着云时代的来临，大数据吸引了越来越多人的关注。“著云台”的分析师团队认为，大数据通常用来形容一个公司创造的大量非结构化和半结构化数据，这些数据在下载到关系数据库用于分析时会花费过多时间和金钱。

大数据分析常和云计算联系到一起，因为实时的大型数据集分析需要像 Map Reduce（注：一种编程模型，用于大规模数据集的并行运算）一样的框架来向数十、数百，甚至数千的计算机分配工作。

四、大数据与传统数据库

大数据分析相比于传统的数据仓库应用，具有数据量大、查询分析复杂等特点。传统数据库是 GB/TB 级（计算机储存容量单位，1 PB=1 024 TB、1 TB=1 024 GB），高质量、较干净、强结构化、自上而下、重交易、确定解的数据仓库。大数据是 PB 级以上的，有噪声、有冗余、非结构化、自下而上、重交互、满意解的数据仓库。大数据出现后，大数据对数据库高并发读写要求、对海量数据的高效存储和访问需求、对数据库高可扩展性和高可用性的需求，使传统 SQL（关系型数据库）逐渐没有用武之地，NOSQL（非关系型数据库）这一模式变得非常流行。互联网巨头对于 NOSQL 数据模式应用非常广泛，如谷歌的 Big Table、Facebook（社交网站）的 Cassandra（开源分布式 NoSQL 数据库系统）、甲骨文公司的 NoSQL 及亚马逊的 Dynamo（Key-value 模式下的存储平台）等。虽然大数据的存储和处理已有了成熟的解决方案，但是在系统软件中占较大比重的操作系统却没有太大变化，一些重要的技术问题还没有解决，如操作系统对新兴计算资源的直接抽象的调度、分布式文件系统下的统一数据视图、全数据中心范围内能耗管理、大数据下的安全性等，相关技术还不成熟，需要进一步研发。

五、大数据与 Web（互联网）

大多数研究大数据的商业公司都有明确的商业目的，即更好地支撑 Web 服务，如谷歌搜索引擎服务、Facebook、SNS 网站、新浪微博网站等。在大数据驱动下，Web 服务可以提供更加流畅的网页交互体验，更加快速的社会资讯获取，让日常工作和生活更加便捷，实现更加深入的人、机、物融合。

回顾一下 Web 的发展，Web1.0 时代的 Web 内容主要由网站服务商提供，Web2.0 时代，用户大量参与 Web 内容的生产，如博客和微博内容。Web3.0 时代，人、机、物将共同参与，使 Web 形成对真实世界的全面映射。

第二节 大数据的发展趋势

一、大数据对社会发展的影响

大数据用户行为反映其真实需求。一切行为皆有前兆，未来的不确定性，是人类产生恐惧的根源之一，而大数据技术在一定程度上可以帮助我们预测未来。简单来说，大数据可以帮助人们从各种各样的数据中快速获取有价值的信息能力。大数据时代，软件价值体现在其带来的数据规模、流量与活性；公司价值在于其拥有数据的规模、活性以及收集、运用数据的能力，这些决定了公司的核心竞争力。从国家层面看，国家数据主权体现在对数据的占有和控制。数字主权将是继边防、海防、空防之后，另一个大国博弈的空间。

（一）泛互联网化

泛互联网化是收集用户数据的唯一一种低成本方式，能够为人们提供数据规模和数据活性。泛互联网化带来软件使用的三个变化：跨平台化、碎片化和门户化。

1. 跨平台化

应用软件深度整合网络浏览器功能，移动终端（手机、平板电脑）拥有相同的体验和协同的功能。

2. 门户化

用户无须启用其他软件即可完成绝大多数的工作并满足沟通需求，对于个性化的用户需求，可以直接调用第三方应用或者插件来满足需求。

3. 碎片化

把原来大型臃肿的软件拆分成多个独立的功能组件，用户可以按需下载使用。

这三个特征的核心意义分别在于收集用户行为数据，提高客户黏性及降低软件总体拥有成本，改变商业模式。

（二）行业垂直整合，越靠近消费端的企业越有发言权

开源软件加速了基础软件的同质化趋势，而软、硬件一体化的趋势，进

一步弱化了产业链上游的发言权。大数据产业结构发展趋势有两个维度：第一维度是大数据产业链，围绕数据的采集、整理、分析和反馈；第二维度是垂直的行业，如媒体、零售、金融服务、医疗和电信行业。

（三）数据成为资产

未来企业的竞争将是拥有数据规模和活性的竞争，将是对数据解释和运用的竞争。大数据成为企业和社会关注的重要战略资源，并已成为大家争相抢夺的新焦点。因而，企业必须要提前制定大数据营销战略计划，抢占市场先机。围绕数据，可以演绎出六种新的商业模式：租售数据模式、租售信息模式、数据媒体模式、数据使用模式、数据空间运营模式和大数据技术提供商。

1. 租售数据模式

简单来说，租售数据模式就是租/售广泛收集的、精心过滤的、时效性强的数据。

2. 租售信息模式

一般聚焦于某个行业，广泛收集相关数据、深度提取整合信息，以庞大的数据中心加上专用传播渠道，为某行业服务的模式。此处，信息指的是经过加工处理，承载一定行业特征的数据集合。

3. 数据媒体模式

数据媒体模式将产业定位于媒体上，利用数据挖掘技术帮助客户开拓精准营销，企业收入来自客户增值部分的分成，这就是数据媒体模式。这类企业成长非常快，一般擅长数据挖掘分析技术帮助一些数据大户如银行、运营商等开展新的业务。

4. 数据使用模式

数据使用模式将产业定位在某一具体行业通过大量数据支持对数据进行挖掘分析后预测相关主体的行为，以开展业务，这就是数据使用模式。数据使用模式依据大数据技术开展高收益、低风险的业务，为企业创造新的盈利模式。未来将会有更多的数据使能型的业务模式出现，它们将具备创新业务的特质。这一模式的关键成功因素是维护数据的真实性和完整性，并适时进行风险分析。数据越完善，风险越低，越有利于保证企业的高收益。

（四）数据管理成为核心竞争力

数据管理成为核心竞争力，直接影响财务表现。当“数据资产是企业核心资产”的概念深入人心之后，企业对于数据管理便有了更清晰的认识，将数据管理作为企业核心竞争力，持续发展，战略性规划与运用数据资产，成为企业数据管理的核心。数据资产管理效率与主营业务收入增长率、销售收入增长率呈显著正相关；此外，对于具有互联网思维的企业而言，数据资产竞争力所占比重为36.8%，数据资产的管理效果将直接影响企业的财务表现。

（五）数据泄露事件频发

未来几年，数据泄露事件的增长率也许会达到100%，除非数据在其源头就能够得到安全保障。可以说，未来，每个财富500强企业都会面临数据攻击，无论他们是否已经做好安全防范工作。现在所有企业，无论规模大小，都需要重新审视安全的定义。在财富500强企业中，超过50%将会设置首席信息安全官这一职位。企业需要采取新的措施来确保自身以及客户的数据安全，所有数据在创建之初便需要获得安全保障，而并非在数据保存的最后一个环节，仅仅加强后者的安全措施已被证明于事无补。

（六）数据生态系统复合化程度加强

大数据的世界不只是一个单一的、巨大的计算机网络，而是一个由大量活动构件与多元参与者元素所构成的生态系统，是由终端设备提供商、基础设施提供商、网络服务提供商、网络接入服务提供商、数据服务使能者、数据服务提供商、触点服务、数据服务零售商等众多参与者共同构建的生态系统。而今，数据生态系统的基本雏形已然形成，接下来将进行系统内部角色的细分（市场的细分）、系统机制的调整（商业模式的创新）、系统结构的调整（竞争环境的调整）等，从而使数据生态系统复合化程度逐渐加深。

二、云平台数据更加完善

企业越来越希望能将自己的各类应用程序及基础设施转移到云平台上。

就像其他信息技术系统那样，大数据的分析工具和数据库也将走向云计算。

云计算能为大数据带来哪些变化呢？

（1）云计算为大数据提供了可以弹性扩展、相对便宜的存储空间和计算资源，使中小企业也可以像亚马逊一样通过云计算来完成大数据分析。自2013年开始，大数据技术已开始和云计算技术紧密结合，预计未来两者关系将更为密切。除此之外，物联网、移动互联网等也将一起助力大数据革命，让大数据营销发挥出更大的影响力。

历史上，传统的IDC就是这种模式，互联网巨头都在提供此类服务。但近期网盘势头强劲，从大数据角度来看，各家纷纷嗅到大数据商机，开始抢占个人、企业的数据资源。海外的Dropbox，国内微盘都是此类公司的代表。这类公司的想象空间在于可以成长为数据聚合平台，盈利模式将趋于多元化。

从数据量上来看，非结构化数据是结构化数据的5倍以上，任何一个种类的非结构化数据处理，都可以重现现有结构化数据的辉煌。语音数据处理领域、视频数据处理领域、语义识别领域、图像数据处理领域都可能出现大型的、高速成长的公司。

（2）云计算的IT资源庞大、分布较为广泛，是异构系统较多的企业及时准确处理数据的有力方式，甚至是唯一的方式。

当然，大数据要走向云计算，还有赖于数据通信带宽的提高和云资源池的建设，以确保原始数据能迁移到云环境以及资源可以随需求弹性扩展。

第三节　大数据的研究现状与发展战略

一、国内外大数据研究发展现状

（一）大数据已深耕于经济领域且创造了巨大的经济价值

在此，我们以美国为例探讨其大数据产业创造的巨大的价值，具体表现在以下几个方面。

1. 大数据在欧洲公共管理部门得到深入应用

大数据为OECD中的欧洲国家公共管理部门创造了1 500～3 000亿欧元或更高的潜在经济价值，这些经济价值主要通过政府公共管理机构开支的减少、转移支付的降低及税收的增加来实现。

2. 大数据提高了美国的征税效率

由于迅速发现异常的能力提升，政府税务部门可以缩小"税收缺口"，即纳税人应付税款与其自愿缴税额之间的差额，并且防止出现违规情况。大多数税务机构采用"自愿缴税与追讨欠税并举"的模式。在这种模式下，它们接受纳税人的纳税申报单并办理退税，并对一部分纳税申报单进行抽查，以找出有意或无意欠税的情况。

3. 大数据使美国医疗服务质量得到提高

对于医疗服务的提供方和支付方来说，在减少医疗成本的同时不断提高医疗质量和效率仍然是一个难以实现的目标，而这也是改善民生的重大机遇。2010年，全美医疗支出占国内生产总值的17.9%，比2000年增长13.8%。而且，某些慢性疾病（如糖尿病）的患病率正在增加，将消耗更多的医疗资源。

对这些疾病和其他相关健康服务的管理将深刻影响国家的福祉，大数据可以在这方面发挥作用。为在广大人群中取得最有效的医疗效果，更多地使用电子健康记录（电子健康档案），并与新的分析工具相结合，将有助于信息的挖掘和整合。研究人员可以利用信息判断发展趋势，并依据真实的医疗服务质量开展医疗评估。

4. 大数据使美国的交通更加便利

通过完善信息和自动驾驶功能，大数据有可能在许多方面彻底改变交通的面貌。开车的人越多，交通堵塞就越容易发生，其后果是浪费能源，造成全球气候变暖，耗费时间和金钱。手持设备、车辆和道路上的分布式传感器则可以提供实时交通信息。这些信息，再加上更好的自动驾驶功能，可以使驾驶更安全，减少交通堵塞。智能汽车日益互联的新型交通生态系统有可能彻底改变道路使用方式。

5. 大数据使美国的教育质量得到提升

大数据可以对美国教育及其在全球经济中的竞争力产生深远影响。例如，通过深入地跟踪和分析学生的在线学习活动，研究人员能够确定学生的学习方式和提高学习效率的方法。这种分析可以针对成千上万的学生进行，而不是孤立地进行小型研究。课程的教学方法，无论是在线的，还是传统的，都可以根据大规模分析所收集到的信息进行改进。

（二）欧美等发达地区大数据国家战略

1. 美国已经布局大数据产业

美国政府将大数据视为强化美国竞争力的关键因素之一，把大数据研究和生产计划提高到国家战略层面。2012 年 3 月，美国政府宣布投资 2 亿美元启动“大数据研究和发展计划”，这是继 1993 年美国宣布“信息高速公路”计划后的又一次重大科技发展部署。美国政府认为大数据是“未来的新石油与矿产”，将“大数据研究”上升到国家战略层面，对未来的科技与经济发展必将带来深远影响。

以美国科学与技术政策办公室（OSTP）为首，国土安全部、美国国家科学基金会、国防部、美国国家安全局、能源部等已经开始与民间企业或大学一起进行多项与大数据相关的研究开发。奥巴马指出，通过提高从大型复杂的数字数据集中提取知识和观点的能力，承诺帮助加快在科学与工程中的步伐，改变教学研究、加强国家安全。

据悉，美国国防部已经在积极部署大数据行动，利用海量数据挖掘高价值情报，提高快速响应能力，实现决策自动化。而美国中央情报局通过运用大数据技术，将分析搜集数据的时间由 163 天缩减到 27 分钟。

2012 年 5 月，美国数字政府战略发布，提出要通过协调化的方式，所有部门共同提高收集、储存、保留、管理、分析和共享海量数据所需核心技术的先进性，并形成合力；扩大大数据技术开发和应用所需人才的供给。以信息和客户为中心，改变联邦政府工作方式，为美国民众提供更优质的公共服务。

2018 年，纽约大学计算机系教授塞恩告诉记者，根据前期计划，美国希望利用大数据技术在科研教学、环境保护、工程技术、国土安全、生物医药等多个领域取得突破。其中具体的研发计划涉及美国国家科学基金会、国家卫生研究院、国防部、能源部、国防部高级研究局、地质勘探局 6 个联邦部门和机构。

2. 欧盟及日本等国相继出台大数据战略

继美国率先开启大数据国家战略先河之后，欧盟、日本及韩国等国家也相继出台了相应的战略举措。数据规模及运用数据的能力将成为影响综合国力的重要因素，对数据的占有和控制也将成为国家间争夺的焦点。

法国政府为促进大数据领域的发展，以培养新兴企业、软件制造商、工程师、信息系统设计师等为目标，开展了一系列的投资计划。法国政府在其发布的《数字化路线图》中表示，大力支持“大数据”在内的战略性高新技术，法国软件编辑联盟也号召政府部门和私人企业共同合作，投入 3 亿欧元资金用于推动大数据领域的发展。

为了提高信息通信领域的国际竞争力，培育新产业，同时应用信息通信技术应对抗灾救灾和核电站事故等社会性问题，日本总务省于 2012 年 7 月发布“活跃 ICT 日本”新综合战略，针对大数据推广的现状、发展动向、面临问题等进行探讨，以期对解决社会问题作出贡献。

（三）我国大数据国家战略

伴随着大数据时代的来临，世界各国对数据的重视达到了前所未有的高度。套上大数据的光环后，那些原本存放在服务器上平淡无奇的旧数据一夜之间身价倍增。按照世界经济论坛报告的看法，“大数据为新财富，价值堪比石油”。正如大数据之父维克托所预测，“虽然数据还没有被列入企业的资产负债表，但这只是一个时间问题”。

现在许多国家将大数据视为国家战略，并且在实施上，也已经进入到企业战略层面。

争夺新一轮技术革命制高点的战役已经打响，我国的开放、共享和智能的大数据的时代已经来临。

2012 年 8 月，国务院印发的《关于促进信息消费扩大内需的若干意见》指出，要推动商业企业加快信息基础设施演进升级，增强信息产品供给能力，形成行业联盟，制定行业标准，构建大数据产业链，促进创新链与产业链有效嫁接。

同时，还要构建大数据研究平台，整合创新资源，实施“专项计划”，突破关键技术。大力推进国家发改委和中科院基础研究大数据服务平台应用示范项目，广东率先启动大数据战略，推动政府转型，上海也启动大数据研发三年行动计划。

当前，在政府部门数据对外开放，由企业系统分析大数据进行投资经营方面，上海无疑是先行一步。2014 年 5 月 15 日，上海市推动各级政府部门将数据对外开放，并鼓励社会对其进行加工和运用。

随着这些与市民息息相关的信息查询的开放，企业运用大数据在上海“掘金”的时代来临，企业投资和上海民生相关的产业，如交通运输、餐饮，可以不再“盲人摸象”。

在立足国家战略和产业政策推动大数据收集和分析技术快速发展的同时，我们也逐步认识到避免数据垄断和保护数据安全的重要性，开展了相关法律法规的探讨和研究。

要推动大数据技术产业创新发展。我国网络购物、移动支付、共享经济等数字经济新业态新模式蓬勃发展，走在了世界前列。我们要瞄准世界科技前沿，集中优势资源突破大数据核心技术，加快构建自主可控的大数据产业链、价值链和生态系统。要建立健全大数据辅助科学决策和社会治理的机制，推进政府管理和社会治理模式创新，实现政府决策科学化、社会治理精准化、公共服务高效化。要运用大数据促进保障和改善民生，坚持以人民为中心的发展思想，推进“互联网＋教育”“互联网+医疗”“互联网＋文化”等，让百姓少跑腿、数据多跑路，不断提升公共服务均等化、普惠化、便捷化水平。

毫无疑问，中国的底子太薄了。但是，大数据是信息化时代的“石油”。开发大数据资源的能力将影响未来国家的核心竞争力。我国不能幻想走别人修好的道路，更不能靠等，只能依赖自身加速前行，提升将数据转化为信息和知识的速度和技术，而这种转化速度和技术体现了大数据技术能力的高低。

二、大数据的未来展望

（一）促进我国科研事业进一步发展

应用大数据技术，对于我国社会的稳定发展以及社会经济水平的提升有着非常重要的意义。此外，在我国现代化发展过程中，部分科学研究事业需要对大量的研究数据进行有效分析，而传统的数据分析手段难以获得良好的分析效果。在科学研究事业的发展过程中，通过应用大数据技术，能够对复杂的数据信息进行有效的采集和分析处理，从而在海量复杂数据中获得自身所需数据。较之于传统科研工作中的人工数据处理模式，应用大数据技术能够促进数据采集的合理性与准确性进一步提升，且数据分析结果的准确性和可靠性也进一步提高，从而能获得自身所需的研究成果，对于我国科研事业的进一步发展也有着积极的意义。可见，大数据技术对于我国科研工作中项目数据的获取能够提供良好的信息保障，对于我国科研事业的进一步发展有着积极的意义。

（二）完善社会经济市场

近年来，我国大数据技术得到了迅速发展，在社会经济市场的各个领域中也得到了普及，并且成为当下各个行业生产经营发展的重要趋势。此外，大数据技术的应用还催生了云计算技术、物联网技术以及网络通信技术等多项技术，对于我国社会经济市场的发展也有着积极的意义。因此，可以说，大数据技术对于我国经济市场的发展和产业结构的优化也有着非常积极的意义。

第四节　大数据的主体分类和应用

一、大数据的主体分类

随着信息时代的不断发展，人们的生活和工作都离不开网络，上网记录最终变成数据。互联网上的大数据不容易分类，百度把数据分为用户搜索产生的需求数据以及通过公共网络获取的数据，阿里巴巴则根据其商业价值分为交易数据、社交数据、信用数据和移动数据。互联网大数据可以分为互联网金融数据以及用户消费数据、用户地理位置数据、用户行为数据、用户社交数据等。

从社会宏观角度根据其使用主体，互联网大数据可分为以下三类。

（一）政府的大数据

各级政府各个机构拥有海量的原始数据，包括形形色色的环保、气象、电力等生活数据，道路交通、自来水、住房等公共数据，安全、海关、旅游等管理数据，教育、医疗、信用、金融等服务数据。政府部门内部数据僵化，部门之间数据固化造成了极大的资源浪费，如果关联这些数据，使其流动起来，对其综合分析，有效管理，这些数据将产生巨大的社会价值和经济效益。现代城市依托网络智能走向智慧化，无论智能电网与智慧医疗，还是智能交通和智慧环保都离不开大数据的支撑，大数据是智慧城市的核心资本。

（二）企业的大数据

企业的快速发展、实现利润、维护客户、传递价值、支撑规模、增加影响、服务买家、提高质量、节省成本、打败对手、开拓市场等都离不开数据的支持。企业需要大数据的帮助才能为快速增长的消费者群体提供差异化的产品或服务，实现精准营销。网络企业应该依靠大数据实现服务升级与方向转型，传统企业面临无处不在的压力同样必须谋求变革，融合新技术，不断前进。

随着信息技术的发展，数据成为企业的核心资产和基本要素，数据变成产业进而成长为供应链模式，慢慢连接为贯通的数据供应链。互联网时代，互相自由连通的外部数据的重要性逐渐超过单一的内部数据，单一企业的内部数据更是难以和整个互联网数据相提并论。综合所提供的数据，推动数据应用、数据整合加工的新型公司明显具有竞争优势。

大数据时代产生影响巨大的互联网企业，而传统 IT 公司也开始进入互联网领域，运用云计算与大数据技术来改善产品，提升平台，实现升级，这两类公司互相借鉴，相互合作，彼此竞争。

（三）个人的大数据

每人都能通过互联网建立属于自己的信息中心，积累、记录、采集、储存个人的一切大数据信息。根据相关法律规定，经过本人亲自授权，所有个人相关信息将转化为有价值的数据，被第三方采集可以快速处理，获得个性化的数据服务。通过信息技术各种可穿戴设备（包括植入的各种芯片）都可以通过感知技术获得个人的大数据，包括但不限于体温、心率、视力等各类身体数据以及社会关系、地理位置、购物活动等各类社会数据。个人可以选择授权给医疗服务机构，允许其查看身体数据，以便监测出当前的身体状况，制订私人健康计划；还能授权专业的金融理财机构，允许去查看个人金融数据，以便制定相应的理财规划并预测收益。当然国家有关部门还会在法律允许的范围内进行预防监控，以保障公共安全，预防犯罪。

个人的大数据严格受到法律保护，其他第三方机构必须按法律规定获得本人授权方可使用，数据必须接受公开透明全面监管；采集个人数据应该明确按照国家法律的要求，由用户自己决定采集内容与范围；数据只能由用户明确授权才能严格处理。

二、大数据的应用

（一）大数据在个人生活中的应用

1. 在各类文化产品上的应用

根据统计资料，文化传媒是第二大数据来源，仅次于政府产生的信息数据。如何运用大数据提高数据价值，了解消费者需求，使生产的文化商品能满足目标人群的需求，提升利润空间，成为无数文化企业关注的核心课题。

影视业中应用大数据直接迎合观众需求。过去主要靠导演、主演、制片人的经验制作影视剧；很多时候投资需要寻找社会关系；播出需要借力平台，依靠品牌效应。而观众只是客体，只能被动欣赏。在大数据时代，影视制作模式创新，播出模式开始转变。导演直接了解观众需求，想看什么拍什么。《纸牌屋》利用大数据技术大获成功后，影视业开始跟风运用大数据技术，就连亚马逊等知名网站也开始运用大数据技术制作自制剧。

旅游业中应用大数据预测游客去向。在法国阿维尼翁论坛上，大数据成为会议最流行的热词。为了迎接外国游客，法国蓝色海岸区域旅游委员会和法国移动运营商 Orange 联合应用大数据计算进行调研，对超过 100 万个用户进行数据分析，检测游客的游览路线、采集住宿情况、测量游客数量、定位用户电话、计算停留时间、测算游客活动范围，以完善地区旅游发展方案，调整酒店位置，设计不同交往方式，针对不同地区的旅游者，设计相应活动。

这些做法快速有效地提高了地区收入，提升了服务质量。

此外，还可以应用大数据来在在线音乐平台精准投放广告。音乐服务商可以通过网络收集用户的数据，找到适合的音乐类型，发现用户在不同场所与时间段以掌握用户的爱好兴趣，从而直接推送对应类型的广告，让用户充满兴趣。例如，在周末下午，收听动感音乐，电台会尝试投放参加波多黎各冒险游的广告；而如果周一早晨，在办公室上班前听激情音乐的用户，可能需要电台投放一个欢乐的巴黎之旅广告。

艺术品市场也可以应用大数据来判断市场，评估变化，预测交易，提高交易数量。大数据在艺术市场引领潮流，预测方向。艺术品行业产生的大数据主要来自用户交易、内容分析和物流渠道三方面。艺术品数据公司 Artnet 搜集艺术品交易记录，建立包括艺术家、经纪人、设计师等在内的数据库。签约用户可以利用大数据分析艺术品市场，预知变化。例如，用户可以选出艺术家的所有信息，建立一个流派的指数，从中整理交易数量的随机变化。再如，考察过去 10 年全球的艺术品交易市场，通过大数据分析挖掘，计算出市场交易中占据最大比例的作品是现代派艺术和印象派画作，其中，现代派高达 34%，印象派其次也有 24%，两者已经占据了全球艺术品市场的主流。

同时，大数据还可以应用在时装设计中。大数据改变着时装设计的方法，影响时装行业。时装设计能否成功常常取决于对颜色图案、形状面料、大小尺寸等的正确选择，而这些都可以通过大数据收集资料，分析趋势，来获得答案。

大数据还可以应用在设计开发电子游戏上。现在无论是手机游戏还是社交游戏，数据分析成为开发的主要环节，在整个过程中都起着重要作用。通过大数据，采集分析每日活跃在网络上的用户数，调整游戏时间等，设计者不仅能提升客户体验度，还有利于降低新游戏投入市场的风险，减免成本。例如，社交游戏首次采纳大数据分析，并且拓展游戏领域，早期 Playfish、Zynga 等重视客户体验，采取相关对策，取得巨大成功，利用增值性的调整吸引更多玩家，获得新用户。Zynga 公司通过数据分析发行游戏《城市小镇》，发现新玩家不易通过，游戏初级任务难度太大，及时调整游戏关卡设计，在保持游戏魅力的基础上简化任务，完善设计，成功收获了更多玩家。就此，游戏设计者斯科特·休梅克表示，游戏设计者希望发行之前提前评估游戏趣味性，但以往很难做到，现在通过大数据可以了解玩家情况，改善级别设计，增进吸引力，所以游戏推行离不开不断测试，不断调整，这个过程需要玩家的参与，更离不开大数据的运用。

2. 在其他方面上的应用

大数据有望在社会生活的方方面面得到应用，改变市民的日常生活。

在卫生健康方面，针对临床质量分析、医疗辅助决策、医疗资源分配、科研数据服务、个性健康引导的需求，建设全民医疗健康公共服务平台，完善涵盖全部患者的电子诊疗档案库，形成PB级的医疗大数据，支撑所有医生在线诊疗的医疗平台。在食品安全方面，面对依然严峻的食品安全形势，通过数据管理，了解顾客需求，建设食品安全大数据平台。在全民教育方面，提高全民素质，终身学习、继续教育都需要应用教育大数据为其提供服务。在智能交通方面，细化交通规划，改善交通方案，协调跨部门管理，提供个性化服务，掌握公众信息，全方位地利用交通大数据，建设服务平台。在社会安全方面，为实现治安防控、保证反恐维稳、做出情报研判、帮助案情侦破等，迫切需要建设大数据公共平台，整合安全管理。在科技发展方面，支持科技服务数据整合、实现交互式服务、预测发展趋势、支持战略决策，探索科技服务链整合、众包分包、供需对接的交互式平台型服务模式，建立科技服务业的大数据体系，所有资源共享，建设跨领域科技服务平台，利用科技服务推动工程创新。

（二）大数据在企业发展上的应用

1. 在资源优化上的应用

无论是工业、研究、金融、媒体，还是日常生活都会产生大量数据。大数据通过采集周边环境的信息，建立数据库，帮助我们预测未来，推荐健康的生活方式，世界上每分钟都会产生大量数据，但重要的不是庞大的数据本身，而是用这些数据我们可以做些什么。数据共享可以为企业创造机遇使企业服务得以改善，实现透明高效发展，为顾客提供个性化服务。进行监管大数据是欧盟支持大数据建设、推动欧洲经济发展的第一步，2012年欧委会提交通用数据保护条例，实现较低费用使用公共数据，推动简捷方式优化使用条件。

在零售行业，同类产品彼此之间差异小，可替代性强，零售企业提高销售收入就需要提供更好的购物体验和客户服务，需要增加有特色的商品，丰富本地商品种类，增加各种流行款式，缩短消费周期，运用计算机技术和各种通信技术了解客户需求，对消费需求的变化迅速作出反应。通过分析大数据，零售企业可以精心选择上架产品，提供新鲜式样新颖的商品以吸引顾客；进行大数据分析，分析消费行为，以及判断销售趋势，进行调整；在制定价格时采取灵活策略，考虑节假日和天气等因素；稳定收入源，了解消费群体，进行大数据预测，利用电话、网络、电子邮件等一切方式联络客户，采集数据，进行分析，并结合各种客户的具体购物习惯，提供个性化的服务，提高客户忠诚度。运用大数据技术及时收集微博等社交媒体产生的大量的实时数据，将其与市场销售数据进行整合，为企业决策提供帮助，实现智能化发展，帮助企业把握市场发展趋势，预测客户消费行为，制定更加有效可行的策略。

每个机构和组织都在分析大数据，进而挖掘出对客户与社会有价值的信息。通过分析客户的金融数据，银行可以进一步确定潜在的优质客户，找到高质量的信用卡用户，提高还款比例，实现利润提升。通过整合交通信息，交管部门可以掌握全局，了解实况，更好地预测路面情况，优化管理措施，建立优质高效的交通管理机制，根据大数据预测解决交通拥堵问题。

2. 在高效分析上的应用

只有提出正确问题，利用高效分析工具，对数据作出分析处理，数据才能产生巨大价值，有用的相关数据才会发挥作用，帮助我们决策，大数据的价值才会实现。企业除了需要大数据分析的新技术，还需要新人才，尤其是分析人才（如数据科学家）。在人才需求激增的情况下，企业要想稳步发展就要尽早开始人才储备。数据离不开统计学，大数据时代需要新的统计方法，统计分析变得更加重要。

由于数据的采集、储存和分析的成本高，传统统计学试图通过最小量的样本观测来发现规律。而在大数据时代，我们可以收集所有产生的数据，对所研究现象进行分析。此外，在统计学中，我们进行分析时会考虑与研究对象具有内在关系的因素，如根据一个借款者的信用状况判断其按时还款的可能性。大数据时代会考虑一些不具内在关系的信息，如借款人的发型与颜色，经常使用的搜索工具与网络浏览器，打字时习惯用大写还是小写字母，常用的拼写格式等，美国一家金融分析机构就用这些大数据信息来预测顾客行为。

（三）大数据在政府社会服务上的应用

1. 在政府部门间合作上的应用

政府掌握着从人口、卫生到交通、税收，从医疗、社保到城市规划等方方面面的大数据，但是各个部门间的各种数据并没有得到高效整合，大量部门数据仍然处于固化之中，这些信息孤岛不便于政府调度，难以服务公众，办事受到制约，数据活力不能得到有效激发。

政府部门拥有社会各领域产生的各种大数据，在数据采集储存方面具有天然的优势。但是，海量的政府信息分属于不同单位与部门，各部门间又有不同类别的数据，并没有互相关联，而是相互隔离，形成数据割据，对于这些规模巨大的信息，各部门对数据的利用不足，仅限于收集分类，简单地进行统计分析，缺少对数据的整合和深入挖掘，难以获得社会价值。因此，可以将大数据应用到政府部门间的合作上。一方面，政府拥有正规专门的各级统计部门和规模庞大的干部队伍，掌握了大量经济社会各个领域的大量数据，数据十分可观；另一方面，政府工作密切关系民生，在日常相关行政过程中，不断积累储存了各类与社会生活紧密相关的数据。同时，政府还可以按照具体需求，直接要求事业单位、企业、行业协会主动提供各种数据。

2. 在公共服务上的应用

目前中国的大数据应用主要集中在科研学术领域和工业商业领域，然而可以预见，大数据时代将为政府转型，转变职能，带来新的发展机遇，这一时代趋势将变革公共服务方式，影响服务体系建设，需要政府部门提前规划、提前布局。

公共服务需要大数据来建立健全导向机制。当前公共服务的对象难以明确而且类型众多、爱好各异，这要求政府提供的服务不能千篇一律，以免缺乏针对性，造成资源浪费。在公共领域，依靠大数据分析技术，系统收集信息，分析民众需求，开展有针对性的服务，实现网络推荐，进行效果评价，建立反馈机制，不仅能提高公共服务效能，还能够提高群众满意度。

在市政管理中，应用大数据技术有助于优化资源，有效使用行政资源，促进政府的支出效益实现最大化。大数据有助于执法与经济规划，而在防灾和灾后恢复等方面，大数据同样可以大显身手。大数据可以应用于预防犯罪，执法人员可以在犯罪行为实施前作出预测，对其进行监控，侦查到有效证据，提前预防，先发制人。

在反恐与国防安全领域，大数据有助于提高国家安全保障能力。应用大数据技术对储存在各部门的不同信息进行自动分类、处理分析，有效预测，改善情报不足，帮助侦察系统升级，增强国家安全保障能力。

挖掘大数据可帮助提高政府决策质量，实现决策的科学性、高效性，如日本大地震爆发仅 9 分钟，美国国家海洋和大气管理局就公开发布了明确的海啸预警，随即通过计算机对海洋传感器采集的实时数据进行分析判断，制定了完善的应急方案，并将设计的海啸影响模型公开发布在 YouTube 等网站。

三、大数据的需求

目前，企业数据中非结构化数据成为主流。在企业信息技术架构中，结构化数据和非结构化数据占据了越来越重要的位置。

从表面来看，企业对于数据分析的需求始终都存在，数据不是理论上的革命或者技术上的革命，它是一种革新，这种革新标志着企业对于数据应用的需求上升到一个新的发展阶段。在这个阶段中，企业不但处理数据的速度越来越快，而且处理数据的类型也会越来越多，既要处理结构化数据，又要处理非结构化和半结构化数据。最为重要的是，企业怎样把这些数据上升为战略资源，利用这些数据提升自己的市场竞争力。

大数据的核心价值在于，帮助用户从大量的结构化或非结构化的大数据中，用一种全方位的方法或者一种数据分析手段，发掘出新的业务模式，创造一些新的商业发展机会，以及发掘新的潜在用户。

对于大数据目前的应用可能性，从行业应用特点来讲，大数据技术与互联网、电信、制造、医疗、金融流通这些行业的切合度最高；从应用需求来分析，互联网、制造、医疗、政府、能源、教育、快消品等行业与大数据的技术切合度较高，会有比较大的应用前景。

互联网行业，除了社交、商业零售业务之外，像在线音视频业务、广告监测、精准营销等都是未来潜在的大数据应用场景。电信行业中实时营销、线路监控、新业务挖掘等也是未来电信行业比较有潜力的大数据应用场景。金融行业中信用卡、防欺诈、电子支付业务等对大数据有较大的需求。制造行业中供应链的优化、产品研发、仓库监控等是未来制造行业中应用大数据较多的领域。

另外，不一定规模大、业务量大的企业对于大数据才有比较迫切的应用意愿，一些中等规模企业对于应用大数据相关技术的意愿更高。

此外，还应该构建大数据创新体系，成立大数据产业联盟，实施技术创新战略，成立数据科学方向的国家重点实验室，建立数据工程技术研究中心等，促进形成若干引领大数据产业技术创新的企业联合实体。企业联合实体以合同为保障，有效整合产、学、研、用各方资源，以实现技术创新、满足市场刚性需求为目标，发展拥有自主知识产权，符合国内外市场产业发展需求的应用技术，建立产业标准、产品规范。

大数据帮助人们构建信息社会，更好地了解社会，为每个人提供服务，帮助人们作出决策。目前分析数据人才稀缺，就业市场尤其需要有经验、有知识储备的人才。在日常生活中人们不能仅仅依据感性经验作出决策，而应该运用数据分析，医生应该在大数据分析的基础上选择恰当的治疗手段；学校和老师需要对教学案例进行大数据分析，合理安排教学，改进教学方法；公司和企业应该学会利用大数据分析，创造新产品，为客户提供新服务；政府改进政策更加需要建立在大数据分析的基础上。在数据规模庞大的今天，我们更加需要收集大量的数据并作出行之有效的分析，这样才能实现上述目标。

第二章 大数据环境下档案信息化建设概论

第一节 信息技术概述

20 世纪末，信息技术，特别是数字技术和网络技术的迅猛发展，正在深刻地改变着信息的收集、组织管控、保管、传递和利用方式，这种改变广泛渗透到人类生活的各个方面和社会发展的各个领域，给人类社会的进步注入了强大的动力，极大地提升了社会生产力，也给各项事业的发展提供了宝贵的机遇。认清信息化潮流，抓住信息化机遇，应对信息化挑战，顺势而为，乘势而上，是 21 世纪我国档案事业发展的突出主题战略举措和神圣使命。

我国的档案信息化建设是在信息技术日新月异、国家信息化战略不断推进、电子政务建设迅猛发展的多重背景下发展起来的。其中，信息技术是档案信息化的前提和基础。认识信息化和信息技术的基本概念和知识，有利于把握档案信息化的基本规律，克服盲目性，提高自觉性，增强对信息化战略的执行力。

一、信息化的基本概念

信息化是当今世界发展的大趋势、大潮流，在档案信息化建设的理论研究和实践推进中，档案工作者需要掌握信息化的基本概念和特点。

（一）信息

客观世界有三大要素，即物质、能量和信息。人们较早地认识了物质，于 18 世纪 60 年代的工业化时期才认识能量，并发现了物质和能量的转换关系。20 世纪 50 年代以后，信息科学发展成为一门新兴学科，至今方兴未艾，并深刻地影响着世界。

研究信息化首先须认识信息。一般来说，信息有广义和狭义之分。广义的信息（指本体论）是指事物存在方式和运动状态的表现形式。“事物”是指存在于人类社会、思维活动和自然界中的一切对象；“运动”是指一切意义上的变化，包括机械、物理、化学、生物思维、社会的运动。在这一层次上定义的是最广泛的信息，既包括自然信息，如鸟语花香、冬去春来；也包括社会信息，如政治信息、经济信息、军事信息、文化信息、科学技术信息、社会生活信息。狭义信息（指本体论）是指人所感知或表述的事物存在方式和运动状态。“感知”是外界向主体输入信息；“表述”是主体向外界输出信息。本体论层次上的信息是客观信息，不以人的存在为前提。主体论层次上的信息建立在人的意志基础上，是人的认识、感知、理解、表达、传递能力的产物，用于特定目的，因此，其内涵要比本体论层次上的信息丰富得多。显然，档案信息属于主体论层次，是人按照自己的意志，在对本体信息效用价值判断的基础上有选择地感知、存储和表述的信息。信息技术的发展，极大地拓展和增强了人对本体信息的感知和表述能力，档案信息化应当充分利用信息技术的强大功能和技术条件，增强人类对社会记忆信息的掌控和驾驭能力。

（二）信息资源

信息资源也有广义和狭义之分。广义信息资源是指人类在社会信息活动中积累起来的信息、信息生产者、信息技术等信息活动要素的集合；狭义信息资源是指人类社会活动中经过加工处理后达到有序化并大量积累起来的有用信息集合。

随着信息技术，特别是互联网的普及，人们实实在在地感受到了信息的普遍性和价值性。将信息看作并转换为一种资源，是对信息或信息活动相关要素价值性高度认可的表现，是当今社会的一种先进意识。同时，从上述概念可以看出，不能随意地将信息称为信息资源。信息的资源化是有条件的，这种条件同样适用于档案信息资源。因此，在从事档案信息资源的建设时，也需要“有序化”和“大量积累”，并且要将与信息有关的信息生产者、信息技术等要素一并纳入信息资源建设和管理的范畴，实现信息资源体系的整体优化和信息资源价值的最大化。

（三）信息技术

档案信息化的物质基础是信息技术，全面认识信息技术是档案信息化建设的前提条件。信息技术是指完成信息的获取、传递、加工、再生和利用等功能的技术。它是一门综合性很强的高新技术，包括以下四项基本内容：一是感测技术，它是人的视觉、听觉、触觉等感觉器官功能的扩展，使人们能更好地从外部世界获得各种有用的信息。二是通信技术，它是人的神经网络功能的扩展，其作用是传递、交换和分配信息，消除或克服空间上的限制，以便更有效地利用信息资源。三是计算机及人工智能技术，它是人的思维器官记忆联想计算功能的扩展，使人们能更好地存储、加工和再生信息。四是控制技术，它是人的效应器官（手、脚、口）功能的扩展，它是根据输入的指令对外部事物的运动状态实施干预，实现信息的效应。

（四）信息化

信息化是指社会经济结构从以物质与能源为重心向以信息与知识为重心转变的过程。也就是在经济和社会活动中，通过普遍采用信息技术和电子信息装备，更有效地开发和利用信息资源，推动经济发展和社会进步，使利用信息资源创造的劳动价值在国民经济生产总值中的比重逐步上升，直至占主导地位的过程。因此，信息化不是一种固定的状态，而是一个动态变化的过程。这个过程有着丰富的内涵，包含两个支柱、三个层面、四个特点。全面认识信息化的内涵，有利于我们准确把握信息化的基本规律，引导和促进档案信息化事业持续健康的发展。

两个支柱。是指数字化和网络化。数字化是将现实世界中的各种模拟信息转变为以二进制代码表示的数字信息，供计算机处理和网络传输的过程。数字化是信息化的基础，没有数字化就没有计算机技术和信息技术。网络化是指利用通信技术和计算机技术，把分布在不同地点的计算机及各类电子终端设备互联起来，按照一定的网络协议相互通信，以达到所有用户都可以共享软件、硬件和信息资源的目的。由此可见，档案信息化建设必须紧扣住数字化和网络化两个主题。

三个层面。一是信息技术的开发和应用过程，这是信息化建设的技术基础，信息技术的开发和应用是信息技术与档案工作有机结合和融合的过程，在很大程度上影响档案信息化发展的效率和质量。二是信息产品制造业不断发展的过程，这是信息化建设的物质条件。信息产品包括计算机软硬件和网络产品，它在很大程度上决定了档案信息化平台建设，也进而决定了档案信息系统建设的水平。三是信息资源的开发和利用过程，这是信息化建设的核心与关键。档案信息资源是档案信息化管理和利用的对象，其本身的规模和质量，以及潜在和显性的价值，决定了档案信息化的效率和效益。这三个层面是相互促进、共同发展的过程，需要全面、协调、持续地投入和发展。在档案信息化建设过程中，需要建立档案信息化发展长效机制，充分利用和平衡这三个层面的互动关系。

四个特点。一是渗透性。信息化可以渗透并融入人类社会生活的各领域，深刻改变人类的工作、学习、交流、生活等方式。二是增值性。信息化可以实现信息的增值，使信息转变为信息资源，进而转换为知识，通过网络共享，广泛地传递信息、传承文化、传播知识，不断提升信息资源创造的社会价值和经济价值。三是创新性。一方面，信息技术的应用能够带来管理观念、管理理论、管理方法和管理手段的全面创新；另一方面，管理观念、管理理论、管理方法和管理手段的全面创新也将提高信息技术的应用水平和应用效能。四是带动性。信息化可带动档案行政管理和档案业务管理水平的全面提升。

二、计算机系统的基本构成

计算机系统一般由硬件系统和软件系统构成。硬件又称“裸机”，具有被开发的潜能，但是不具备应用能力，需要软件对它进行“智力开发”。软件是人按照自己预定的目的和要求，编写的操作指令的集合。它相当于人脑，可以按照人的意志，模仿人的智慧，指挥硬件实现预定的功能。由此可知，硬件是软件的物质基础，软件是硬件的灵魂，软件指挥硬件的数据存取、数据运算处理，以及输入、输出和网络设备的运行。

硬件由主机、外部设备和网络设备组成；软件由系统软件和应用软件组成。

三、硬件系统

（一）主机

主机相当于人的大脑，具有控制运算和记忆功能。包括中央处理器和内存储器两部分。

1. 中央处理器

中央处理器（CPU）是计算机系统的核心部件和指挥中枢，主要由控制器和运算器组成。控制器是计算机系统的指挥中心，它根据计算机操作指令，向计算机的各个部件发出控制信息，使计算机系统按照人的意志有条不紊、协调一致地运行。运算器是根据控制器发出的指令进行逻辑运算、算术运算的部件。

CPU 的技术指标主要由主频、总线速度、工作电压等决定，它也决定了计算机系统的技术效能和档次。一般来说，主频和总线速度越高，计算机系统运行的速度也越快；工作电压越低，计算机电池续航时间提升，运行温度降低，也使 CPU 工作状态更稳定。当前各种移动终端的发展和普及就是得益于 CPU 技术的迅猛发展。

2. 内存储器

内存储器又称主存储器，简称内存，它是相对于外存储器而言的。运行时，内存储器与外存储器交换数据和程序，又将数据、程序与 CPU 进行交换，向 CPU 发出操作的指令和被处理的数据，再将处理完毕的数据存入外存储器。内存储器分为只读存储器（ROM）和随机存储器（RAM）两种，ROM 是存放计算机运行的最基本的程序和参数；RAM 是存放正在运行的程序和中间数据，内存储器的容量等指标，也决定着计算机系统的性能和档次。

（二）外部设备

外部设备是主机与外界交换信息的中介和枢纽，其配置和使用在很大程度上受到主机技术性能的制约。

1. 外存储器

外存储器又称辅助存储器，简称外存，用于存放暂时不用，需要长期保存的数据和程序。外存可以根据需要，批量地与内存交换数据和程序。外存向内存传输数据称为“读”数据；内存向外存传输数据称为“写”数据，外存储器主要有磁盘、磁带、光盘、闪存、磁卡等。

存储器的主要技术指标是容量。存储器容量是指存储器存放数据的总量，以字节为单位，缩写为一个 B，通常由 8 个二进制位组成，16 个二进位合成一个字（Word）。存储器容量通常以 kB（1 kB=1 024 B）、MB（1 MB=1 024 kB）、GB（1 GB=1 024 MB）、TB（1 TB=1 024 GB）为单位。随着存储技术的发展和大数据时代的到来，计算机容量单位也越来越海量化。目前，还有更大的容量单位 PB（1 PB=1 024 TB）、EB（1 EB=1 024 PB）和 ZB（1 ZB=1 024 EB）等。

外存储器的选择和配置是档案信息化基础设施建设的主要内容，是存储档案数据的主要载体。

2. 输入设备

输入设备是将外部世界的数据输入计算机系统的设备。目前常用的输入设备有键盘、鼠标、话筒、摄像头、扫描仪、翻拍仪、触摸屏、无线射频识别等。

传统的输入设备是键盘和鼠标。键盘按应用可以分为台式机键盘、笔记本电脑键盘；按工作原理可以分为机械键盘、塑料薄膜键盘、静电电容键盘。其中，机械键盘价格低，易维护，使用普及率高；薄膜键盘无磨损，价格低，噪声低，应用广泛；电容键盘经久耐用，手感好，代表了键盘技术的发展方向。鼠标按工作原理分机械式和光电式；按接线分有线鼠标和无线鼠标。

随着多媒体技术、图像技术的发展，话筒、摄像头、扫描仪等输入设备的应用日益普及。话筒又称传声器，是声电转换的器件，按转换方式分为动圈话筒和电容话筒。摄像头是一种影像信息输入设备，可分为数字摄像头和模拟摄像头两大类，被广泛用于数码照相录音、录像。扫描仪、翻拍仪是纸质载体信息模数转换设备，也是档案数字化的重要工具。

随着手机、平板电脑等移动终端的发展，触摸屏的应用也极其广泛，并给计算机用户带来崭新的体验。

无线射频识别（RFH），又称射频识别，是通过无线电信号识别特定目标并将相关数据读入计算机系统，而无须在识别系统与特定目标之间建立机械或光学接触的一种数据传输技术。此项技术在档案信息化中有很好的应用前景。

3. 输出设备

输出设备是将计算机系统的数据进行输出的设备，与输入设备一起，构成计算机与外部世界交换信息的通道。常用的输出设备有显示器、扬声器、打印机等。

显示器是显示计算机处理结果的器件。主要有阴极射线显像管显示器（CRT）、液晶显示器（LCD）、发光二极管显示器（ILED）、等离子显示器（PDP）四种。其中ILED以其色彩鲜艳、动态范围广、亮度高、寿命长、工作稳定、可靠等优点，适用于大型广场、商业广告、体育场馆等场所。PDP是采用等离子平面屏幕技术的新一代显示设备，其优越性是亮度和对比度高、厚度薄、分辨率高、无辐射、占用空间少，纯平面图像无扭曲，代表了未来电脑显示器的发展趋势。

扬声器（耳机）是电声换能器件，分内置扬声器和外置扬声器。外置扬声器一般指音箱，其音响效果好，而内置扬声器可以避免佩戴耳机所带来的不便。

打印机是将计算机处理结果输出在纸张等介质上的器件。一般分为针式、激光式、喷墨式、热敏式等。

（三）网络设备

网络设备是指用于网络连接、信号传输和转换的网络传输介质、网卡、集线器、交换机、路由器、光电转换器等设备。

1. 网络传输介质

网络传输介质是指在网络中传输信息的载体，常用的传输介质分为有线传输介质和无线传输介质两大类。

有线传输介质是指在两个通信设备之间实现的物理连接部分，它能将信号从一方传输到另一方。有线传输介质主要有双绞线、同轴电缆和光纤。双绞线和同轴电缆传输电信号，光纤传输光信号。

双绞线，由两根具有绝缘保护层的铜导线相互缠绕而成，一般用于星形网络拓扑结构中。与其他传输媒介相比，双绞线在传输距离、信道宽度和数据传输速度等方面均受到一定的限制，但价格低廉，使用方便。

同轴电缆，其中心有一根单芯铜导线，铜导线外面是绝缘层，绝缘层外面有一层导电金属，用于屏蔽电磁干扰和防止辐射，最外面的绝缘塑料起保护作用。与双绞线相比，同轴电缆的抗干扰能力很强，屏蔽性能好，传输距离长，常用于设备与设备之间的连接。

光纤，又称光缆，是一种传输光束的细微而柔韧的介质，由一捆纤维组成，通过数据包在玻璃纤芯中的传播实现信息传播，是口前实现长距离、大流量数据传输的最有效的传输介质。光缆传输过程中信息衰减小、频带宽、电磁绝缘性能好、距离长，目前已经广泛用于主干网的系统连接和数据传输。

无线传输介质是指我们周围的自由空间，即利用无线电波在自由空间的传播，实现多种无线通信。在自由空间传输的电磁波根据频谱分为无线电波、微波、红外线、激光等，信息被加载在电磁波上进行传输。

不同的传输介质，其特性也各不相同。它们的特性对数据通信质量和通信速度有较大影响。

2. 网卡

网卡又称网络适配器、网络接口卡，是将计算机等网络设备连接到某网络上的通道。网卡的主要功能是实现数据转换、数据包的装配与拆装、网络存取与控制、数据缓存等。网卡一般插在计算机主板的扩展槽内，通过收发器接口与缆线连接，缆线另一头接在信息插座或交换机上使计算机联网。选购网卡一般应考虑以下因素：生产厂家售后服务的有效性；用于主计算机、服务器还是工作站；使用什么网络介质或网络传输方式；计算机使用的操作系统；计算机或网络设备的总线类型等。目前，由于终端接入的便捷性，无线网卡正在快速发展。

3. 集线器

集线器是居于星形拓扑的接线点。其基本功能是分发信息，即将一个端口接收的所有信号向所有端口分发出去。一些集线器在分发之前将弱信号重新生成，一些集线器整理信号的时序，以提供所有端口间的同步数据通信。目前，集线器已基本被成本相近的小型交换机所代替。

4. 交换机

交换机是一种用于电信号转发的网络设备。它可以为接入交换机的任意两个网络节点提供独享的电信号通路，具有提供连接能力以及在现存网络上增加带宽的功能。

5. 路由器

路由器是连接互联网中各局域网、广域网的设备，它会根据信道的情况自动选择和设定路由，以最佳路径，按前后顺序发送信号。目前路由器已经广泛应用于各行各业，各种不同档次的路由器已成为实现各种骨干网内部连接、骨干网间互联和骨干网与互联网互联互通业务的主力军。无线路由器是带有无线覆盖功能的路由器，实际是一个转发器，将宽带网络信号通过天线方式转发给附近的笔记本电脑、平板电脑、手机等无线终端设备。目前流行的无线路由器一般只能支持 15～20 个以内的设备同时在线使用。

6. 光电转换器

光电转换器是一种类似数字调制解调器（MODEV）的设备，和 MODEM 不同的是它接入的是光纤专线，是光信号。其原理是在远距离传输信号时，把电脑、电话或传真等产生的电信号，转换成光信号后在光纤里传播，这就需要光电转换器，它既可以把电信号转换成光信号，也可以把光信号转换成电信号。

还有一种光纤收发器，也被称为光电转换器，是一种将短距离的双绞线电信号和长距离的光信号进行互换的以太网传输媒体转换单元。这种设备一般应用在以太网电缆无法覆盖、必须使用光纤来延长传输距离的实际网络环境中，且通常定位于宽带城域网的接入层应用，将光纤最后一公里线路连接到城域网和更外层的网络上。档案部门在进行网络化基础设施建设时，不但要关注路由器、交换机乃至网卡等用于节点数据交换的网络设备，也要关注介质转换这种非网络核心设备。

四、软件系统

软件是一系列按照特定顺序组织的计算机数据和指令的集合。计算机之所以“聪明”，主要靠软件。软件的本质是人的意志和智慧，是人用特定的计算机语言，指挥计算机系统“做什么”和“怎么做”的指令集合。软件系统分两大类：系统软件和应用软件。

（一）系统软件

系统软件包括操作系统、数据库管理系统和各种工具软件等。

1. 操作系统

操作系统是管理计算机硬件资源，控制其他程序运行并为用户提供交互操作界面的系统软件的集合。操作系统是计算机系统的关键组成部分，负责管理与配置内存、决定系统资源供需平衡调剂的优先次序、控制输入与输出设备、操作网络与管理文件系统等基本任务。性能优良的操作系统，能提高计算机系统的运行效率和安全性能；操作系统的低效或故障，会造成信息系统的低效甚至瘫痪。

操作系统按照应用领域可分为桌面操作系统、服务器操作系统和嵌入式操作系统。

（1）桌面操作系统

主要用于个人计算机、个人计算机，主要有两类：PC 机与 Mac 机。PC 机一般使用 Windows 操作系统；Mac 机使用基于 Unix 操作系统的 Mac OS 操作系统。Windows 操作系统有 Windows XP、Windows Vista、Windows7、Windows8、Windows10、Windows NT 等。Unix 操作系统主要有 Mac OSX、Linux 发行版等。

（2）服务器操作系统

一般指的是安装在大型计算机上的操作系统，如 Web 服务器、应用服务器和数据库服务器。

（3）嵌入式操作系统

该操作系统是根据计算机应用的特定需要，如智能手机的应用，专门设计并嵌入在特定终端中的操作系统。该操作系统广泛应用于数码相机、手机、平板电脑、家用电器、医疗设备、交通灯、航空电子设备和工厂控制设备等各种电子设备。

2. 数据库管理系统

为了应用计算机有效地管理和利用信息，人们需要将某些相关数据，如文书档案、科技档案的目录数据，按一定的方式进行组织管理，这就需要使用数据库和数据库管理软件。

数据库可以简单定义为：以一定组织方式存储在一起的相关数据的集合。这里数据具有一定的结构，尽可能小的冗余度，与应用程序彼此独立，并能为数据库管理系统的所有用户共享。在信息化社会，数据库技术是各类信息系统的核心，是科学管理和有效利用信息资源的重要技术手段。数据库管理必须借助专用的软件——数据库管理系统。

数据库管理系统（DBMS），是操纵和管理数据库的一组软件，用于建立、使用和维护数据库。DBMS 具有以下功能：一是描述数据库，运用数据描述语言，定义数据库结构；二是管理数据库，控制用户的并发性访问，数据存储与更新，对数据进行检索、排序、统计等操作；三是维护数据库，确保数据库中数据的完整、安全和保密，数据备份和恢复数据库性能监视等；四是数据通信，利用各种方法控制数据共享的权限，在确保数据安全的前提下广泛共享数据。

数据库按结构不同一般分层次型、网络型和关系型三种。目前，常用的数据库管理系统主要是指关系型数据库管理系统（RDBMS），主流产品有 SQL Server、Sybase、Foxbase 和 Informix 等。

选择 RDBMS 的目的是存储档案目录数据和电子文件原文数据，实现对档案数据的有效管理。为适应档案业务管理需要，选择 RDBMS 主要考虑以下几个重要因素：① 档案管理软件采用数据库管理系统。② 数据库管理系统在数据库建立、数据备份、分布式数据存储与管理等方面的功能。③ 数据库管理系统使用的方便性、易操作性、兼容性与可维护性。④ 数据库管理系统所能提供的大文本存储、全文检索等功能。⑤ 数据访问是否遵循统一的标准，是否可实现与其他格式数据库文件的转换。

我国档案信息化早期多数应用 Foxbase 关系型数据库管理系统，以至于许多单位的早期档案数据库都以DBF格式保存。该数据库管理系统在20世纪80年代中期PC机中占主导地位（市场占有率高达80%～85%）。

3. 各种工具软件

软件工具是指为支持计算机软件的开发、维护、模拟、移植或管理而研制的软件系统。它是为专门目的而开发的，在软件工程范围内也就是为实现软件生存期中的各种处理活动（包括管理、开发和维护）的自动化和半自动化而开发的软件。开发软件工具的最终目的是提高软件生产率和改善软件运行的质量。

工具软件按照软件工程建设阶段可分为六类：模拟工具、开发工具、测试和评估工具、运行和维护工具、性能质量工具和程序设计支持工具。此外，还有许多辅助特定业务处理的工具软件，常用的有：办公软件（如微软Office）、媒体播放器（如百度影音）、媒体编辑器（如绘声绘影）、媒体格式转换器（如格式工厂）、图像浏览工具、截图工具、图像/动画编辑工具、通信工具、翻译软件（如金山词霸）、防火墙和杀毒软件、阅读器、输入法（如搜狗）、系统优化/保护工具、下载软件等。档案工作者熟悉和善于使用这些工具软件，往往可以解决档案业务处理中的一些大问题，起到“四两拨千斤”的效果。

事实上，Windows等操作系统也附带一定的工具软件，如负责系统优化、系统管理的软件，这一类的软件被称作系统工具。顾名思义，与系统软件类似，系统工具作用于系统软件，而不是应用软件。常见的有系统优化（磁盘的分区、磁盘的清理、磁盘碎片整理等），系统管理（驱动等）以及系统还原等软件。

（二）应用软件

系统软件的特点是通用，它并不针对某一特定应用领域。而应用软件的特点是专用，即针对特定的管理业务，并应用于某些专用领域的信息管理。如用于政府信息化的电子政务系统，用于企业信息化的电子商务系统，用于辅助行政办公和决策的办公自动化系统，用于机关档案室信息化的数字档案室系统，用于档案馆信息化的数字档案馆系统等。这里所指的应用软件具有以下特点：一是在特定的操作系统环境下，运用特定的软件工具研制而成；

二是针对特定的信息处理需求和管理业务需求进行设计开发，且应用于特定的专业领域、行业单位，或辅助特定的管理业务。

有些书将上述的工具软件，例如 Windows Office，甚至将数据库管理系统也列入应用软件的范畴。本书以“通用”和“专用”为区别原则，还是将工具软件和数据库管理系统列为系统软件的范畴。其原因是：第一，这些软件虽然也专用于某些用途，如媒体播放，但是这种工具还是具有一定的通用性，广泛应用于各个领域、行业和单位。第二，工具软件虽然也使用某些软件开发工具进行研制，但是，它也提供了二次开发的能力，可以作为各种应用软件的开发平台，如数据库管理系统。

第二节　信息化与档案工作

档案信息化不是简单地用计算机替代传统的手工作业，也不是将传统的管理方式复制到信息化平台上去。其本质上是档案工作和信息技术的结合，其成功与否也取决于两者的融合，这种融合从概念到实践都是一场深刻的革命，赋予两者崭新的内涵。

一、档案信息化的概念

科学的定义是档案信息化实践的理论基础，有利于全面理解档案信息化的目标和任务，有利于按照信息化的客观规律推进档案事业的科学发展。什么是档案信息化？学界有多种定义，不同的视角会有不同的理解。本书采用 2013 年 12 月出版的《大辞海》中的定义：档案信息化是指在国家档案行政管理部门的统筹规划和组织下，以档案信息资源建设为核心，以信息人才为依托，以法规、制度、标准为保障，全面应用现代信息技术，不断改革传统的档案管理模式，有效提高档案信息资源收集、管理和提供利用服务水平，加速档案管理现代化的进程。该定义总结了我国档案信息化的基本经验和基本规律，其内涵如下。

（一）必须由档案行政管理部门统筹规划和组织实施

档案信息化不是单纯的计算机应用，也不是具体的档案业务，而是事关全局和影响深远的复杂的系统工程。需要人才、设备、资金等方面的支持，需要全面、持续、稳步地推进，并需要经历较长的完善过程。因此，档案信息化不能各自为政、分头建设，而必须由各级国家档案行政管理部门建立统一的规划制度、规范、标准，实行宏观管理和监督指导。同时，需要精心组织实施，在技术平台、网络体系、组织机构、人才队伍、资源建设、基础业务、建设经费等方面提供保障，才能确保这项事业持续有效地开展。

（二）必须以档案信息资源建设为核心

从某种意义上说，档案信息化的核心目标是使档案信息资源化，即将档案信息转换为真正意义上的档案信息资源。资源化不是简单地将档案信息做数字化处理，也不是简单地将其放到网络上传输，而是应用信息技术，使档案信息媒体多元化、内容有序化、配置集成化、质量最优化、价值最大化，通过档案信息系统的加工处理，确保各种社会信息的真实、完整、有效，便于跨越时空广泛地共享利用，在实现档案信息增值的同时，承担起传承人类记忆的历史使命。

（三）必须建立高素质的档案信息人才队伍

档案信息化是档案专业、信息专业和计算机专业的结合，属于技术密集和知识密集型专业。传统的档案干部队伍结构和人员知识结构已经不能完全适应档案信息化的需要。档案部门缺乏档案专业和信息技术专业的复合型跨界人才，特别是中、高级信息技术专业人才，这已经成为档案信息化深入发展的瓶颈。因此，一方面，要引进和培养相关人才；另一方面，要通过建立有效的激励机制，鼓励档案人员学习信息技术知识，提升档案信息化水平。

（四）必须在法规、制度、标准方面建立相应的保障体系

信息技术的应用必然向传统的保障体系提出全面的挑战。只有根据信息技术的特点和应用要求，不断制定和完善档案管理的法规、制度、标准、规范，才能确保档案信息系统的科学建设和有效运行。

（五）必须全面应用现代信息技术

信息技术具有强大的潜能，只有全面、成功地应用才能真正转化为生产力。所谓全面应用，有三层意思：一是与档案工作有关的各个工作部门和人员都要参与应用，而不是仅靠档案业务人员应用；二是应用于档案全过程管

理的各项业务，而不是只应用于单项业务；三是引进、消化、吸收各种先进、适用的信息技术，并不断跟踪和应用新兴的信息技术，使信息技术真正成为档案事业发展的不竭动力。

（六）必须改革传统的档案管理模式

传统的档案管理模式建立在手工管理基础上，必然会出现与信息技术应用不相适应或不相匹配的问题。应当不断改革传统的档案管理模式，适应信息技术环境下的新型档案管理模式，而不能消极地让新技术适应传统的档案管理模式，这样才能最大限度地发挥信息技术应用的效能。

（七）必须树立强烈的效益意识

档案信息化不能徒有虚名，而要遵循经济规律，力争取得务实的效果。当然，档案信息化很难估量直接的经济效益。但是，在产出效果方面，要努力追求社会效益、长远效益。要树立大目标，不能满足于一般的省人、省事、省力，而要致力于解决传统档案管理中遇到的收集难、著录难、整理难、保管难、内容检索难、多媒体编研难，以及电子文件的保真、保密、保用等老大难问题，力争提升档案科学化、规范化的管理水平和服务水平，在促进社会改革开放、经济发展、文化繁荣以及法治化、民主化进程中建功立业。

档案信息化的概念是在档案工作中与信息技术相结合，档案管理理论研究和实践推进相结合的过程中逐步形成的。档案界曾经有过许多与档案信息化类似或相关的概念，都强调了某些侧面，如“档案管理自动化”，它强调包括微机微电子、缩微、复印、传真等自动化技术在档案管理中的应用；“计算机辅助档案管理”强调应用计算机人机交互、对话的方式，辅助档案管理的各项业务工作；”档案现代化管理”，除了强调档案管理应用计算机技术，实现管理手段的现代化以外，还强调档案管理理念、体制、方法的现代化；“文档一体化管理”，强调运用文件生命周期的理论，从公文和档案管理工作的全局出发，应用计算机技术实现档案的全过程管理和前端控制，提高文档管理的效率和质量。这些与档案信息化相关的概念形成，都是计算机技术及其在档案工作中应用状态、发展水平的标志，既反映了档案信息化理论研究和实践探索的阶段性成果，也反映了我国档案信息文化发展的轨迹。

二、档案信息化历程回眸

我国档案信息化自20世纪80年代起步以来，经历了从弱到强，从低端到高端，从分散到整合的发展过程，取得了长足的进步。迄今为止，大致可以划分为三个阶段。

（一）探索起步，奠定基础阶段（20世纪80年代）

这一阶段，计算机软硬件技术还处于初级阶段，数字化和网络化从概念到技术还未成熟，也未被认识。此时的档案信息化工作被称为“档案计算机管理”“档案管理自动化”或“计算机辅助档案管理”，强调运用计算机技术改善和辅助传统的档案管理。在此期间，档案馆起步较早。我国档案信息化起步较早，发展较快主要得益于：一是微机技术迅猛发展，并在档案部门迅速普及；二是全国开展档案工作恢复整顿和升级达标活动，计算机应用被纳入档案工作升级达标、考核指标；三是通过升级达标，各单位普遍建立、健全了档案管理规章制度和规范标准，提高了档案的内在管理质量，为档案信息化奠定了基础。

（二）项目带动，重点突破阶段（20世纪90年代）

20世纪90年代起，微软Windows操作系统伴随着奔腾系列微机技术的加速发展，Office软件系统日益普及，办公自动化技术广泛应用，极大地激发了广大档案工作者应用信息技术的热情和需求。1993年，随着国家经济信息化战略的启动，电子政务系统的应用催生了大量电子文件；1996年，国家档案局成立了“电子文件归档研究领导小组”，开始对档案信息化建设进行宏观规划。全国档案部门以需求为导向、以项目带动，研制出一大批各具特色的档案信息系统；积极开展档案科研，成功地应用了光盘、多媒体CAD、条形码、数字水印、图像处理等技术；系统建设从单点应用到联网应用，从单项应用到综合应用，从归档后管理到文件的前端控制和全过程管理，从单纯模拟传统管理方式转向改革管理适应计算机技术应用；从对档案实体的管理转向对档案信息的管理；从封闭式应用转向开放式应用。文档一体化管理系统与电子政务、电子商务、企业信息化、办公自动化系统相连接，向着功能综合化、性能成熟化、管理专业化、传播网络化方向发展，计算机技术的应用效益进一步显现。

（三）宏观管理，全面推进阶段（21世纪以来）

2001年，国家档案局、中央档案馆颁发《档案管理软件功能要求暂行规定》，对档案管理软件的开发研制和安装使用进行了严格规范。这一阶段的档案信息化建设具有以下特点和成功经验：一是突出了归档电子文件管理，并延伸到多媒体档案和电子文件的内容管理。二是充分借助局域网、政务网和互联网平台实现各级档案部门以及文件形成部门的互联互通、数据交换和共享，形成区域性的档案信息资源库。三是信息来源大大拓展，可以利用各种技术手段，实现有价值的档案信息资源（包括实体和电子）的采集和接收，既解决了原业务流程以单一传统载体为管理对象的局面，也大大丰富了档案信息资源库。四是服务水平显著提升，通过对档案信息资源的深度挖掘，提炼出不同角度和不同用途的信息资源，通过不同途径面向不同用户提供全方位、多角度、深层次的档案信息服务。五是数字档案馆（室）建设如火如荼，如深圳市、青岛市率先启动数字档案馆建设；上海市通过数字档案馆建设实现民生档案远程协同服务，建立“馆室、馆社、馆际”三联动机制；北京市档案馆实行可公开档案的大规模数字化工作及推进面向社会的服务。六是逐步建立和完善了档案信息化的宏观管理体系，国家层面的档案信息化纲要制度、规范、标准相继颁发，其他档案工作规划制度、规范、标准也都融入了有关档案信息化的要求。

三、档案信息化的意义

档案信息化建设无论对档案事业自身发展，还是社会信息化发展都具有十分重要的现实意义和深远的历史意义。

（一）是社会信息化建设的客观要求

人类已经进入崭新的信息社会。信息化已经成为衡量一个国家、地区、企业或专业综合实力的重要标志，各行各业都在贯彻实施信息化战略。档案事业发展也必须主动适应时代潮流，搭上信息化快车，加快现代化步伐。

社会信息化包括政府、企业、家庭、社会保障体系信息化四大领域。这四个信息化都离不开档案信息化，因为这些领域的信息化已经或正在形成浩瀚的电子文件，这些新型文件打破了纸质媒体一统天下的局面，使信息的存储媒体、传播媒体、表现媒体呈现多元化发展态势。新媒体与传统媒体相融合，深入社会生活的各个领域，深刻地改变着人类的生存环境和生活方式，并留下精彩纷呈的数字记忆。这些记忆是社会的宝贵财富，迫切需要实行档案化管理，即采用信息技术手段进行收集、整合、保管和共享利用，以提高其整合度，延长其价值链，保障社会的全面、协调、可持续发展。因此，档案信息化是时代和社会信息化发展的客观需要。

（二）是档案工作现代化的必由之路

档案工作现代化是指用科学的思想组织、方法和手段，对档案工作进行有效管理，使之获得最佳的工作效率、经济效益和社会效益的过程。信息化与档案工作的结合，不仅能减轻手工劳动，提高工作效率，而且能全面优化档案工作的各个要素，全面提升档案管理水平。

1. “化”观念

信息化是一个充满生机和活力的领域，也是公开、公平的人类活动平台。信息技术的应用，可以使档案工作者不断破除封闭、狭隘、守旧、畏难的落后观念，激发起开拓、开放、效益、效率、服务等先进意识，弘扬追求理想、崇尚科技、奋力改革、务实创新、图存图强、团队作业的精神风貌，营造尊重知识、尊重人才、鼓励创新的社会氛围，为档案事业的持续发展赋予强大的正能量。

2. “化”资源

档案信息资源是管档之基，用档之源。按照档案信息化的要求，需要将电子档案收起来，将存量纸质档案数字化做起来，将档案信息资源总库建起来。做好这些工作，就能逐步解决目前馆藏档案中存在的载体单一、门类不全、存储无序、利用不便等难题，显著增强档案资源的丰裕度、适用度、有序度、集成度、可靠度，使档案管理从实体管理转变为内容信息管理，再转变为知识管理，更好地满足社会大众不断增长的档案信息利用需求。

3. “化”管理

信息技术的应用，会暴露出传统管理模式的弊端，向传统管理模式提出挑战，从而促使档案管理部门加快建立与信息技术应用相适应的档案管理原则、体制、机制、规范和考核体系，加强档案收管、使用等各项基础工作，以保障档案信息化的顺利实施和建设成效。信息化管理水平越高，对改革传统管理观念和模式的要求也越高。因此，档案信息化的推进必将全面、持续地提升档案管理的现代化水平。

4.“化”技术

先进和适用的技术永远是档案信息化发展的强大动力。然而，先进和适用有时会产生矛盾，只有进行档案信息化实践，才能使技术的先进性和适用性取得统一，产生效益；才能持续激励档案工作者关注引进吸收新兴的信息技术。事实证明，档案信息化一方面能促使先进的信息技术与档案管理有机结合，对档案和档案工作产生带动和增值作用；另一方面也会使信息技术在档案需求的导向下日臻完善，促进信息产业的发展。

5. “化”队伍

信息化是技术密集型、知识密集型的事业，档案信息化对高素质人才具有依赖性。一方面，促使我们去选拔和培养人才，更新档案人才队伍的专业结构和知识结构，并合理地组织和使用人才，最大限度地调动人才的积极性；另一方面，档案信息化的理论研究和实践锻炼，又为人才的培养和能力的发挥提供了机会和舞台，使越来越多热衷于、尽心于、擅长于信息技术的档案人才脱颖而出，创新创业。

（三）是提高档案服务水平的必然选择

在传统的管理方式中，档案人员借助简单工具，通过手工方式对档案实体进行收管。其局限性在于：只能通过档案实体（如文件、案卷、卷盒）的整理、存放、调用和传递，管理和利用档案的内容；用户利用档案，只能实时（上班时间）、实地（在阅览室）调用档案实体（案卷）进行查阅；档案信息难以脱离档案实体，灵活高效地跨越时空，广泛共享。信息化时代的档案利用可以突破原有档案利用的局限，提高档案信息资源利用效率。

1. 直接查阅内容

电子档案信息内容和实体的可分离性，使我们可以直接对档案信息内容进行灵活的分类排序和组合，利用计算机检索途径多、能力强的优势，快速查找；同时，还能实现对档案信息内容的全文检索。

2. 提供多媒体信息

可以采用多媒体技术，提供声情图文并茂的多媒体档案信息，真正做到让记忆说话，让记忆显影，生动逼真地还原历史。

3. 跨越时空障碍

档案信息化系统可以借助互联网，将任何档案信息，在任何时间，传递到互联网覆盖的地区的任何人手中，彻底打破了档案信息传递的时空障碍，实现“全天候”服务。

4. 实现联动服务

通过网络将档案服务的主体，包括档案馆、档案室、社区事务受理服务中心的档案资源连成整体，通过数据集成的手段，在馆室联动、馆社联动、馆际联动的基础上，实现档案信息的“一站式”“一口式”或“一门式”服务，联动服务在民生档案服务中特别有效。

5. 服务的多样性

信息技术，特别是网络技术的应用，极大地拓宽了服务主体、服务对象、服务手段、服务形式和服务媒体，如网站查询服务、电话咨询服务、微博微信服务、个性化推送服务、主题展览服务等，使服务真正做到以用户为中心，以需求为导向，进一步改善档案部门的服务形象。

第三节　档案信息化的战略和任务

档案信息化不是一般意义上的档案工作，而是档案事业发展的战略性举措，关乎档案事业发展的全局性、长远性谋划。战略思维是大智慧，战略谋划是大手笔，只有战略正确、任务明确，才能保障档案信息化既好又快地发展。

一、档案信息化发展战略

档案信息化的战略实施，即发展策略主要有以下几个方面。

（一）制定国家档案信息化发展专项规划

档案信息化建设作为国家档案事业发展的有机组成部分，在国家档案

“三个体系”建设中举足轻重，其发展水平直接制约着“三个体系”建设效果。在科学制定国家档案事业发展规划的基础上，须同步配套制定《国家档案信息化发展规划》和《国家档案信息化中长期发展计划》作为专项规划，其目的是总结过去的经验教训，解决现有档案信息化建设中存在的问题，确保档案信息化建设协调有序地向广度和深度推进，国家档案信息化发展专项规划要研究档案信息化建设的战略定位和目标，明确实施阶段，落实任务完成的配套保障措施，做好与档案事业发展规划和国家信息化建设规划的相互衔接，把档案信息化建设的重大战略、重点项目、改革试点和政策要求纳入国家和各行业、各层面规划，并把解决档案信息化建设中突出矛盾的措施落实到具体的项目上，分清责任。

（二）加快档案信息化法规与标准体系建设

档案信息化工作要强化顶层设计的理念，加强立法，完善标准规范体系，使档案信息化工作有法可依、有章可循。档案工作肩负保存社会记忆的历史使命，在电子文件成为社会各项活动记忆的今天，需要从法律层面明确档案信息化的地位、作用与要求，明确电子文件（档案）的定义、属性、法律证据效力、体制机制、工作原则、管理内容和要求、机构及职责、权利和义务、归属和流向，解决电子文件（档案）的凭证作用不明确、电子文件的归档要求不统一、电子文件（档案）的利用及管理中存在各种风险等难点问题。与档案信息化“人法”相配套的是建立和完善档案信息化标准规范体系，包括基础标准、管理标准、业务标准、技术规范和专项标准等，使档案信息化成为技术标准清楚、质量要求准确、可操作性强的建设项目。

（三）加快“三个体系”建设

“三个体系”是指建立健全覆盖人民群众的档案资源体系、方便人民群众的档案利用体系、确保档案安全保密的档案安全体系。三者是相互联系、相互作用、相互影响的。其中，档案资源体系是基础，是根本；档案安全体系是保障，是为档案资源体系和档案利用体系服务的；档案利用体系是目的，是归宿，是档案事业发展的效益工程。“三个体系”建设既与档案信息化密切相关，又为档案信息化发展指明了方向。

档案资源体系建设是档案信息化的核心内容。针对国内档案信息资源建设发展不同步、标准不统一存在的现象，应加大建设力度，初步形成完整配套的档案信息资源体系。在加快传统档案数字化步伐的同时，加大对新生电子文件规范化的监督和控制，建立电子文件归档及电子档案接收应用系统，推进电子文件归档和电子档案的接收、保管与利用，逐步建设全国性可共享的档案目录数据库、纸质档案全文数据库、电子档案数据库和多媒体档案数据库；加大档案信息资源的整合，一方面，加强各部门档案信息资源的纵向整合，另一方面，加大与其他相关信息系统之间的横向整合，实现档案信息资源的共建共享。

档案利用体系建设是档案信息化的服务方向。通过建立档案信息共享通道和服务平台，拓展档案信息服务社会的渠道，强化档案信息资源共享机制，加快档案信息资源的开发利用，挖掘档案信息利用服务的社会效益和经济效益，建立高效、优质、快捷的新型档案利用服务体系。

档案安全体系建设是档案信息化的重大课题。档案部门必须始终坚持把档案信息安全与档案实体安全放在同等重要的位置，通过提高认识，强化管理，采用先进技术和各种有效措施保障档案信息安全，确保数字档案和电子档案内容真实长久可读和能被有效利用。

（四）加强档案信息化的理论体系研究

档案信息化建设发展至今，已到了强烈呼唤先进理论的时候，这是由信息化建设“技术引领需求”的特有规律所决定的。档案信息化建设之初，大家都尝试将传统档案管理基本理论运用到信息化建设实践中。随着实践不断深入、范围不断扩大，目前档案信息化建设遇到了“瓶颈”，在一定程度上是由于缺乏相应的理论指导，导致标准不配套、研究方向不明确、管理对象不明晰等问题出现。数字档案馆、电子文件中心、档案信息服务体系、档案信息利用体系、档案信息安全保障等档案信息化建设中的热点、难点问题，也需要基础理论来支撑。档案信息化理论研究要立足于档案工作实践、行业特点、专业特色探索档案信息化发展规律，构建系统的、具有中国特色的档案信息化理论体系，引领、指导档案信息化工作。

（五）推进档案信息化成果共享与交流

应本着成果资源共享的原则，有效整合政府、院校企业的智力资源，积极吸纳和采用具有全国推广价值的档案信息化技术研究成果，减少项目重复建设，节约国家投资。国家应对已经实施档案信息化建设的单位加强经验总结和理论研究，搭建一个交流平台，把取得的成果在档案业界进行推广和共享。另外，在具体项目建设过程中，要立足实践应用、合作攻关，充分吸纳先进信息技术的成果，优化建设中的各种技术方案和各种技术选型要求，解决具体的关键技术应用问题，注重使用标准规范的研究成果，引导市场，重点培育精通档案信息化建设业务的 IT 企业。

（六）探索档案信息化建设评估体系

档案信息化建设是一项系统工程，涉及的范围很广，它几乎涵盖了档案业务建设的所有内容。在档案信息化建设过程中若要确保建设质量，弄清建设中的短板或缺陷，就需要对档案信息化建设实施评估。评估作为一种控制手段，需要建立一套科学、合理、可行的评估体系，该体系需要从系统论的角度考虑，全面分析评估体系的各个构成要素，合理设置评估指标，综合考量档案信息化建设成效，尤其是最后的评价结论要成为推进和改进档案信息化建设的重要参考依据。

二、档案信息化建设的主要任务

2002 年国家档案局颁发的《全国档案信息化建设实施纲要》将档案信息化建设任务归纳为以下六项内容。

（一）档案信息化基础设施建设

基础设施是档案信息资源收集管理、开发利用的物质基础和技术条件，主要包括计算机和网络的软硬件系统数据库管理系统、网络系统以及计算机用房设施等。基础设施应当从先进性和适用性相统一的原则出发按照档案信息化建设的规划和应用系统建设的实际需求，进行采购、配置和安装。目前，全国尚无统一的档案信息化基础设施建设规划，强调将档案信息化基础设施建设纳入本地区、本行业、本单位信息化发展总体规划，与电子政务、电子商务办公自动化等基础设施共同建设，形成统一的系统平台和设备环境，以便获得必要的资金、技术支持，相互协调发展。

（二）档案信息资源建设

档案信息资源是国民经济和社会发展的战略资源，档案信息资源建设的任务包括三个方面：一是开展档案目录和全文信息资源总库建设，满足机读目录检索和共享利用的需要；二是加快馆（室）藏档案的数字化工作，加强对珍贵档案的保护，满足档案内容网络查询利用的社会需求；三是加强电子文件归档和电子档案移交进馆，将具有档案价值的电子文件收集好、管理好和利用好。档案信息资源建设应当与数字档案馆、数字档案室，以及社会公共信息库、所属单位管理信息库的建设相结合，充分实现资源的无障碍传输、互联互通和共享利用。

（三）档案管理应用系统建设

档案管理应用系统建设是信息技术与档案工作需求相结合的产物，是实现档案信息化实用价值的关键环节。其主要任务包括：研制开发和推广应用相对统一、符合规范的档案管理软件，包括电子文件归档管理、数字档案馆、数字档案室、档案行政管理等软件；推进档案信息化与电子政务、电子商务、办公自动化的同步发展；建设档案网站，并与本地区、本系统各级各类档案门户网站建立链接；运用档案管理系统开展档案管理各项业务，并做好应用系统的维护。

（四）档案信息化标准规范建设

标准规范化是档案信息化建设的重要基础，要在充分调研的基础上，根据国际标准和通用规范，逐步推出适合我国国情的档案信息化标准规范。档案信息化标准规范体系包括管理型、业务型和技术型三种，其内容包括电子文件归档和电子档案管理，档案信息资源的标识描述、加工、存储、查询、传输、转换、管理和使用等，逐步形成具有中国特色的档案信息化的标准规范体系。形成的标准规范体系应与信息源（档案生成者）、信息用户（档案利用者）的标准规范体系兼容，使分散的档案机构、档案信息系统、档案资源集成为有机的整体，真正在跨地区、跨行业、跨层次、跨部门的广阔空间内最大限度地实现档案信息资源的广泛共享。

（五）档案信息化人才队伍建设

坚持以人为本，始终把培养人才、建设队伍、提高人的素质放在第一位。将信息技术基础知识培训列入档案干部培训教学计划；加强档案信息化建设相关技术、技能培训课程与教材的建设；加强对档案业务人员实用技术的操作培训；更新档案人才队伍的知识结构，在内部培养人才的同时，吸纳社会信息技术人才力量，形成开放式的人才队伍，形成尊重知识、尊重人才、鼓励创新、人尽其才的良好工作氛围，营造优秀人才脱颖而出、健康成长、才尽其用的政策环境。

（六）档案信息安全保障体系建设

档案信息化安全责任重于泰山。档案信息安全保障体系建设包括：建立档案信息安全保障组织体系；健全档案信息安全管理的法规制度；加强档案管理应用系统的安全管理；采取管理和技术手段确保档案信息网络传输的安全；加强对档案信息安全的行政监管和业务指导；加强档案人员的安全教育等。

第三章　大数据环境下档案信息化基础设施建设

基础设施是档案数字化建设的物质要件，是档案信息资源开发利用和信息技术应用的前提。档案数字化基础设施的核心是信息技术和网络平台，充分利用信息技术和网络平台构建符合特定要求的档案信息系统，是档案数字化基础设施建设的重要内容。档案数字化建设的基础工作包含的内容很多，概括起来主要有网络基础设计、档案管理数字化设备以及数据存储设备与数据备份三个方面。

第一节　网络基础设施

网络基础设计，即进行档案网络基础设施设计。档案网络基础设施是针对档案数字化的特殊要求而建设的档案信息收集、管理、存储、利用和传输的技术平台，它将分布在不同地域、不同部门的档案信息资源连接起来，通过信息资源的互联互通、集成共享，充分提升档案数字化的整体效能。具体而言，档案网络基础设施包括以下两个方面。

一、服务器

服务器是用于承担档案数字化数据存储、管理和应用系统运行的任务，具有高速度、高可靠性、高性能、大容量存储等特点，为各用户端的访问提供各种共享服务的计算机。

服务器是网络环境中的高性能计算机。所谓高性能，是指服务器的构成虽然与一般 PC 相似，但是它在稳定性、安全性、运行速度等方面都高于 PC，因为服务器的 CPU、芯片组、内存、磁盘系统等硬件配置都优于 PC。服务器接收网络上的其他计算机终端（客户机）提交的服务请求，并提供相应的服务，为此，服务器必须具有承担和保障服务的能力。

在选择服务器时，要确定服务器的功能、数量、性能，选择操作系统，确定服务器的连接与工作方式。

（一）服务器功能的确定

服务器按照其提供的服务可以分为文件服务器、应用服务器、数据库服务器、Web 服务器等。若档案管理系统的目录和全文数据量庞大，一般来说，应配置数据库服务器或文件服务器；若涉及多媒体档案管理，为了提高系统性能，可以配置多媒体数据库服务器。此外，还可以配置运行档案管理应用系统的应用服务器，不同级别或地域的档案部门可根据系统的规模各自配置或集中配置应用服务器。如需实现档案数据网上查询服务，可以配置 Web 服务器；如需加强档案馆安全管理，可以配置数据备份服务器；为了支持办公自动化系统中大量电子邮件发送，也可以配置专用的 E-mail 服务器。

（二）服务器数量的确定

根据投入资金的多少、数字化应用的功能需求、数据的存储和分布要求等因素来考虑服务器的数量。原则上 FTP 服务器、E-mail 服务器、Web 服务器、内部业务服务器、数据服务器都需要单独建设，但考虑到资金、安全等因素的限制，应至少建设一个支持办公管理的业务服务器，一个提供对外服务和内部公共服务、允许外网访问的公共服务器，一个支持档案管理工作运行并提供档案数据存储和管理服务的档案数据专用服务器。

（三）服务器性能的确定

不同架构、不同品牌、不同档次的服务器，其性能、质量、价格有很大的差别，选择服务器时要综合考虑档案业务的需求和资金条件，同时还要考虑选择能够提供良好服务的供应商。每个服务器的性能主要取决于 CPU、主板和服务器芯片组的性能，服务器系统的功能与可靠性取决于每台服务器的功能和服务器集群的部署与连接方式。

（四）操作系统的选择

每台服务器上安装的第一个软件就是操作系统。它是控制和管理计算机硬件与软件资源、支持计算机联网通信，提供多种应用服务的基础软件，也是各类应用程序加载、运行的软件支撑平台。目前，常用的操作系统有 Unix、Windows、Linux、Net Ware 等。一台服务器能够安装和兼容哪一类操作系统一般在出厂时就已基本确定，用户在选购服务器时也会连同操作系统一起购买。选择操作系统时，需要考虑用户所选用的核心业务系统、所需要的操作系统与数据库管理系统的支撑环境。

（五）服务器连接与工作方式的确定

为确保网络数据的安全存储与高效访问，网络上的服务器往往采用集群工作方式实现互联，具有灾难备份系统的服务器还可能在异地建立镜像服务器系统。服务器之间的通信与数据交换方式根据业务系统的需要而定，可以是实时的，也可以是定时的。

二、应用软件

系统软件的特点是通用，它并不针对某一特定应用领域。应用软件的特点是专用，即针对特定的管理业务，并应用于某些专用领域的信息管理。例如，用于政府数字化的电子政务系统、用于企业数字化的电子商务系统、用于辅助行政办公和决策的办公自动化系统、用于机关档案室数字化的数字档案室系统、用于档案馆数字化的数字档案馆系统等。这里所指的应用软件具有以下特点：一是在特定的操作系统环境下，运用特定的软件工具研制而成；二是针对特定的信息处理需求和管理业务需求进行设计开发，且应用于特定的专业领域、行业、单位，或辅助特定的管理业务。

这里以“通用”和“专用”为区别原则，将数据库管理系统应用和工具软件列为应用软件的范畴。这些软件虽然具有一定的通用性，广泛应用于各个领域、行业和单位，但绝大多数情况下是专用于某些用途，如媒体播放，因此仍属于应用软件的范畴。

（一）数据库管理系统

为了应用计算机有效地管理和利用信息，人们需要将某些相关数据，如文书档案、科技档案的目录数据，按一定的方式进行组织管理，这就需要使用数据库和数据库管理系统。

数据库可以简单定义为：以一定组织方式存储在一起的相关数据的集合。这些数据具有一定的结构，尽可能小的冗余度，与应用程序彼此独立，并能为数据库管理系统的所有用户共享。在信息化社会，数据库技术是各类信息系统的核心，是科学管理和有效利用信息资源的重要技术手段。要想对数据库进行管理，必须借助专用的软件——数据库管理系统。

数据库管理系统，是操纵和管理数据库的一组软件，用于建立、使用和维护数据库。数据库管理系统具有以下功能：一是描述数据库，运用数据描述语言，定义数据库结构；二是管理数据库，控制用户的并发性访问，数据存储与更新，对数据进行检索、排序、统计等操作；三是维护数据库，确保数据库中数据的完整、安全和保密，确保数据备份和恢复，确保数据库性能监视；四是数据通信，利用各种方法控制数据共享的权限，在确保数据安全的前提下广泛共享数据。

数据库按结构不同可分为层次型、网络型和关系型三种，相应地数据库管理系统也分为三种类型。

选择数据库管理系统的目的是存储档案目录数据和电子文件原文数据，实现对档案数据的有效管理。为了适应档案业务管理需要，选择数据库管理系统时，应考虑以下几个重要因素。

（1）数据库管理系统在数据库建立数据备份、分布式数据存储与管理等方面的功能。

（2）数据库管理系统使用的方便性、易操作性、兼容性与可维护性。

（3）数据库管理系统所能提供的大文本存储、全文检索等功能。

（4）数据访问是否遵循统一的标准，是否可实现与其他格式数据库文件的转换。

（二）工具软件

工具软件是指为支持计算机软件的开发、维护、模拟、移植、管理而研制的软件。它是为专门目的而开发的，在软件工程范围内也就是为实现软件生存期中的各种处理活动（包括管理、开发和维护）的自动化和半自动化而开发的软件。

工具软件按照软件工程建设阶段可分为六类：模拟工具、开发工具、测试和评估工具、运行和维护工具、性能质量工具、程序设计支持工具。此外，还有许多辅助特定业务处理的工具软件，常用的有办公软件、媒体播放器、媒体编辑器、媒体格式转换器、图像浏览工具、截图工具、图像/动画编辑工具、通信工具、翻译软件（如金山词霸）、防火墙和杀毒软件、阅读器、输入法、系统优化/保护工具、下载软件等。档案工作者熟悉和善于使用这些工具软件，往往可以解决档案管理工作中的一些大问题，起到“四两拨千斤”的效果。

第二节　数字化设备

本节所说的数字化设备是指将传统模拟档案信息转换为数字档案信息的设备。数字化设备是建设数字化文本、图像、声音和影像档案资源必不可少的设备。正确地选择和使用数字化设备，直接关系到档案数字化的质量和效率。

一、纸质档案的数字化设备

纸质档案占据了我国馆（室）藏档案的绝大多数，对其进行数字化加工是档案数字化的主要任务。由于传统照片、底片记录的照片档案数字化与纸质档案数字化相类似，这里所说的纸质档案的数字化设备也包括照片、底片档案的数字化设备。

（一）数码翻拍仪

随着数码影像技术的飞速发展，一种新型的数字化设备——数码翻拍仪正在悄然流行。数码翻拍仪又称数码拍摄仪、数码缩微仪等，是一种将数码相机安置在可垂直调节高低的支架上，用以拍摄文件材料或其他实物的数字化设备。目前，市场上数码翻拍仪按照翻拍性能、翻拍对象、尺寸等分为多种。

1. 数码翻拍仪与扫描仪相比所具有的优越性

（1）数字化速度快

平板式扫描仪每扫描一页文件都有扫描灯管的往复移动和翻盖的过程，扫描速度较慢，若采用 200 dPi 来扫描 A4 幅面真彩图像，每分钟扫描加工数量一般为 1～2 页。而高速扫描仪对档案的纸张质量要求较高，容易损坏档案，因此使用有一定的局限性。用数码翻拍仪拍摄文档没有机械运动的过程，只是曝光一下，速度不到 1 秒，扫描加工数量一般可以达到每分钟 8～20 页。

（2）对档案材料损害小

扫描仪扫描装订档案时，难以做到平整扫描，扫描的图像往往会倾斜或扭曲，增加后期处理的工作量。而数码拍摄可以省略档案拆装过程。应用数码翻拍仪提供的低畸变镜头和图像变形处理软件，可以解决拍摄档案倾斜、线条变形等问题，这不仅大大提高了数字化处理的效率，而且避免了档案在拆装过程中造成的损失。

（3）加工对象直观

用扫描仪扫描文档，若要在扫描前浏览扫描图像的效果，一般需要选择扫描仪预览功能，这样就降低了扫描加工的速度。而数码翻拍仪的全部操作过程直观可见，即真正做到了“所见即所得”。

（4）加工对象不限于纸张

扫描仪一般只能扫描纸张材料，数码翻拍仪除了扫描纸张材料以外，还能翻拍特种载体的档案，如奖旅、奖牌，甚至奖杯等立体的物体。

（5）便于调节扫描幅面

一般扫描仪只能扫描 A4 幅面的纸质材料，扫描大幅面图纸的扫描仪价格十分昂贵，利用率又不高，不适宜于一般机构配置。数码翻拍仪只要调节数码相机与底板的距离，就能灵活地拍摄不同幅面的纸质档案，这对于扫描尺寸频繁更换的档案具有优势。

2. 数码翻拍仪与传统翻拍仪相比所具有的优越性

传统翻拍仪采用传统相机进行档案拍摄和缩微，与之相比，数码翻拍仪具有以下显著优势。

（1）使用成本低

传统翻拍仪拍摄时需要胶片，拍摄后需要冲洗显影，阅览时需要购置专门的缩微阅读仪，使用成本和人力成本都比较高。而数码翻拍仪使用时不需要耗材，拍摄图像有问题时可立即重拍，其拍摄形成的照片，任何计算机系统都可以阅读。

（2）图像处理便捷

传统翻拍仪形成的缩微片图像很难进行处置。数码翻拍仪形成的影像电子文件可以被灵活加工处理，如纠偏、去污点、去黑边框：应用自带的 OCR 软件可以进行字符识别，将扫描形成的图像文件识别成可编辑的 WORD、PDF、TXT 等格式文件，以便进行二次编辑与加工；应用图像处理软件可以纠正扫描中出现的线条扭曲、图像变形等问题，有些数码翻拍仪还自带防畸变镜头，自动纠正大幅面图纸拍摄中四周弯曲的线条。

（3）便于计算机技术应用

利用传统翻拍仪翻拍的缩微胶片不便查找、传递、编辑、整理，而数码翻拍仪形成的电子文件，具有采集高效、处理灵活、传播迅速、检索快捷、多媒体集成、生动直观等传统缩微技术难以比拟的优势。

（4）充分整合了数码相机技术

传统翻拍仪一般只翻拍成黑白胶片；数码翻拍仪不仅能翻拍成黑白图像，还能翻拍成彩色图像。数码翻拍仪借助高分辨数码影像技术，拍摄图像清晰逼真、色彩丰富；支持色差、亮度、对比度、饱和度、伽马值等后期图像增强功能；能通过 USB 接口直接连接电脑，将拍摄的档案文件直接在电脑中显示或通过邮件发送出去，实现档案的无障碍传播；USB 能直接给数码翻拍仪供电，不需要另插电源；将所有拍摄操作按钮都整合在底板上，操作十分简便；可拍摄录像，将动态的图像，如手工翻阅档案的过程记录下来，用作视频编辑的素材。

3. 数码翻拍仪的应用范围

数码翻拍仪是传统的复印、扫描、投影、拍照、录影等技术的融合，兼有这些技术的优点，它无论是对传统的翻拍、缩微技术还是对扫描技术来说都是一场变革，受到社会各领域的普遍关注和应用。目前，该技术已经广泛用于政务领域红头文件、往来信函等文件翻拍；银行传票、合同、抵押担保、会计凭证、信用卡等文件翻拍；证券期货行业股东账户开户、买卖合同、股东身份等文件翻拍；保险行业合同、发票、身份证等文件翻拍；工商税务行业税务年检等业务文件翻拍；学校学生学籍、成绩单等档案翻拍；司法行业往来信函、红头文件、法律文件、卷宗等档案翻拍；医疗行业病历、处方等档案翻拍；公安部门案件档案翻拍。

4. 数码翻拍仪在纸质档案数字化中的应用前景

尽管数码翻拍仪已经在政府机关、企事业单位得到了广泛的应用，但在档案数字化中使用较少。其原因之一是档案界人士对这种设备的发展现状和趋势不够了解，以为它就是传统的缩微翻拍仪。由上述分析可知，它特别适用于以下情况：一是中小型企事业单位办公室或业务部门对尺寸频繁变化的文件材料进行数字化；二是各级各类档案馆或机关档案室对纸质材料老化，不便于拆卷的档案进行数字化；三是建筑设计、制造业等企业未购置大型扫描仪，又需要对大幅面图纸档案进行数字化；四是对奖旗、奖牌等实物档案进行数字化；五是对尚无条件对纸质档案数字化，但在利用时临时需要对查阅的档案进行数字化，以便通过网络提供远程查档服务。

鉴于数码翻拍仪具有使用成本低、拍摄精度高、速度快、操作简便、便于进行 OCR 字符识别和其他图像处理等特点，相信会吸引越来越多的档案用户。随着数码翻拍仪应用范围的扩大，数码翻拍仪的功能和性能将会不断改进和完善，因此，它有可能在不远的将来，部分取代扫描仪，成为纸质档案数字化的得力工具。

（二）缩微胶片扫描仪

已经对纸质档案进行了缩微复制，可以采用专用设备——缩微胶片扫描仪，对缩微胶片上的影像进行数字化转换处理。缩微影像转换技术的应用，包括对缩微胶片进行扫描，把缩微模拟影像转换成数字影像，进行存储、还原、检索输出等。

1. 缩微胶片扫描的优缺点

与纸质档案扫描相比，缩微胶片扫描的主要优点是：扫描速度快，节约时间和成本；没有尺寸和形状的限制，可以同时对各种幅面的纸质档案进行扫描；缩微胶片可以继续留存，作为数字档案备份的一种形式；可以进行批处理，操作简便易行；便于对图像作调节亮度、对比度、拉直和裁剪等优化处理；易于对输出的图像信息进行检索、阅读、打印和传递。

缩微胶片扫描的主要缺点是：所得的图像已经是第二或第三次转化，失真明显，图像虽然可以强化，但有时效果不明显；一些胶片的状况较差，若存在划痕、装订线阴影等，会影响扫描影像的质量；扫描仪的分辨率不足以捕捉原件所有有价值的信息。

2. 缩微胶片扫描设备的选择

缩微胶片扫描仪相对于纸质档案扫描仪，扫描效率要高得多。目前，缩微影像转换成数字影像的技术日趋成熟。在选购缩微胶片数字扫描系统时，既要考虑产品的技术领先，又要考虑适用性以及性价比。选购时应考虑胶片类型，如缩微卷片、封套片、开窗卡片、16 mm 胶卷、35 mm 胶卷等；放大倍率的范围；扫描速度，即每单位分辨率，如 4.5 s/400 dpi；光学分辨率和输出分辨率，如 300～800 dPi。

（三）纸质档案数字化的软件配置

纸质档案数字化除了必要的硬件设施外，还需要运行硬件设施所需的档案数字化工作软件。该软件有两大类：系统软件和应用软件。系统软件包括操作系统、数据库管理系统等平台，如 Windows、SQL Server。应用软件是在上述软硬件平台的基础上实现数字化流程的文档扫描、图像处理、数据存储等功能的软件。这些软件可以从市场上购置，或从网络上免费下载，或随硬件设备配送获得。

对于大批量纸质档案的数字化处理而言，仅靠上述分散的、专用的工具软件是不够的，必须采取系统集成方式将整个数字化流程集合为一个统一的制作、加工系统，开发出专用的“档案数字化加工管理系统”，从而实现对包括档案整理、目录建库、档案扫描、图像处理、图像存储、数据质检、数据挂接、数据验收、数据备份、成果管理等档案数字化加工全过程的流水作业和安全质量控制。

二、录音档案的数字化设备

1857 年，法国发明家斯科特发明了声波振记器，这是最早的原始录音机，是留声机的鼻祖；1877 年，爱迪生制造出人类史上第一部留声机；1898 年，丹麦工程师普尔森发明了磁性录音机；1963 年荷兰生产出音频盒式磁带机，至 20 世纪 80 年代盒式磁带录音迅速普及。之后，许多单位用录音设备录制领导讲话、会议座谈、文艺演出、要人采访等，形成许多重要的录音档案。现存的录音档案一般有 20 年以上的历史，其内容十分珍贵。然而，随着时间的流逝，使用次数的增加，加上不适宜的环境条件影响，录音档案中的声音很容易衰减或消失，甚至由于没有播放设备而无法还原。利用多媒体数字技术，把模拟录音带转录成数字音频档案，有利于录音档案的及时抢救、长期保存、编研制作和共享利用。随着数码音像技术的普及，录音档案的数字化也被提到重要议事日程上来。

录音档案数字化比较容易实现，主要硬件有放音设备、存储设备、计算机等，录音档案数字化软件较多，可根据个人习惯和熟悉程度加以选择。

（一）录音档案数字化的硬件

1. 传统放音设备

根据录音档案的规格、型号配置相应的放音设备，如开盘式录音机（大开盘、小开盘）、钢丝录音机、盒带录音机、电唱机等。放音设备必须能将声音源以电平信号的方式，通过音频输出插孔输出，若原设备不具有音频输出插孔，应进行改装。

2. 模数转换设备

模数转换设备是录音档案数字化的核心部件，品质好的模数转换设备有低失真、低时延、高信噪比的特点。模数转换设备主要是声卡。声卡是多媒体技术中最基本的组成部分，是实现模拟信号和数字信号相互转化的一种硬件，其基本功能是将来自磁带、光盘、话筒等的原始声音信号加以转换。它的工作原理是将获取的模拟信号通过模数转换器（ADC），将声波振幅信号采样转换成一串数字信号，存储到计算机中。重放时，这些数字信号被输送到模数转换器（DAC），以同样的采样速度还原为模拟信号。

声卡的技术指标主要有两点。一是采样频率。采样频率越高，声音越保真。目前，声卡的采样频率一般应达到 44.1 kHz 或 48 kHz。二是样本大小。当前声卡以 16 位为主，可以达到 CD 音响水平；8 位声卡对语音的处理也能满足需要，但播放音乐效果不是很好。

3. 内部声音混合调节器

内部声音混合调节器的主要功能是把不同输入源中输入的声音信号进行混合和音量调节，通常要求该混合器是可编程或可控制的。

4. 监听、拾音设备

监听、拾音设备包括监听音箱、监听耳机、话筒等。

（二）录音档案数字化的软件

数字化转换软件主要为音频制作软件。其中，使用 Creative Wave Studio 软件较频繁；Creative Wave 也是一种功能强大、占用空间少、免费共享的绿色软件，并且可以在互联网上免费下载。

三、录像档案的数字化设备

录像档案数字化设备由四个部分组成：提供模拟视频信号输出的放像设备，如与录像带相配套的录像机、放像机等；对模拟视频信号进行采集、量化、编码的视频采集设备，通常由视频采集卡来完成：对数字视频进行编辑的编辑系统（软件）；数字录像档案的存储设备或存储系统。这里以硬件和软件为划分依据分别介绍录像档案数字化的硬件和软件。

（一）录像档案数字化的硬件

1. 放像设备

放像设备要按照录像档案载体的不同而做出不同的选择。受到数字设备的冲击，许多传统的放像设备已经退出市场。曾经流行的录像带及其播放设备按照制式来分主要有 VHS、Beta、8 mm 等类型。VHS 是家用视频系统的缩写，这种录像机采用带宽为 1/2 英寸的磁带，习惯称“大 1/2 录像机”。目前，档案馆保存的录像带中绝大部分是 VHS 带。Beta 录像机采用不同于 VHS 的技术，图像质量优于 VHS 录像机，所用磁带的宽度也是 1/2 英寸，但磁带盒比 VHS 小，故又称“小 1/2 录像机”。8 mm 录像机综合了 VHS 和 Beta 录像机的优点，体积小，图像质量高，所用磁带宽度仅为 8 mm。

录像机不仅有制式的不同，而且按照其信号记录方式及保真度的不同又有不同的技术质量等级。不同制式、不同等级、不同品牌的录放设备及其不同性能的录像带，相互之间并不兼容，因此必须针对录像带的类型选择相应的放像设备。

根据录像带规格、型号选用设备，如 WHS 放像机、3/4 放像机。普通录像机可输出清晰度在 200 多线的录像，高清晰度录像机可输出清晰度在 400 线的录像；数码摄像机可输出清晰度在 500 线的数字录像。目前，档案部门保存的录像带形式各异，主要有小 1/2 带、大 1/2 带、3/4 带等。与这些录像带匹配的可运行的放像机越来越少，档案部门应当尽快将这些珍贵的录像带做数字化处理。否则，将来这些古董放像机一旦淘汰灭绝，录像带中的影像就很难再现了。

2. 视频采集设备

视频采集设备由高配置的多媒体计算机的内置或外置的视频采集压缩卡（以下简称“采集卡”）组成。

录像档案数字化的一个重要工作是音像采集。所谓音像采集是指通过硬件设备把原录像带保存的模拟信号转换成数字信号采录至计算机中，以数字图像格式保存的过程。图像采集的过程是保证数字图像质量的关键环节，因此，正确选择采集所使用的硬件设备（采集卡）至关重要。目前，市面上的采集卡种类较多，档次功能高低不一，按照其用途从高到低可分为广播级、专业级、民用级视频采集卡，档次不同采集图像的质量不同。档案部门应采用专业级以上的视频采集卡。

由于视频的数据量非常大，使得对计算机的速度要求很高。在未压缩的情况下，采集一分钟的视频数据可能超过几百兆，如果 CPU 和硬盘跟不上要求，将无法进行采集或者采集效果较差，出现画面失真、停顿、掉帧等情况。要想顺畅地完成视频采集工作，CPU 最好是 3 GHz 主频，硬盘接口应用 SCSI 接口、IEEEI394 接口或 USB3.0 接口。

在挑选录像档案数字化的采集卡时，要仔细比较各种采集卡的性能、价格，对以下几项参数应予以特别关注。

第一，是否支持视频数据的硬件级处理。对批量录像档案的数字化而言，适宜选用带硬件实时压缩功能的 MPEG7 或 MPEG-2 硬件压缩卡。这类卡采用硬件完成压缩过程，既节省时间，又节约空间，而且硬件压缩后的图像质量较好。

第二，是否有足够的帧速率。帧速率的高低直接影响视频卡制作的视频文件是否流畅。帧速率比较低的低档产品，CPU 占用率较高。建议在压缩成 MPEGT 格式时，动态分辨率为 352X288（PAL 制式）时应达到 25 帧/秒，而分辨率为 320X240（NTSC 制式）时应达到 30 帧/秒。

第三，是否带音频输入功能。如果视频卡仅能采集图像信号，音频信号必须通过声卡来传输录制，则将增大对计算机资源的占用率，并容易造成视频与音频信号的不同步。对此，建议采用视频音频整合采集的视频卡。

（二）录像档案数字化的软件

录像档案的采集、转换和编辑除了视频卡外，还需要借助视频采集软件和视频编辑软件来实现。利用视频采集软件，在实现录像档案的数字化采集之前，可以设定所需生成的视频文件格式，设置视频文件的各项参数，如调节录像信息的亮度、视频取样标准，以确保采集信号的质量。

1. 视频采集软件

视频卡配套提供的视频采集软件功能相对简单，通常无法对视频信息进行复杂的编辑和转换。对采集后的视频信息，在必要的情况下，可以使用专门的视频编辑软件甚至功能强大的非线性视频编辑系统进行编辑处理。视频编辑与文本编辑类似，是将采集好的视频素材进行二次加工，如插入、剪切、复制、粘贴、拼接视频片段等，还包括字母、图形乃至不同视频、音频的叠加、合成等。通过上述处理，在不破坏真实性的前提下，可以使录像档案更加清晰、美观和生动，并对视频内容进行适当的引导、指示和标注。

2. 视频编辑软件

视频编辑软件是对视频进行录制、切割、合并、重组、批量处理、格式转换等制作的软件。当前，针对各种需要产生的视频格式繁多，如 RM、ASF.WMV、AVI、MPEGT、MPEG-2、MOV、3GP、MP4、MKV、FLV 等。流媒体格式因其在网络浏览与传输支持上的优势得到青睐。现今信息产业界已开发出许多功能强大、界面友好的视频处理软件。

第三节　数据存储设备与数据备份

档案数字信息的长期安全存储取决于存储设备的选择和存储技术的应用，是档案安全保管的重要内容。

一、数据存储系统

数据存储是指数据以某种格式记录在计算机内部或外部存储介质上，其存储系统分别使用不同的存储介质和存储技术。

（一）数据存储介质

从古至今，存储介质一直是保存档案的主流方式，不同存储介质承载的档案本质属性并无差别，都是人类认识世界和改造世界的历史记录，是社会的重要信息资源。人类曾以石器、竹器、纸张、磁带、缩微胶片为载体记录档案的内容。在网络信息时代，档案的形成在很大程度上依赖于计算机及其应用系统环境，档案信息以数字形式展现给人类。

为了保存这些数字形式的文件和档案，人类发明了软盘、磁盘、光盘等存储数字信息的新型载体。使用这些载体，人们能够方便地存储、迁移、展示和传播档案信息，开展深入的编研开发工作，为社会提供档案利用的多样化服务。

目前，数据存储介质主要有磁存储介质、光存储介质和电存储介质三种。

1. 磁存储介质

磁存储技术是将声音、图像、数据等变成数字电信号，通过磁化磁介质来保存信息。磁存储介质主要有硬磁盘（又称硬盘）、磁带、磁盘阵列、磁带库等。

（1）硬盘

硬盘是由若干盘片重叠在一起放入密封盒内组成。盘片的结构类似软盘，盘片一般用合金或玻璃材料制作，磁性层则一般使用厂 Fe203 磁粉、金属膜等制成。

硬盘的存储量大，数据传输速度快；硬盘盘片与驱动器装在密封容器内，不易受周围环境影响，工作稳定性好、可靠性高，由此常作为网络数据传输的在线存储介质。

按尺寸分，硬盘有 5.25 英寸、3.5 英寸、2.5 英寸、1.8 英寸等尺寸。

5.25 英寸硬盘早期用于台式机，已被淘汰；3.5 英寸台式机硬盘广泛用于各式电脑；2.5 英寸硬盘广泛用于笔记本电脑及移动硬盘；1.8 英寸微型硬盘广泛用于超薄型笔记本电脑、移动硬盘及苹果机播放器。按接口类型分，硬盘有 ST506、IDE、SCSI 接口。按转速分，硬盘有 5 400 转/秒、7 200 转/秒、10 000 转/秒和 15 000 转/秒。按存储方式分，硬盘有固态硬盘（SSD，新式硬盘，采用闪存颗粒存储）、机械硬盘（HDD，传统硬盘，采用磁性碟片存储）、混合硬盘（HHD，把磁性硬盘和闪存集成到一起的一种新硬盘）。相对于机械硬盘，固态硬盘具有存取速度快、耗电量小、稳定性好等优点，也具有存储量小、价格昂贵等缺点。混合硬盘起到扬长避短的作用，值得档案管理人员关注。

（2）磁带

磁带一般由聚酯薄膜带基和附着在带基上的磁性涂层，经过磁性定向、烘干、压光、切割等步骤制成。

磁带存储容量大，数字磁带的最大容量已经达到 TB 级，在数据备份、档案文件存储等方面一直占据着重要地位；成本适宜，操作方便，只要通过一定的驱动器便能顺利地读取。但是，磁带是串行记录方式，存取速度较慢；工作方式为接触式，易使磁带磁头磨损。鉴于磁带的这些特点，它适合用在按顺序存取数据、存储量大而读写次数少的电子档案备份系统中，可作为硬磁盘数据长期备份的存储介质。

（3）磁盘阵列

磁盘阵列是应用磁盘数据跨盘处理技术，通过组合多个硬盘，把多个读写请求分散到多个硬盘中来突破单个磁盘的极限，并使其协同工作。在使用过程中，磁盘阵列可以取得比单个存储设备更快的速度、更好的稳定性、更大的存储能力、更高的容错能力。它还可以按照用户对于存储容量的需求进行阵列配置，从而达到海量存储的要求。

磁盘阵列的存储容量大、安全性高。数据存储在由多个磁盘组成的磁盘组上，通过数据的冗余存储，可在一个或多个磁盘损坏失效时，防止数据丢失。此外，磁盘阵列通过并发读写，能够提高数据的存取速度，把多个硬盘驱动器连接在一起协同工作，大大提高了数据的读写功能。

（4）磁带库

磁带库是一种机柜式的将多台磁带机整合到一个封闭系统中的数据备份设备，是离线存储系统中的关键设备之一。它主要由磁带驱动器机械臂和磁带构成，可以实现磁带自动卸载和加载，在存储管理软件的控制下具有智能备份与恢复、监控统计等功能，能够满足高速度、高效率、高存储容量的要求，并具有强大的系统扩展功能。

磁带库具有自动备份和恢复功能，可以实现数据的连续备份，也可以在驱动管理软件控制下实现智能恢复、实时监控和统计。其存储量大，存储容量达到 PB 级，备份能力也很强大，是集中式数据备份的主要设备。

2. 光存储介质

从磁存储到光存储是信息记录的飞跃，光存储是采用激光照射介质，利用激光与介质相互作用，使介质的性质发生变化而将信息存储下来。光存储介质上的信息需要利用定向光束（激光）在存储介质表面进行扫描，通过检测所经过点的激光反射量才能读出。光存储介质有光盘、光带、光卡、光盘塔、光盘库等，其中以光盘应用最为广泛。

光盘是继磁性介质之后产生的又一种新型的数字信息记录介质。它具有存储密度高、信息容量大、稳定性好、可移动、成本低等特性，也是电子档案的重要存储介质。光盘通常分为 CD、DVD 和蓝光光盘（BD），各自特点如下。

（1）CD

CD 采用红外激光器读取数据，存储容量较大，存储成本相对较低；在日常使用中易发生磨损，造成数据被错误读取和解析；在受力不均匀时易发生变形，造成数据无法读取。CD 采用单层存储形式，容量一般为 700 M。由于光盘技术的迅速发展，目前该类光盘已经趋于淘汰。

（2）DVD

DVD 与 CD 的外观极为相似，直径都是 120 mm，一般单层容量约为 5 G。DVD 分为预录制和可录制光盘两种。只读类光盘的数据只能由厂商用专用设备录制。可录类光盘又分为一次写入型和可擦写型两种。一次写入型光盘可用光盘刻录仪一次性刻录数据，但不能擦除。档案部门可利用这种光盘的特点，保存档案信息，防止归档电子文件被改写和篡改。可擦写型光盘录入的数据可擦除和重写，可反复使用。

（3）BD

目前主流的单层 BD 容量为 25 G，可刻录长达 4 小时的高清视频；双层 BD 容量为 50 G；多层 BD 容量有 100 G 以上。随着蓝光刻录机和盘片价格越来越低，BD 很有可能是继 CD、DVD 之后的档案数据主要存储介质。

目前，光盘共享技术的发展为大容量存储数字信息提供了可能，光盘塔和光盘库也成为存储电子档案的主要设备，这里不再展开介绍，有兴趣的可以自行查阅资料。

3. 电存储介质

电存储介质是继磁存储和光存储之后利用半导体技术做成的一种新型存储介质，它通过电子电路以二进制方式实现信息的存储。电存储介质主要有闪存盘和数据存储卡。

（1）闪存盘

闪存盘是一种容量大、体积小、不需要驱动器、安全可靠的新型移动存储设备。闪存盘可用于存储任何格式的数据文件，在电脑间方便地交换数据。闪存盘采用闪存芯片存储介质和通用串行总线接口，具有存储容量大、轻巧精致、便于携带、使用方便、读写速度快、安全可靠等优点，有些还具有加密的功能，是重要的移动存储设备。但是，闪存盘的保存寿命较短，不能作为长期存储电子档案的介质，可以作为电子文件归档、复制、传递和利用的过渡性介质。

（2）存储卡

存储卡是一种卡片形状的计算机存储介质，其存储原理与闪存盘基本相同。它具有体积小巧、携带方便、使用简单、存储量大、兼容性好等优点，如今已经广泛应用于手机、数码相机、数码摄像机、笔记本电脑、MP3、MP4、电视机等电子数码产品，备受摄影、电脑爱好者的青睐。

存储卡种类繁多，当前流行的存储卡有以下几种。一是 SD 存储卡（SD 卡）。该卡如一张邮票大小，最大容量为 2 TB，目前应用面最广。SD 卡具有安全加密功能，内置128 bit加密位，在加密状态下读卡，SD卡会自动进入锁定状态，以保护卡中内容不能被非授权读写。此外，SD卡还可加写保护锁，能防止数据被有意或无意地修改。二是TF存储卡（TF卡）。它是一种小型的SD卡，约为SD卡面积的1/4。TF卡广泛应用于手机、MP3、MP4等电子产品，也可以插入SD卡卡套中当SD卡使用。TF卡传输速度被划分为Class2、Class4、Class6、Class8、Class10五个等级，其传输速度分别为2、4、6、8、10 MB/s。三是记忆棒。该存储卡运行速度快，高速记忆棒可达50 MB/s，但价格比较贵。

由于存储卡尺寸太小，容易被丢失，加上型号规格繁多，且发展变化很大，不宜存储长期保存的电子档案。然而，由于其存储密度高，携带方便，可用于电子文件的归档、移交、传递和查询。

（二）数据存储技术

数据存储技术随着科技的发展也在不断地发展和变化。目前，数据存储技术主要有直接存储、网络存储、云存储三种。

1. 直接存储技术

直接存储技术是目前存储数据的主要技术方法。直接存储技术是利用计算机、手机等存储设备，将档案信息保存在性能稳定的载体上。存储载体主要包括只读类光盘、一次写入型光盘、磁带、硬磁盘、可擦写型光盘、光盘塔、磁带库等。直接存储技术的特点是：投资低，读取速度慢；资料可供同时读取的人数少；检索光盘时，内部机械手臂容易出故障，光盘容易磨损划伤。

2. 网络存储技术

在数字化高速发展的背景下，网络已经渗透到社会各个领域的日常运营管理中。具有海量存储性能的网络存储产品及其组织与管理数字信息的软件系统的问世，为数字档案的存储提供了可能。各级机构建立的互联网、专网和内网则为档案的网络化收集、整理、归档、存储传播利用提供了基础平台，这就需要借助于网络存储技术以获得更可靠的存储，提供更快速的访问。网络存档技术包括直接附加存储（DAS）、网络附加存储（NAS）、存储区域网络（SAN）。

（1）直接附加存储

DAS通过电缆（一般是SCSI接口）直接与服务器相连接，存储设备作为服务器的附加硬件，不带操作系统，直接接收所连服务器的I/O请求，完全依托服务器，通过服务器上的网卡向用户提供数据。它是典型的分散式存储模式。

（2）网络附加存储

NAS是一种连接在网络上的存储设备。通常使用RJ45接口，通过以太网向用户提供服务。它采用集中式数据存储模式，将存储设备与服务器彻底分离。

（3）存储区域网络

SAN 是一种将存储设备、连接设备和接口集成在一个高速网络中的技术。SAN从诞生之日起便以系统复杂和价格昂贵闻名业界，但其性能的强大也是毋庸置疑的，足以满足大型档案馆海量数据存储共享的需要。

3. *云存储*

云存储是指通过集群应用、网络技术、分布式文件系统等，将网络中大量不同类型的存储设备通过应用软件集合起来协同工作，共同对外提供数据存储和业务访问功能的一个系统。具体而言，云存储有以下三种类型。

一是公有云存储。这是为大规模、多用户而设计的云存储平台。其所有组件都建立在共享基础设施上，通过虚拟化、数据访问、管理等技术对公共存储设备进行逻辑分区，按需分配。这一技术的优点是有助于用户减轻存储的成本和管理的负担；缺点是放在公有云上的信息容易被入侵、窃取、破坏。

二是私有云存储。它是针对特定用户设计的云存储，运行在数据中心的专用存储设备上，可以满足安全性能的需求，也称为内部云存储。其缺点是可扩展性相对较差。因此，私有云存储更适合于具有高标准安全性需求与性能需求的数据中心建设。

三是混合云存储。混合云存储是为了弥补公有云存储和私有云存储的缺陷，兼备两者的优点而设计的云存储架构。它既包含能接入公共网，提供广泛的应用和服务的公有云存储，又包括建立在内部网，面向某专业业务应用，采取严格安全管理措施的私有云存储。它在公有云上存储开放的、需要面向社会广泛共享的档案信息，在私有云上存储需要保密或供内部业务使用的档案信息，由此最大限度地实现档案管理系统的共建和共用，数据库资源的互联和共享；实现档案信息资源跨系统、跨平台、跨地域的网络化应用，消除信息孤岛；节约系统建设、运行、维护和管理的成本；降低信息安全的风险，实现档案信息资源的大集成和大整合，提高档案数字化综合效益。

二、数据备份系统

数据备份是指为防止数据丢失或损坏，将计算机系统中的数据复制到后备存储器中的过程。档案数据量浩大，递增迅速，保真要求高，安全管理要求严，加强档案信息安全的主要措施是加强档案数据备份。

（一）数据备份模式

数据备份模式主要有全备份、增量备份和差异备份三种。

1. 全备份

全备份对整个系统进行完全备份。这种备份模式的优点是：当发生数据丢失时，系统恢复比较简单。它的缺点是：每天都对整个系统进行完全备份，备份时间长，造成备份的数据大量重复，占用大量的备份存储空间，增加管理的成本。

2. 增量备份

增量备份是仅备份上一次备份后增改过的数据。这种备份模式的优点是：节省了备份的存储空间，缩短了备份时间。它的缺点是：当灾难发生时，数据的恢复比较烦琐；在这种备份方式下，各盘磁带间的关系就像链子一样，一环套一环，其中任何一盘磁带出了问题都会导致整条链子脱节，可靠性较差。

3. 差异备份

差异备份是指在上一次全备份到进行差异备份的这段时间内，对那些增加或者修改文件的备份。这种备份方式无须每天都对系统做完全备份，备份所需时间短，并节省备份存储的空间；它的灾难恢复也很方便。

在实际应用中，通常会将以上三种备份模式结合使用，如每周一至周六进行一次增量备份，每周日进行差异备份，每月底和每年底进行一次全备份。

（二）数据备份技术

数据备份技术可以分为热备份和冷备份两种。

1. 热备份

热备份是动态、实时的备份。这一技术的优点是：备份时间短，备份时数据库仍可使用，可以对几乎所有数据库实体做恢复；恢复快，可以达到秒级恢复，且在大多数情况下可以在数据库工作时恢复。其缺点是：不能出错，否则后果严重；若热备份不成功，所得结果不可用于时间点的恢复，所以操作时要特别仔细。

2. 冷备份

冷备份是静态、定时的备份。这一技术的优点是：容易操作，容易恢复到某个时间点上；能与归档作业相结合，做数据库“最佳状态”的恢复；维护简单，高度安全。其缺点是：单独使用时，只能提供到“某一时间点上”的恢复；在实施备份的全过程中，数据库是关闭状态，不能做其他工作。若磁盘空间有限，只能拷贝到磁带、光盘等其他外部存储设备上，备份速度会很慢。

（三）数据备份的载体

电子档案备份时可用的介质有硬盘、磁带、光盘、纸和缩微胶片。选择数据备份的载体时，要注意以下几个方面。一是电子档案一般以硬盘、磁带、光盘介质备份。为防止电子档案被修改，可利用一次写入型光盘只读的特点，将其作为电子档案长期存储载体。二是具有永久保存价值或者其他重要价值，且未形成纸质或缩微胶片备份件的电子档案，应当同时形成一套纸质或缩微胶片备份件，即进行数转模处理，以确保该类档案的长期有效性。

第四章　大数据环境下档案信息资源建设

第一节　档案信息的数字化

档案信息资源是国家信息资源的重要组成部分，做好档案信息资源收集、管理和开发利用，对于提升档案事业整体发展水平、促进社会经济全面发展，具有十分重要的意义。档案信息系统只有建立起内容丰富、门类齐全、容量充足、质量上乘、组织良好、整合有序、特色鲜明的档案信息资源体系，才能推进档案信息化全面、持续、有效地发展。

档案信息化处理的对象是数字档案信息，而传统档案都是模拟档案信息，因此，数字化是档案信息化的基础和前提。

一、纸质档案的数字化

《纸质档案数字化技术规范》（DA/T31—2005）将纸质档案数字化定义为采用扫描仪或数码相机等数码设备对纸质档案进行数字化加工，将其转化为存储在磁带、磁盘、光盘等载体上，并能被计算机识别的数字图像或数字文本的处理过程。纸质档案数字化适应了信息时代的大趋势，能够减少管理的成本，增强对档案原件的保护，节约存储空间，优化馆藏结构，有利于档案信息资源的有效利用与共享。

（一）纸质档案数字化加工方式

纸质档案的数字化加工方式主要有直接扫描法和缩微转化法两种。

1. 直接扫描法

所谓直接扫描法，是采用扫描仪对纸质档案原件进行光学扫描，将图像信息传送到光电转换器中变为模拟电信号，又将模拟电信号转变为数字电信号，再通过计算机接口传输至计算机存储器中。

直接扫描分为两种方式。

第一，扫描纸质档案后再运用字符识别（OCR）软件进行识别，最终生成文本文件。这种数字化文件的优点是：占据的空间小，便于计算机全文检索，便于档案利用时进行摘录和编辑。其缺点是不能保持档案原件的排版格式以及签名、印章等原始信息；有时 OCR 字符识别的准确率较低，核对修改较为困难，数字化效率很低，且实际上已经破坏了档案原稿的真实性。

第二，扫描纸质档案后形成数字图像文件。这种图像文件的优点是：能保持档案的内容和排版的原貌，数字化速度快。缺点：不能进行全文检索，不能编辑文字内容，且占据存储空间大。

以上两种方法的优缺点正好互补，现在有一种方法能将两者的优点融合在一个档案中，即制作双层 PDF。其制作方法是：将纸质档案原件扫描成数字化图像文件后再转换成文本文件，然后将这两个内容一样的文件置入同一个 PDF 文件，将图像文件置于文本文件的上层，图像文件下层隐藏文本文件。查询该文件时，我们既能看到上层保持原貌的图像文件，同时也能对隐藏的文本文件进行全文检索。

2. 缩微转换法

所谓缩微转换法，是针对已经缩微复制的档案，采用专用扫描设备（即缩微胶片扫描仪）将缩微胶片上的模拟影像转换成数字影像的方法。

与直接扫描法相比，缩微扫描法更经济、简便、高效。然而这种方法必须建立在已经对纸质档案进行缩微加工的基础上。

值得注意的是，在对缩微胶片进行扫描加工后，原缩微胶片应与纸质档案一并保存，不能擅自销毁。由此，该档案形成“三套制”保存状态。虽然缩微胶片不如数字化档案容易保存、复制、查询、传播，但是作为模拟信息，缩微档案具有人工可读、稳定性好等数字化档案不具备的优势，又具有体积小等纸质档案不具备的优势，应当成为档案信息资源的重要补充形式。

（二）纸质档案数字化工作流程

纸质档案数字化是一个较为复杂的过程，其基本环节主要包括档案整理、档案扫描、图像处理、图像存储、目录建库、数据挂接、数据验收、数据备份、数字化成果管理等。

1. 档案整理

在对纸质档案进行扫描之前，根据档案管理情况，按下述步骤对档案进行适当整理，并视需要做出标识，确保档案数字化质量。

（1）档案出库

一般来说，大批量纸质档案数字化，首先须将待数字化档案从档案库房搬移至临时周转库房；然后，数字化加工人员从周转库房领取档案进行数字化。无论前者还是后者，数字化加工人员都须按照预定计划，提出申请，经过审批，交接双方清点档案，实行登记，完成档案的交接手续。

（2）目录数据准备

按照《档案著录规则》（DA/T18—1999）等的要求，规范档案中的目录内容，包括确定档案目录的著录项、字段长度和内容要求。然后，为数字化档案检索建立目录数据库。建库可利用原纸质档案的编目基础，原纸质档案目录如有错误或不规范的案卷题名、文件名、责任者、起止页号和页数等，应进行修改。如纸质档案未建立机读目录数据库，则应当按照档案著录规则重新录入。

（3）拆除装订

档案在拆除装订前可逐卷加贴条形码，以便在随后流程中通过识别条形码对扫描档案进行准确、高效的控制。该条形码还可为以后档案借阅利用管理提供便利。

工作人员逐卷、逐页检查档案。对内容缺失、目录漏写、页码颠倒以及珍贵、破损的案卷进行登记，并提请档案保管机构妥善处理。

对于不去除装订物会影响扫描工作的档案，应拆除装订物。拆除装订物时，应注意保护档案不受损害。拆除装订物之后要将档案原件排好顺序，并用夹子夹起防止散乱。对于年代久远、纸质条件较差、不便于拆卷的，可采用零边距扫描仪扫描。

（4）区分扫描件和非扫描件

按要求把同一案卷中的扫描件和非扫描件区分开，剔除无关和重复文件。

（5）页面修整

纸张的质量关系到扫描仪的选择和扫描效果，因此，必须对严重破损、褶皱不平、字迹模糊的档案做好登记，分别处理。如对褶皱的档案，可进行熨烫；对被污染的纸张，可在通风环境中用软毛刷轻轻刷去浮尘、泥垢或霉菌；对破损残缺的文件需要进行修补。

（6）档案整理登记

将经过整理后的档案原件交给扫描工作人员，制作并填写纸质档案数字化加工过程交接登记表，详细记录档案整理后每份文件的起始页号和页数。

（7）装订、还原、归还

扫描工作完成后，拆除过装订物的档案应按档案保管的要求重新装订。恢复装订时，应注意保持档案的排列顺序不变，做到安全、准确、无遗漏。对严重破损的卷皮、卷盒，重新更换。装订人员将装订完成后的档案，贴上专用封条并盖数字化专用章。档案数字化加工完毕并重新装订完成后，要对其进行清点。清点无误后交还给档案管理部门，并办理档案归还手续。

2. 档案扫描

（1）扫描设备选择

根据档案幅面的大小（A4、A3、A0 等）选择相应规格的扫描仪。大幅面档案可采用宽幅扫描仪，还可采用缩微拍摄后的胶片数字化转换设备进行扫描，也可以采用小幅面扫描后的图像拼接方式处理。纸张状况较差，过薄、过软或超厚的档案以及页面为多色文字的档案，可采用普通平板扫描仪扫描。纸质条件好的 A4、A3 档案，可采用高速扫描仪扫描，以提高工作效率。不宜拆卷的档案，可采用零边距扫描仪扫描。

（2）扫描色彩模式选择

扫描色彩模式一般有以下两种。

第一是扫描形成黑白二值图像。这种图像只有黑白两级，没有过渡灰度。其特点是黑白分明、字迹清晰、文件容量较小。适用于扫描字迹、线条质量清晰的文字或图纸档案。

第二是扫描形成连续色调静态图像。这种图像分灰度图像和色彩图像两种。灰度图像由暗黑色到亮白色的不同灰度组成。灰度级表示图像从亮部到暗部间的层次，也称色阶。灰度级越高，层次越丰富，文件所占容量也越大。灰度模式适用于扫描黑白照片、图像档案，色阶的选择要适度，只要不影响图像质量即可。彩色模式中的色彩数表示颜色的范围，色彩数越多，图像越鲜艳真实，文件所占容量也越大。同样，色彩数选择也要适度，不是越多越好。彩色模式适合扫描页面中有红头、红印章的档案或彩色照片档案。需永久或长期保存，或向国家档案馆移交的档案，一般应采用彩色模式扫描。

（3）扫描分辨率

扫描分辨率参数大小的选择，原则上以扫描后的图像清晰、完整、不影响图像的利用效果为准，采用黑白二值、灰度、彩色几种模式对档案进行扫描时，其分辨率一般均建议选择大于或等于 200 dpi。在特殊情况下，如文字偏小、密集、清晰度较差等，可适当提高分辨率。需要进行 OCR 汉字识别的档案，扫描分辨率建议选择 300 dpi。

（4）OCR 处理

目前，OCR 处理技术已经相当成熟，一般扫描仪都自带 OCR 软件，使用也很方便。然而 OCR 的识别准确率通常不尽如人意，由此影响检索效果。而依靠人工纠正文稿中的错字又非常麻烦。因此，提高 OCR 识别率是档案数字化中比较重要的问题。其实，只要注意以下几点，就可以明显提高 OCR 识别率。

第一是选择适当的扫描分辨率。太低的扫描分辨率通常会造成 OCR 识别率的下降，太高的分辨率会使图像文件过于庞大，且降低识别的速度。在实际操作中，操作人员可通过查看 OCR 识别后生成文本中的红色错字数量（如小于 3%），判断其可接受程度，确定是否采用该分辨率扫描并进行 OCR 识别。

第二是尽量采用黑白二值模式进行扫描，用扫描仪扫描文件时，通常OCR识别接受灰度或黑白二值模式，不接受彩色模式。如果文稿印刷质量好，可采用灰度模式，否则，宜采用黑片二值模式。扫描时可手工调节黑白阈值的大小，如黑白二值图像上文字轮廓残缺，则适当增加阈值；若文字轮廓线太粗，则表示信息冗余较多，可适当减少阈值。这样调节后形成的黑白二值扫描图像，可以达到较佳的OCR识别效果。

第三是在进行OCR识别时注意文字的倾斜校正。OCR识别允许文稿有细微的倾斜，但是过度倾斜会影响识别率。校正方法是，点击扫描软件上的倾斜校正按钮，识别软件会自动将图像校正，再进行OCR识别。

第四是对稿件进行识别前的预处理。去除文稿上的杂点和图片，因为杂点会干扰文字识别，图片是不能被识别的，且会影响OCR的文字切分。针对文稿中出现分栏的情况，建议用手动设定各栏区域，即用多个框分别选中要识别的文字，然后进行OCR识别。

第五是采用适当的识别方式。简体和繁体混排，中英文混排的文稿通常识别率较低。如果文稿中简繁体、中英文是呈块状分布的，可以用图像处理软件，将不同的文字块剪辑成同类文字块合并的文件，然后分别对不同文字进行OCR识别。

（5）扫描登记

认真填写纸质档案数字化转换过程交接登记表，登记扫描的页数，核对每份文件的实际扫描页数与档案整理时填写的文件页数是否一致，不一致时应注明具体原因和处理方法。

3. 图像处理

扫描完成后，必须按照要求将所得图像进行技术处理，纠正档案扫描件和原件的偏差，使扫描后的档案图文更加清晰、规范。图像处理大致包括以下内容。

（1）图像数据质量检查

对图像偏斜度、清晰度、失真度等进行检查。发现不符合质量要求时，应重新对图像进行处理。由于操作不当，造成扫描的图像文件不完整或无法清晰识别时，应重新扫描；发现文件漏打时，应及时补扫并正确插入图像；

发现扫描图像的排列顺序与档案原件不一致时，应及时调整。认真填写相关表单、记录质检结果和处理意见。

（2）纠偏

对出现偏斜的图像应进行纠偏处理，以达到视觉上基本不感觉偏斜为准。对方向不正确的图像应进行旋转还原，以符合阅读习惯。

（3）去污

对图像页面中出现影响图像质量的杂质，如黑点、黑线、黑框、黑边等应进行去污处理。处理过程中应注意不要破坏档案的原始信息。

图像拼接对大幅面档案进行分区扫描形成的多幅图像，应进行拼接处理，合并为一个完整图像，以保证档案数字化图像的整体性。

（4）裁边

采用彩色模式扫描的图像应进行裁边处理，去除多余的白边，以有效缩小图像文件的容量，节省存储空间。

以上纠偏、去污、裁边等处理，可以根据肉眼判断，人工操作完成。也可以用专门设计的软件，预先进行某些设定，然后由计算机自动处理。计算机处理当然效率高，但是没有人工处理灵活。例如，一旦将污点的大小尺寸设计得过小，计算机会将某些标点符号当作污点而自动去除。因此，扫描图像处理还须采用人工和自动处理相结合的方式。

4. 图像存储

（1）存储格式

采用黑白二值模式扫描的图像文件，一般采用 TIFF（G4）格式存储；采用灰度模式和彩色模式扫描的图像文件，一般采用 JPEG 格式存储。存储时压缩率的选择，应在保证扫描的图像清晰可读的前提下，以尽量减少存储容量为准则。提供网络查询的扫描图像，也可存储为 CEB、PDF 或其他版式文件格式。

（2）图像文件的命名

应采用档号或唯一标识符为数字档案资源命名。采用档号为数字档案资源命名的，若以卷为单位整理，按《档号编制规则》编制档号，推荐增设档案门类代码作为类别号的子项；若以件为单位整理，档号可采用全宗号—档案门类代码，年度—保管期限机构（问题）代码—件号·子件号结构。

5. 目录建库

（1）数据格式选择

目录建库应选择通用的数据格式，所选定的数据格式应能直接或间接通过 XML 文档进行数据交换。该数据库建立可以通过专用的档案管理系统或扫描加工管理软件录入，也可以先在 Excel 专门设计的档案目录表格中录入，然后将数据导入至档案管理系统。

（2）档案著录

按照《档案著录规则》的要求进行著录，建立档案目录数据库，并录入档案目录数据。

（3）目录数据质量检查

为了确保数据的准确性，可采用“单机录入—人工校对”或“双机录入—计算机自动校对”的方法。不管是人工校对还是计算机校对，都要核对著录项目是否完整，著录内容是否规范、准确，发现不合格的数据应进行修改或重录。

6. 数据挂接

（1）汇总挂接

在档案数字化转换过程中形成的目录数据库与图像文件，通过质检环节确认合格后，通过网络及时加载到数据服务器端汇总。目录数据库与图像文件应避免采用既慢又容易出错的人工挂接，尽量采用计算机批量自动挂接。只要扫描制作的数字化文件是按纸质档案的档号命名，就可以通过编制挂接程序或借助相应软件，实现目录数据对相关联的数字图像的自动搜索，加入对应的电子地址信息等，实现批量、快速挂接。

（2）数据关联

以纸质档案目录数据库为依据，将每一份纸质档案文件扫描所得的一个或多个图像存储为一份图像文件。将图像文件存储到相应文件夹时，要认真核查每一份图像文件的名称与档案目录数据库中该份文件的档号是否相同，图像文件的页数与档案目录数据库中该份文件的页数是否一致，图像文件的总数与目录数据库中文件的总数是否相同等。利用每一份图像文件的文件名与档案目录数据库中该份文件的档号，建立起一一对应的关联关系，为实现档案目录数据库与图像文件的自动批量挂接提供条件。

（3）交接登记

认真填写纸质档案数字化转换过程交接登记表，记录数据关联后的页数，核对每一份文件关联后的页数与档案整理，扫描时填写的页数是否一致，不一致时应注明具体原因和处理办法。

7. 数据验收

以抽检的方式检查已完成数字化转换的所有数据，包括目录数据库、图像文件及数据挂接的总体质量。目录数据库与图像文件挂接错误，或目录数据库、图像文件之一出现不完整、不清晰、有错误等质量问题时，抽检标记为“不合格”。一个全宗的档案，数字化转换质材抽检的合格率达到 95% 以上（含 95%）时，予以验收“通过”。

合格率＝抽检合格的文件数/抽检文件总数×100%

认真填写纸质档案数字化验收登记表单。验收“通过”的结论，必须经审核、签署后方有效。

8. 数据备份

经验收合格的完整数据应及时进行备份。为保证数据安全，备份载体的选择应多样化，可采用在线、离线相结合的方式实现多套备份，并注意异地保存。备份数据也应进行检验，备份数据的检验内容主要包括备份数据能否打开、数据信息是否完整、文件数量是否准确等。数据备份后应在相应的备份介质上做好标签，以便查找和管理。填写纸质档案数字化备份管理登记表单。

9. 数字化成果管理

应加强对纸质档案数字化成果的管理，确保其安全、完整和长期可用。纸质档案数字化成果提供网上检索利用时，应有制作单位的电子标识，并根据具体情况分别采用可下载或不可下载的数据格式。

二、照片档案的数字化

与文字档案相比，照片档案能更加生动、直观、真实地还原历史场景和人物特征，是重要的影像记忆和特色鲜明的档案资源。目前，有些老照片已经褪色、发黄、破损，亟待采用数字化手段对其图像信息进行抢救和保护。

从工作原理上说，照片档案数字化与纸质档案数字化的操作过程和要求大体相似，但也存在不同。

（一）照片档案数字化的对象

照片档案数字化的对象分底片和照片两种。在有底片的情况下，应优先选择底片。因为底片扫描具有以下优越性：一是传统的照相过程是先形成底片（负片），再用底片冲印成照片（正片），因此底片较正片具有更好的原始性和价值性。二是对底片直接进行数字化，相比将底片冲印成纸质照片，再对照片进行数字化的处理过程，工序更简单，操作更简便，有利于降低数字化成本，提高工作效率。三是传统摄影具有色彩还原真实自然、细节层次精致丰富的特点，较数码摄影仍有一定的优势，由此底片扫描可以显著提高扫描图像的质量。四是许多具有档案价值的老照片都以底片方式保存，随着时光的流逝或保管不善很容易褪色、霉变，底片扫描有利于及时地抢救这些珍贵的老照片。五是有些行业会形成大量底片档案，如医院的 X 光片，将其扫描成数字图像，有利于对底片档案进行计算机存储、处理和传输。

（二）照片档案数字化方式

扫描仪扫描输入和数码相机翻拍录入是照片档案数字化所采取的两种主要方式。

1. 扫描仪扫描输入

扫描仪扫描输入是照片档案数字化常用的方法，可以采用普通的平板扫描仪，也可以用专用的照片扫描仪。与数码相机翻拍录入相比，扫描仪扫描照片操作简单，适用于各类照片档案的数字化处理。

2. 数码相机翻拍

数码相机翻拍虽然比较快捷，但要配置辅助照明设施，拍摄过程中对变焦、曝光等的调控要求较高，拍摄难度比想象中的大。由于普通数码相机在光学成像过程中会产生像差，因此需要使用中高档数码相机。中高档数码相机镜头一般都配有较大值光圈、变焦镜头、高分辨率 CCD 等，可以保证高质量的拍摄效果。数码照片翻拍最好采用数码翻拍仪，靠手持数码相机拍摄图像，曝光难以掌握，图像也容易变形。如果翻拍的照片变形，可采用 PhotoShop 等软件进行纠正。

（三）位深对数字图像阶调的影响

位图图像中的像素可以代表黑、白、灰色或彩色信息。计算机记录每个像素的光亮信息多少是用比特（bit）来衡量的。如果使用一位来记录像素信息，其像素只能是白色或黑色的；使用二位描述像素信息，有四种可能表示灰度的区别；使用 8 位有 256 级的灰度；使用 24 位能够提供 1.6 千万个可能的颜色。位数称为图像的位深。使用位深越高，描述的灰度级越多。它是数字图像反映颜色精度的重要指标。

（四）照片档案的储存格式

数字化的照片档案存储格式比较多，如 BMP、JPEC 格式。一般情况下，档案部门可选择 JPEG 格式来存储照片档案，但是这种格式会损失图像信息。所以对于那些比较重要的、要求高保真度的照片档案就要选择无损方式储存的 TIFF 格式，这种格式结构灵活和包容性大，易于转换为其他格式。

三、录音档案的数字化

录音档案是以声音为信息表达方式的档案材料，包括纯录音档案和含录音档案。在传统档案中，唱片、录音带为纯录音档案，电影胶片、录像带则为含录音档案。录音档案数字化的现实需求强，投入较低，技术实现相对简单，实际效果明显，因此，录音档案数字化应当受到档案部门的高度重视。

（一）录音档案数字化的前期准备

在录音档案数字化前期，首先要制定录音档案数字化方案：选择和配置适用的软硬件系统，确定录音数字化输入的格式、载体；确定录音档案数字化的范围，明确数字化的先后顺序。录音档案能够顺利播放是数字化的前提，因此数字化前期还必须检查录音档案的质量及其完整性，旧磁带可能存在不同程度的黏连、信号强度减弱、磁粉脱落等问题，因此数字化前必须对其进行清洁、修复，以确保数字化的质量。

（二）录音档案数字化的流程

1. 音频采集

第一，用连接线将放音机与计算机相连接。第二，根据声音的质量选择参数，采样频率可选 44.1 kHz 或更低；声音样本的大小可选用 16 位或更低的；根据原录音带选择声道数，如果是 DVD 中的声音则选 48 kHz；此外，还要设定录音质量、时间长度。第三，在放音机放音的同时启动音频制作软件的录音按钮，并通过音频制作软件调节音量大小等参数。

2. 音频编辑

在音频采集之后，可使用音频制作软件对音频文件进行编辑处理，以使其符合数字化的要求，主要包括音量调节、音调调整和噪声处理。

3. 音频存储

处理完成之后，选好存储地址，输入文件名，选择文件类型，将其保存。数字音频文件的保存类型和格式有很多，如 WAV 格式、MP3 格式。

（三）录音档案数字化的后期工作

数字音频文件形成之后，还必须将录音档案对应的声音内容以文本方式保存在计算机内，以便对其进行全文检索。每份录音档案原则上对应一份文本文件，该文本文件与录音档案拥有相同的文件名，但扩展名不同。

数字化后的音频文件及其对应的文本文件必须通过建立规范化的录音档案目录数据库或专题目录库来实现有效利用。录音档案数据库除包括一般档案数据库设定的著录项目外，还要包括音频文件存储路径、其对应文本文件的存储路径（或文本文件名）、录音地点、声音来源、原录日期、数字化日期、数字化责任人等内容，并通过数据库的地址链接方式将数字化音频文件与其对应的文本文件联系起来。

（四）录音档案数字化的文件格式

目前流行的音频文件格式主要有以下几种。

1. WAV 格式

WAV 格式是微软公司的声音文件格式，被 Windows 平台及其应用程序广泛支持。该格式支持多种音频数字取样频率和声道，标准格式化的 WAV 文件和 CD 格式一样，也是 44.1 kHz 的取样频率，16 位量化数字，因此声音文件质量和 CD 相似。其优点是编解码简单，支持无损耗存储；主要缺点是需要较大的音频存储空间。

2. MP3 格式

MP3 是一种音频压缩技术，可大幅度地降低音频数据量。它利用 MPEG

Audio Layer3 的技术，将音乐以 1:10 甚至 1:12 的压缩率压缩成容量较小的文件，而音频质量没有明显的下降。

3. WMA 格式

WMA 是微软公司的一种音频格式。WMA 格式是以减少数据流量但保持音质的方法达成更高的压缩率目的，生成的文件大小只有 MP3 文件的一半。与 MP3 相同，WMA 也是有损数据压缩的格式，因此在一定程度上会影响声音质量。

4. AAC 格式（MP4 格式）

AAC 所采用的运算法则与 MP3 的运算法则有所不同，AAC 是通过结合其他的功能来提高编码效率。相对于 MP3 格式，AAC 格式的音质更佳、文件更小。但是，AAC 属于有损压缩的格式，相对于 APE 和 FLAC 等时下流行的无损格式，音色饱满度差距比较大。

5. CD 格式

CD 是最传统的非压缩数字音频格式，与标准格式的 WAV 文件一样，均采用 44.1 kHz 的采样频率和 16 位采样精度。由于未压缩，它的音频具有高保真性。但是这种格式仅用于光盘存储，占用空间较大。

6. DVD-Audio 格式

DVD-Audio（DVD-A）是一个 DVD 碟片上的数字音频存储格式，采用与 CD 一样的非压缩方式，并且充分利用 DVD 碟片记录容量大的特点提高对音频信号的采样频率和采样精度，其保真度超过 CD。该格式可附带文字说明或静止画面。

档案部门选择以上格式时应考虑：一是音频的保真度，尽量选用无损压缩的格式；二是支持附带文字说明，以便于将档案的著录信息直接嵌入音频文件，用于计算机检索。

四、录像档案的数字化

传统的录像档案是以模拟图像和声音符号记录的，集视听于一体的特殊载体档案。该档案容易因磁介质退变、老化造成信号衰减、损失，或因播放设备的淘汰而无法播放。因此，将录像档案由模拟信号转为数字信号已经成为抢救录像档案的当务之急。

（一）录像档案数字化的硬件配置

1. 放像设备

要按照录像档案载体选择不同的放像设备。受到数字设备的冲击，许多传统的放像设备已经退出市场。曾经流行的模拟像带及其播放设备按照制式来分主要有 VHS、Beta 和 8 mm 等类型。模拟录像机不仅有制式的不同，而且按照其信号记录方式及保真度的不同而分不同的技术质量等级。不同制式、不同等级、不同品牌的录放设备及其录像带的性能不同，相互之间并不兼容，因此，必须针对所用录像带的类型准备相应的放像设备。

2. 视频采集计算机

计算机配置视频卡才能实现录像档案数字化，视频卡的功能是将录像带保存的模拟信号转换为数字信号，并保存在计算机中。视频卡的质量决定着录像档案数字化工作的质量。目前市场上的视频卡很多，档次不一，应根据需要合理选用 MPEGT 或 MPEG-2 卡。由于数字录像档案的数据量很大，对计算机的速度要求很高，电脑 CPU 最好有 3 GHz 主频。采集 DV 视频信号数据量大，传输速度要求高，不能用普通 USB2.0 接口传输，建议使用 IEEEI394（又称火线）接口，即视频采集计算机必须带有 IEEEI394 接口，才能有足够的速度将 DV 拍摄的模拟信号无损伤地采集到计算机系统中去。

（二）录像档案数字化的软件配置

各种视频编辑软件，如 Adobe Premiere Pro、Ulead Video Studio，以及 Windows 系统自带视频编辑软件 Windows Movie Maker 等都提供屏幕捕捉功能，能将 DV 录像信号转换成数字信号输入计算机系统。由此，视频采集前须安装视频编辑软件。

（三）录像档案数字化的工作流程

录像档案采集完成输入计算机时，模拟图像信号和模拟音频信号是分离的，各自输入计算机的视频采集部件和音频采集部件，在视频采集软件的统一控制下，由视频采集软件同步采集视频、音频信号，从而获得包含音频的数字视频数据。录像档案数字化工作流程与录音档案数字化工作流程有相似之处，可分为如下阶段。

1. 数字化前期准备

一方面，根据各单位录像档案的实际情况制定录像档案数字化方案，确定录像档案数字化的范围，合理安排数字化工作的先后次序；另一方面，将录像档案从原房中取出，检查录像档案的质量和完整性，并做记录，修复受损的录像档案，以满足数字化工作的需求。

2. 数字化阶段

（1）视频采集

准备好数字化工作所需的软硬件设备，将放像设备与视频采集设备相连接。打开视频编辑软件，设置各种参数，监控计算机上播放的视频质量；预先设定所需生成的视频文件的格式、设置视频文件的各项参数；参数设置后预览视频信号，若不符合要求则进行适当调整，以使视频质量达到最优。此后，便可正式进行视频采集。视频采集不能快进，即如果 DV 录像是 60 分钟，则采集时间也是 60 分钟。

（2）视频编辑

视频采集完成后，要用视频编辑软件对其进行剪辑、编排，并调整视频效果，以使其满足需求。

（3）视频存储

采集完成后形成的视频文件应当按规范命名，形成电子档案管理要求的规范格式，一般采用 AVI 或 MPEG-2 格式，也可采用 WMV、MP4、MOV 等流行格式存储一套复制件。MPEG-1 是曾经流行的视频格式，该格式图像质量差，已经过时，现在一般不采用。视频文件可采用移动硬盘、DVD-R 等脱机载体存储，如果要提供共享查询，则需要将其上传到网络服务器中保存。

3. 数字化后期工作

为了方便用户查找利用数字录像档案，档案部门需要建立数据库。数据库包括两部分，一是数字录像档案目录；二是数字录像档案文件，两部分内容之间需要建立链接，用户可以方便地在数据库中查找所需数字录像档案文件。

五、数字化成果的存储格式选择

对于各类档案数字化后形成的数字化成果，需要正确选择其存储格式，这关系到数字化成果的质量、管理成本、查询利用效率。由于数字化技术的迅速发展，现有格式不断升级，新的格式不断出现，数字化成果的存储格式也不会一成不变。一般在选择长期保存的格式时应综合考虑以下因素。

第一是兼容性强，可以在不同的计算机平台上显示和运行。

第二是保真度高，能在不同的技术环境下保持纸质档案的原始质量和版面。

第三是压缩比高，高效的数据无损压缩，可保证档案数字化成果存储占据容量小，便于高效率地移植、传播和显示。

第四是字体独立，可自带文字、字形、格式、颜色以及独立于设备和分辨率的图形图像，可在各种环境下被准确还原。

第五是可自带元数据，准确记录档案数字化成果的形成、变化过程，以证明档案文件的真实、完整和有效性。

第六是支持多媒体信息，不仅可以包含文字、图形和图像等静态页面信息，还可以包含音频、视频和超文本等动态信息。

六、档案数字化成果的格式转换

在档案数字化成果的管理中，为了维护数字化成果的长期有效性，经常需要将非通用格式转换成相对通用的推荐格式，或为了满足不同播放器播放、不同软件编辑的需要，进行档案文件的格式转换。目前，许多软件都可以对打开的文件用另存方法实现格式转换。但是这种方法只能对文件逐件地转换，效率低，且转换的格式种类比较有限。如何对档案数字化成果进行批量、高效率的格式转换，这是多媒体电子文件管理、编辑中经常需要做的“功课”。当前能批量转换格式的软件比较多，这里推荐一款多功能的电子文件格式转换软件——“格式工厂”。该软件可从网上免费下载，尤其适用于Windows 操作系统。它具有以下强大的功能：一是支持几乎所有类型的视频、音频、图像、文字类档案文件，包括当前流行的 iPhone/iPod/PSP 等媒体定制格式的转换，可谓文件格式万能转换器；二是转换时可以设置文件输出位置、方式、大小等，还可以修复某些损坏的视频文件；三是转换图片文件时支持文件缩放、旋转、水印等功能；四是能对批量电子文件进行转换，转换速度快；五是具有 DVD 视频抓取功能，能轻松地将 DVD 备份到本地硬盘；六是支持 60 种国家语言。用户只要在界面左侧选择需要转换的文件格式，屏幕立即会弹出选择文件的界面，然后用户可批量选择需要转换的档案文件，该软件即可根据预先设置的各种参数，自动批量进行转换，效率颇高，使用也十分简便。

七、未来档案信息资源多元化利用

（一）档案资源的社会化利用

在信息社会和知识型社会迅速发展的 21 世纪，在档案信息化建设与发展的众多方面，无论是技术手段，还是信息资源的有效积累和广泛利用，都必将以档案信息资源的整合集成、共享、利用作为出发点和落脚点，以传承人类文明，共享信息资源，实现社会的可持续健康发展。

1. 档案资源的知识化积累

档案的形成（鉴定、收集整理与归档）是从个体知识到组织知识，再到社会知识转换的文化积累、动态跟踪的历史记载过程，档案的开发与利用（编研开放、发布与利用）是人类传承文明、创新发展的进步与发展过程。这两个相互衔接、彼此推动的过程循环往复、推陈出新，构成了人类社会的知识化动增长和社会化自适应的档案资源不断丰富的过程模型。这表明了档案文化通过“传—承—积累—发展—传”这种类似于文化加工厂的生产工序，随人类自身的繁衍而形成的民族文化将生生不息、无始无终的传承环链。

21 世纪初，我国的电子政务与各行各业的信息化已经进入以知识管理为核心的快速提升和综合运营的重要发展阶段，信息技术的发展把知识管理推到了重要的位置，“以知识为基础的经济社会”的提法更表明了人们对知识和技术在经济增长中的作用有了更充分的认识。可以想象，未来的互联网是一个丰富多彩的“知识网”，是一个储存综合知识的文化资源大仓库。档案作为人类社会活动的原始记录者和忠实承载者，记录了人类社会成果的同时也揭示着人类文化，它是民族文化遗产的重要组成部分。同时，档案在文化传承中占据着举足轻重的地位，发挥着不可替代的作用，因此，档案资源必将会成为未来知识网中不可或缺的重要组成部分，世世代代传承着人类的文明。

2. 档案资源的共享化利用

社会信息化使档案信息资源面临着一个全新的生存环境与发展空间。美国档案学者杰拉尔德汉姆先生曾指出：档案应该记载“人类生活的各个方面”，档案工作者要“创造一个反映普通百姓生活喜好、需求的全新的文献材料世界”，档案馆藏是反映“人类生活的广阔领地”。因此，档案资源唯有同归社会，得到最大限度的利用，才能体现档案保管的价值和作用。事实告诉我们，实现档案信息资源的集成化管理和共享化利用是档案贴近公众、服务社会的最佳解决方案。

要实现档案信息资源的共享化利用，首先必须在档案基础数据库的建设上下功夫。档案基础数据库是建设数字档案馆和开展档案信息化的基础性工作之一，是实现档案信息资源的集成共享、统一管理、高效检索和方便利用的基础信息存储结构，更是国家信息资源数据库建设的重要内容。今天，我们处于信息技术快速发展的知识经济时代，国家、城市综合服务资源库的建设是社会发展的需要，是加强政务公开、实现便民服务的一项基础性工作。我国已经在人口、法人、自然资源与宏观经济四大数据库的建设方面取得了较大成效，作为人类社会活动的历史记载，档案资源的开发利用和档案基础数据库的建设是国家信息资源建设的重要组成部分。可以说，档案基础数据库的建设已经成为各级各类档案馆面向社会提供档案资源利用服务的基本职能，成为我国整合档案信息资源，弘扬民族文化、提高民族素质的历史性课题，同时也是档案工作者采用现代化手段记录当今社会改革、建设、发展的真实过程，支撑社会经济发展的历史性责任和义务，更是政务公开、提高办事效率和促进科学决策的依据。

在我国也有一些省市级档案馆开展数字档案馆建设，制定了符合各地区需求的数字档案的元数据格式规范，建立了档案目录中心，提供部分开放档案信息的检索服务功能，具有典型示范作用。例如，福建省档案基础数据库建设，它是基于分布式数据库，在原来单机和局域网络的基础上开发完成的，它连接了若干分布式数据库并建立了档案目录数据库、档案内容数据库等。

（二）馆藏档案数字化应用

为适用公众网络化查档和档案信息化管理的多元化需求，馆藏档案数字化和开展档案数字化应用系统的建设已成为现代档案管理的一项重要内容，对档案工作者而言，这也是一项全新的任务，需要在充分认识到馆藏数字化重要性和必要性的基础上，采取有效的策略和方法，开展馆藏档案数字化系统的建设和有效使用。

1. 档案信息服务机制变革

随着全国各行各业信息化进程的加快，档案馆信息化应用也逐渐走向更广、更深的领域。档案信息服务将不再拘泥于传统的、单一的方式，将会有所创新，趋向多元化发展。

服务方式由被动性向主动性转变。改变了传统的被动服务方式，积极主动地开展档案信息服务。长期以来，在档案信息利用上，总是遵循一种传统的服务方式——“等客上门”。这实质上与信息社会的发展极不协调，不利于档案信息价值的体现与发挥，封闭了档案信息表现价值的众多途径。而档案信息服务方式也必须考虑到档案的特性，“送货上门”也是不行的，不符合《中华人民共和国档案法》的基本要求。档案信息的主动服务方式应该是“请客入门”。

具体的措施是开展针对档案利用者的利用需求研究，主动地提供档案信息利用。首先要广泛、深入地研究不同方面、不同层次的利用者，进行必要的档案宣传工作；提供多种档案信息利用方式，编制多样化的检索工具，形成一个全功能高效益的检索系统；加强编研工作、编研成果的出版发行及交流，能将档案价值的精华系统、全面、集中地向社会公布，向档案信息利用者提供有效捷径；拓展档案信息中介服务机构。

服务手段由传统型向现代化转变。计算机网络技术、数据库技术以及多媒体技术的发展使得档案信息服务手段发生了巨大的转变。借鉴相关学科数字化发展的研究成果，实现档案管理现代化应借助于数字化综合管理信息系统，把分散于不同载体、不同地理位置的档案信息资源以数字化的形式储存，以基于对象管理的模式管理，以网络化的方式互相连接，从而提供及时利用，实现档案信息资源共享。我国是发展中国家，经济和技术条件的制约决定了档案管理手段转变的长期性，传统的档案馆信息服务技术与服务手段将得到一定程度上的扬弃，将以新的信息传播循环方式提供档案信息服务。

服务内容由单一型向多元化发展。通过网络等信息技术与其他档案馆、信息机构及整个社会信息资源建立起紧密的联系。其信息服务将增加新的内容，诸如档案信息资源网络化组织管理、档案信息资源的网络导航、档案信息的数字化开发与提供利用、档案用户的教育培训等。例如，在档案利用者的教育培训方面，要在对利用者进行传统档案检索和获取方式培训的基础上，重点帮助利用者学会如何利用数字化的信息资源、如何选择档案信息数据库、如何从网上获取所需的档案信息、如何操作远程通信软件等。档案信息组织方式、检索方式、采集方式，较之其他类型的文献信息来说，具有复杂多样、技术含量高、对利用者信息能力要求高等特点，所以对档案利用者的信息检索能力、信息获取能力、信息筛选能力、信息识别能力的培养是一项档案信息服务的重要内容。

档案资源由封闭性向开放性转变。在网络环境下，档案馆信息服务资源已不再仅仅局限于馆藏档案信息量等指标，而是着眼于档案馆获取档案信息提供档案信息的能力。所以档案馆在充分开发利用本馆馆藏档案信息外，还必须通过网络检索利用其他档案馆馆藏信息和网上信息资源。建立档案信息资源的现代化管理系统，将档案信息纳入计算机网络，从而达到最快捷的信息资源利用效果。通过网络等信息技术实现档案信息价值的最大化，并最终取得档案信息服务于社会的最佳效果。这需要一个过程，从单机操作到建立档案管理信息系统网络连接有关信息机构网站，最终并入国际互联网。

档案资源由单一型向多样型转变。档案馆提供的单一信息服务的资源是以收藏纸质档案为主要内容。在网络环境下，档案馆综合信息服务模式的服务资源则要朝着多种载体形式并存的方向发展，包括各种电子文件光盘、多媒体、缩微载体和声像载体等，尤其要增加数字化馆藏资源的建设。网络环境下的数字档案馆所有的完整的馆藏含义应该是“物理实体馆藏+数字化馆藏”。我国档案馆在档案信息数据库建设方面的任务是：在保留传统档案文献的同时，应通过协作与协调，在一定程度上对馆藏资源进行数字化，要注意将各馆独特价值的馆藏文献数字化，制成光盘或上网传播，使各馆上网信息独具特色，并在此基础上形成一个档案信息网络。

2. 档案文化产业的形成与发展

我国文化产业在教育、体育、旅游、出版业、娱乐表演、媒介广告、影视以及印刷、中介经营、管理、咨询等方面已经形成规模，有相对完整的运作体系，这充分说明了现阶段文化产业的形成与发展已经成为我国国民经济发展的重要内容。档案作为网络时代重要的信息资源在现代知识经济型社会中起着越来越重要的作用，档案业务的开展正在被推向新的工作模式，档案文化的发展也被置于一个全新的市场背景之下。

具有深厚文化底蕴的档案，其固有的知识性、价值性、信息性、凭证性决定了档案是全社会重要的文化资源，具有潜在的开发利用价值和市场需求，这是档案文化产业能够形成的先决条件。这里试图按照文化产业的运作规律定义档案文化产业的理想模式，展望档案文化形成产业必须具备的基础环节以及这些环节之间的协调互动关系。

收集、整理、鉴定和归档业务是档案文化产业链的生存基础。不断积累和丰富的档案随着社会的发展和时间的推移，成为宝贵的社会资源，它的深入挖掘、精细加工和全方位的开发利用是使档案资源价值增值的基本手段。因此，专业化的编研与开发是产业链活动过程中最重要的内容之一，也是将档案资源转变为文化产品的重要环节。商品化运作是人们认识档案文化产品的根本途径，只有经过流通环节才能变成人们熟知的商品，才能被消费、被吸收，也才能产生更高层次的需求，这是产业链能否形成的核心因素。需求流（即市场信息流）、资源流和资金流贯穿档案文化产业发展的全过程，缺一不可。档案文化产业链中每个环节点上的活动可以自成体系，各个环节协调运作是档案文化产业链持续存在和良性发展的基本保障。档案文化产业的发展与壮大将会增强人们对档案资源的认知度，将会吸引更多的投资者，借助档案文化产品产生越来越多的社会效益和经济效益。

全球经济一体化使得档案文化产业的形成具备了充足发展的条件，但要真正发展起来，形成以档案文化产品为服务对象的产业化服务，还需要根据我国档案事业发展的具体现状，适时、适度地开展，同时也需要看档案从业人员和相关领域的工作人员能否抓住机遇迎接挑战，开展各项有益于社会发展的档案文化宣传和利用活动。当前，我国的档案事业已经在以公益性档案服务事业为主的基础上，开始了商品化档案文化产品市场的开发与发展，这是适应全球经济发展的重要举措。然而，为适应社会的进步与发展，还需要进一步在档案事业和档案科学领域中不断地探索和思考，不断地创新和发展。

更新观念，关注现实，按照先进文化的理念管理档案。按照先进文化的理念管理档案是摆在我们面前的极其重要的任务，也是历史赋予我们的重任。在理论上有所突破的同时，更应关注现实实践的探索与应用。就档案文化产业的功能而言，主要体现在利用档案资源为人类各种活动提供的服务上，而不在于其能否盈利和在多大程度上盈利；其服务的对象应该有社会性和广泛性，应该包括对社会各阶层各领域的服务。当然，这种服务有一部分应该是有偿的，但其公益性决定了必须是微利的。事实上，档案的有偿服务已经在档案利用方面体现出来，今后可能有多种收入渠道建立起来。

以政府改革为契机，调整工作体系，转变职能，创新档案文化发展体制。档案管理体制改革势在必行，应以政府改革为契机，调整档案工作体系，转变职能，适应知识经济时代档案文化发展的需要。可以考虑将学会改为协会，发挥协会工作制的积极作用，将教育培训、沟通协调评估等协同工作交给协会来开展。政府要把档案工作列入经济社会发展计划，各地方或专业协会的职能要用法律形式固定下来，以协会为纽带，以档案馆（室）为实体，加强档案局的执法监管力度，重构新型的档案管理工作体系。从功能上讲，档案局的工作重点放在如何保证国家对档案的依法管理和国家对档案资源的所有权，主要职能是要体现依法监管和服务。档案协会是以服务为主、监管为辅的行业组织。档案馆是档案工作实体，作为协会成员，应履行会员义务，缴纳会费，得到协会提供的服务，并接受协会监管。

以信息化为手段，促进档案行政管理体制改革信息化工程的实施可以将档案的实体管理与信息管理实现物理分离，仅此一举就能为档案工作节约巨大的人力、物力。在目前情况下，档案信息的网络服务则能从根本上打破多年来档案重保管、轻服务的现状，从而改变人们对档案工作的认知程度，这对开发档案信息资源意义十分重大。我国信息化的理论和实践都证明，在实现管理机构的扁平化、提高行政效能等方面，信息技术起着重要的能动作用。就行业特点来讲，档案也是发挥信息化功能的最好应用领域之一，依靠信息决策依然是档案高层管理的主要理念，特别是办公自动化与电子文档管理的集成，现在和将来都是政务与企业信息化的重要方面。档案信息又成为各类数据仓库与决策支持系统的基础数据组成部分，为电子政务所必须。

开展旨在建设先进文化的各类档案收集、利用、宣传、服务活动和项目。当前我国档案文化产业活动主要依靠政府财政拨款的支持，在一个较长的时期内，仍会以这种方式为主。目前，各类档案文化活动相继开展，如教育、展览等活动取得了比较好的社会效益。重大事件和个人档案的征集工作也有了新的突破。今后，在档案服务方面，通过网络计算机提供的档案信息服务将成为档案文化服务的主流，这种服务无疑是面向全国经济政治的各个领域，其范围也将是全国化和国际化的，如果没有市场化运作的保障机制，将是不可能实现的。

提高档案工作人员或从业人员的综合素质是档案文化得以发扬光大的关键，近年来，档案人员文化素质的变化很大。但是改变档案人员“档案保管员”“资料保管员”的形象以适应现代社会发展，还需要一段较长的时间。档案工作者应该具备所在行业的普遍性常识和档案管理的专业知识，要掌握信息化知识、基本的计算机操作技能和数字化档案的管理与备份技巧，还要有文化产业要求的市场开发能力和服务能力，达到信息时代的公务员与文化工作者的双重要求。这无疑是对现在档案工作者的挑战。

当前，我国正处在以档案文化产业政府监督与资助下的公益性档案服务事业为主，以商品化档案文化产品市场为辅的格局中，各级政府和档案部门正积极筹划，以深化改革为契机，把档案文化推向社会，推向市场。相信将来有一天，人们必定会迎来一个档案事业发展的新阶段，档案文化将成为社会文化产业中的一朵奇葩。

第二节　电子文件归档与电子档案移交

《电子档案管理基本术语》（DA/T 58—2014）中定义：电子文件是国家

机构、社会组织或个人在履行其法定职责或处理事务过程中，通过计算机等电子设备形成、办理、传输和存储的数字格式的各种信息记录。电子文件由内容、结构和背景组成。作为一种新兴的文件形态，又直接形成于信息化系统，电子文件不仅是组织和处理机构日常工作的工具，而且可以作为信息化环境下机构工作的历史记录和活动凭据，也是国家的宝贵文化财富和社会的重要信息资源。因此，对电子文件进行及时归档、移交并使之得到长期保存势在必行，应当成为档案信息化建设的重要内容。

作为人类步入信息社会后在档案领域出现的新事物，电子档案概念的确立只是近几年的事情。在国际档案理事会电子文件管理委员会 1997 年出版的《电子文件管理指南》中，把作为档案及可由档案部门接收和保存的电子文件称之为“具有档案性质的电子文件”。2002 年，国家标准《电子文件归档与管理规范》（GB/T 18894—2002）将电子档案称之为“归档电子文件”，是指具有参考和利用价值并作为档案保存的电子文件。2012 年，在国家档案局印发的《电子档案移交与接收办法》中明确了电子档案的概念，将其定义为是指机关、团体、企事业单位和其他组织在处理公务过程中形成的对国家和社会具有保存价值并归档保存的电子文件。

档案学理论认为档案是由各种文件材料转化而来的，文件是档案的前身，档案是文件转化的结果。这种观点已为大众所接受，成为一种具有普遍意义的理论。在这一理论下，文件和档案是两种在功能、时间和空间上相对独立，但又有密切联系的社会事务。为此，在电子文件与电子档案的关系上，仍应遵循这一原则，从社会档案价值意识承担、档案学专业的责任承诺和文件价值形态的转变出发，承认文件运动的规律性，同时也认为那些具有长期或永久保存价值的，经过归档而实行档案化管理的电子文件为电子档案。实际上，电子档案就是“归档电子文件”，依然是由电子文件转化而来的。

一、电子文件的特性

顾名思义，电子文件就是“电子”加“文件”。“文件”是电子文件的功能属性，是共性；“电子”是电子文件的技术属性，是特性。了解电子文件的特性对于管好电子文件非常重要。

（一）信息的非人工识读性

信息的非人工识读性表现在两个方面：一是电子文件使用了人们不可直接识读的记录符号——数字式代码，即将输入计算机的任何种类的信息都转换成二进制代码。对于这种经过复杂编码的二进制代码，人工无法直接破译它的含义，只有通过计算机特定的程序解码，使之还原为输入前的状态，才能被人识读。所以，电子文件在给人类带来极大方便的同时，也使其内部实现机制变得越来越复杂。二是电子文件存储在载体上，人们无法直接通过载体阅读，必须通过计算机等设备显现，才能识读。

（二）系统的依赖性

电子文件对系统的依赖性包含两个方面：一是电子文件的形成、流转、归档等全部管理活动都必须借助于计算机系统才能实现。离开计算机系统，人就无法识读和管理电子文件。二是生成文件的软硬件系统一旦更新换代，会造成电子文件的失真、失效，无法还原。

（三）信息与特定记录载体之间的可分离性

电子文件中的信息不再具有固定的物理位置，也不再对特定记录载体“从一而终”，可以根据需要随时改变其存储空间，也可以改变其在硬盘上的存放地址，或在不同存储介质之间转换。信息与载体之间的可分离性使电子文件不再具有物理意义上的“实体”状态，成为人们所形象指称的“非实体文件”或“虚拟文件”。

（四）信息的可变性

造成电子文件信息可变性的情况很多。首先，计算机系统中信息的相对独立性使得对信息的增删更改十分容易，而且修改之后看不出任何改动过的痕迹；其次，电子文件在形成、归档、管理和利用过程中会形成大量的动态文档，而动态文档中的数据不断地被更新或补充，以反映最新情况；最后，存储载体和信息技术的不稳定性，新的信息编码方案、存储格式、系统软件不断出现，对电子文件的稳定性产生了巨大的冲击，新的系统要求将电子文件转换成某种标准格式或新的文件格式，通常会造成电子文件信息的损失、变异。

（五）信息存储的高密度性

电子文件的存储密度大大高于以往各种人工可直接识读的信息存储介质。一张 4.75 英寸 CD 光盘（650～750 MB）可存储 3 亿～4 亿个汉字或 A4 幅面的文稿图像数十页，DVD 光盘单面单层容量可达 4.7 GB，单面单层蓝光盘的存储容量最大量达 25 GB，而各种类型的存储卡存储密度则更高，计算机存储载体的海量化正呈加速度发展态势。

（六）多种媒体信息的集成

电子文件可以将文字、图形、图像、影像、声音等各种信息形式加以有机组合，形成“多媒体文件”。这种文件将文字、图像、声音等媒体融为一体，图文声像并茂地展示，能够更加真实地再现记录的场景，从而强化了档案对社会活动的过程记忆和生动再现功能。

（七）信息的可操作性

电子文件中的信息可以随时根据人们的需要，便捷、灵活地加以编辑、复制、删除，或进行多媒体合成，或按照特定的需要排列组合，或进行压缩和解压，或进行格式和数据结构的转换，或通过各种传播媒体传递给远程用户，显著提升了人对信息资源的管控能力和利用能力。

以上每一个电子文件的特点既是它的优点，也是缺点。管理电子文件的基本思路是扬长避短、趋利避害，用新的管理理念、管理方法和管理技术，将其优势放大再放大，将其劣势缩小再缩小。

二、电子文件归档的含义和特点

电子文件归档是将应归档的电子文件经过整理，确定其档案属性后，从计算机存储器或其网络存储器上拷贝、刻录到可脱机保存的存储载体上并向档案部门移交，或通过网络将电子文件转移存储到由档案部门控制的计算机系统中，以便长期保存的工作过程。归档是文件生命周期上的一个重要环节，是文件和档案的分界线，标志着电子文件管理责任由文件形成部门向档案部门的正式转移。电子文件归档是我国归档制度中的一个重要方面，它除了要遵守传统文件归档的要求外，还要考虑到电子文件的特点。

（一）归档时间前置

纸质文件一般在文件处理完毕之后的第二年完成归档。电子文件因其信息和载体的可分离性，随时面临着被篡改、破坏的风险，因此在归档过程中必须贯彻前端控制和全程管理的原则。电子文件办结后就要及时归档。在设计电子文件管理系统时，要考虑到归档要素和电子文件的真实性、完整性、有效性和安全性保障措施。

（二）归档形式多元互补

电子文件的归档形式分为在线归档和离线归档。电子文件的归档按照鉴定标识进行，各单位可以通过计算机网络进行在线归档，也可以将电子文件存储在脱机载体上进行离线归档。网络条件不符合国家和本市有关保密法律法规规定的单位，其涉密电子文件不能在线归档，只能离线归档。

（三）归档范围扩大

电子文件的特殊性决定了电子文件归档的范围有所扩大。纸质文件的内容、结构、背景信息是固化在纸张上的，而电子文件的三要素有可能是分离的，要保证电子文件的真实性和完整性，必须及时获取电子文件的结构和背景信息，因此，电子文件的背景和结构信息必须被纳入归档范围，形成电子文件的支持和辅助性文件，计算机、操作系统和应用软件的说明性文件也必须列入归档范围之中。此外，归档电子文件不仅局限于文字类文件，还应当包括图像、声音、视频及超媒体文件。

（四）归档实体移交与权责移交的分离

在线归档的出现使电子文件实体移交与权责移交出现了分离。在传统文件管理中，文件的管理权是随着文件的归档由文书部门而转移到档案部门的，是实体保管者与信息管理者的统一。而电子文件的实体与其信息的管理权责却是可以分离的。电子文件的在线归档，使档案部门并不一定拥有电子文件实体，但仍可以实现对电子文件的掌控，从侧面反映了电子环境中档案管理的工作重点由实体管理向信息管理的转移。

（五）电子文件归档份数较多

离线归档的电子文件，至少一式三套：一套封存保管（一般称为 A 套）；一套提供利用（一般称为 B 套）；必要时，复制第三套，异地保存（一般称为 C 套）。电子文件在长期保存过程中可能会受到不可抗力因素的影响导致信息变异或失真，出现读取错误，而多套同时出错的概率较低，所以多套保存可以大大提高电子文件的安全性和可靠性。

三、电子文件归档的范围

《电子文件归档与管理规范》规定：电子文件的归档范围参照国家关于纸质文件材料归档的有关规定执行，并应包括相应的背景信息和元数据。电子文件的归档范围主要有如下六方面。

第一，在本机构行使职能活动、业务管理及行政管理活动过程中形成的，有纸质文件对应的电子文件，参照国家有关归档范围和保管期限规定归档。对于需要保存草稿及过程稿的电子文件，需要按照版本管理的要求添加版本号，并和正本一并归档。

第二，在行使和拓展本机关职能活动过程中，利用信息系统产生的无纸化新型电子文件，如网站、电子邮件、微博、微信等电子文件，也要列入归档范围。

第三，各种数据文件，如数据库、图形库和方法库等。由于数据库是动态的，对于数据文件应定期拷贝，作为一个数据集归档。

第四，为保证电子文件的长期可读性，其支持软件，包括操作系统、应用软件及相关代码库、参数设置等也需要归档。

第五，有助于确保电子文件真实、完整、有效、安全，有关元数据、说明性材料也要归档。

第六，对于必须实行“双套制”保存的电子档案，应归档相同内容的纸质文件，并在有关目录中建立电子文件和纸质文件之间的关联关系。

四、电子文件归档的方式

（一）按照归档电子文件的实际存储位置，可分为物理归档和逻辑归档

1. 物理归档

物理归档是指把电子文件集中下载到可脱机保存的载体上，向档案部门移交的过程。物理归档类似于纸质文件的实体归档，这种方式将电子文件的

保管权直接交给档案部门统一存储保管，该保管系统由档案部门统一维护，因此安全性比较高。

2. 逻辑归档

逻辑归档是指在计算机网络上进行，不改变原存储方式和位置而实现的将电子文件的管理权限向档案部门移交的过程。这种方法将电子文件仍然存储在形成文件的业务系统，但是归档文件的著录信息、存储地址及元数据应自动保存到档案部门的数据库中，以便档案部门对其进行控制。逻辑归档虽然不妨碍电子文件的共享利用，但是分散存储会给电子文件带来一定的安全风险，需要档案部门加强安全检查和督促。

（二）按照归档电子文件的移交方式，可分为在线归档和离线归档

1. 在线归档

在线归档是指通过计算机网络，将电子文件及其元数据向档案部门移交的过程。在线归档必须在建立网络的条件下进行，网络的带宽、速度会影响在线归档的实行。一般来说，文本类电子文件的在线归档没有问题，但是多媒体电子文件的在线归档就要考虑网络带宽是否能承受多媒体文件的容量，或采取避开网络使用高峰时间进行在线归档，否则会严重影响网络信息共享利用。

2. 离线归档

离线归档是指将电子文件及其元数据存储到可脱机存储的载体上向档案部门移交的过程。当电子文件的形成系统没有在线归档功能，或当电子文件形成与归档管理机构没有电子文件和档案管理系统时，可采取离线归档方式。如工程建设的施工单位、建设单位与档案部门没有在线归档的条件，可在工程项目结束后将电子文件拷贝到光盘或硬盘上向档案部门归档移交。

五、电子文件归档的要求

电子文件的归档应以国家和本市有关规定和标准为依据，做到真实、完整和有效，实现档案的价值，便于社会各方利用。除此之外，还应针对电子文件的特性，满足以下要求。

（一）归档范围和保管期限要求

电子文件应准确划分归档范围和保管期限，具有保存价值的照片、音

视频文件和公务电子邮件等电子文件也应当列入归档范围；电子文件的正本、定稿、签发稿、处理单、重要电子文件的修改稿和留痕信息应当完整归档。

（二）双套制归档要求

具有永久保存价值或者其他重要价值的电子文件，应当转换为纸质文件或缩微品同时归档。定期保存的电子文件，由电子文件的形成单位根据实际需要决定是否采用异质双套门档。法律法规中规定不适用电子签名的电子文件，归档时应附加有法律效力的纸质签署文件。

（三）载体要求

把带有归档标识的电子文件集中，制成归档数据集，存储至耐久性的载体上。电子文件归档推荐使用的载体，按优先顺序依次为：只读光盘、一次写光盘、磁带、可擦写光盘、硬磁盘等。

（四）归档载体标签要求

存储电子文件的载体或装具上应贴有标签，标签上应注明载体序号、全宗号、类别号、密级、保管期限、存入日期等，归档后电子文件的载体应设置成禁止写操作的状态。用作电子文件归档或电子档案保存的光盘不能贴标签，该标签必须用特制的光盘标签打印机打印在特制的光盘空白背面上。因为对于高速旋转的光盘来说，贴上标签会造成光盘高速旋转时重力不均和抖动，损坏光盘或光盘驱动器。没有光盘标签打印机的，可用光盘标签专用笔在光盘标签面上手工书写编号。

（五）真实性要求

电子文件形成部门必须对归档电子文件内容的可靠性、稿本的准确性以及双套文件的一致性加以确认。

（六）完整性要求

确保归档电子文件和相关文件及元数据齐全，且关联有效。为了保障电子文件的真实、完整、有效，可以将电子文件的办文单打印成纸质文件与电子文件一并归档。

将相应的电子文件机读目录、相关软件、其他说明等一同归档，并附“归档电子文件登记表”。归档电子文件登记表可以制成电子表格，由系统根据归档电子文件的机读目录或著录、标引信息自动填写。归档时应将电子文件及其机读目录、登记表同时移交给档案部门，归档电子文件登记表如果是数字形式的，还应附有纸质打印件。

归档完毕，电子文件形成部门应将存有归档前电子文件的载体保存至少一年。

六、电子文件的组盘

常用的电子文件存储载体是磁盘、磁带、光盘。其中光盘具有存储容量大、运行速度快、存储稳定性较好、只读光盘能防删改等优点。由此，光盘是目前存储电子文件的较佳载体。为了方便管理和查找利用，对于脱机保存的电子文件需要按一定的规则组合到同一张光盘中，简称组盘。由于 DVD 光盘容量大且技术和标准日趋成熟，因此，电子文件的脱机保存应当采用只读的 DVD 光盘，即 DVD-R。

虽然组盘和传统的纸质文件组卷在概念和方法上有很大的区别，但是也应当从保持文件的自然联系和方便管理利用出发，遵循一些基本规则：一是将同一保管期限的文件组合，以便于按不同期限定期拷贝光盘，以延长电子文件的保管寿命。二是将同一密级的文件组合，以便于保密和安全管理。三是将同一部门的文件组合，以便于查找利用和复制。四是将同一档案类别、同一工程项目、同一设备项目的文件尽量存储在同一光盘上，以方便利用。五是按规范著录规则建立盘内文件目录，并将电子文件与相关条目建立链接关系，以便查找目录时立即能调阅相应的电子文件。六是如果盘内有非通用格式的电子文件，应当将相应的运行软件一并存入该盘内，以便电子文件的打开和阅读。

盘内文件的组合也应当采用文件夹管理方式，文件夹的设置规范可根据以上组盘原则由各单位自行设定。现以基建工程档案为例，推荐以下组盘方法。

（一）从工程类电子文件的特点出发将存储标准规定为三种格式

A 类：采用形成时的原始文件格式，以保留所有形成信息，满足档案原始性要求，并便于技术改造中图纸的修改，规定为 DWG、RTF、XLS 格式。

B 类：采用转换格式，用于查询浏览和打印输出，确保能被准确地还原成纸质文件，并便于在线检索，规定为 PDF、TIFF 格式。

C 类：将非常用软硬件环境下形成的文件转换成中间文件格式，当需要时可将其转换成各种需要的文件格式，规定为 DXF、TXT 格式。

为了满足不同的需要，归档时一般同时采用两种格式，即 B 类+A 类文件或 B 类+C 类文件。

（二）每张光盘内文件夹的存储方法

第一，在根目录下存储一个说明文件，如起名为 README.TXT，用于说明该光盘的基本信息，如光盘编号、工程名称、制作单位、归档部门、制作时间等。

第二，在根目录下存储一个辅读信息文件，如起名为 ASSIS 工 TXT，并列出读取光盘内各种格式电子文件的环境信息，如光盘使用的硬件型号、软件名称、版本等。

第三，在根目录下存储一个目录文件，如起名为 CATALOG.XLS，用于存储光盘内电子文件目录信息，该目录须采用档案著录规则，其中每个条目最好都与盘内相关的文件建立链接关系。由于该目录采用 Excel 制作，因此用该目录就能独立实现盘内文件的查找。

第四，设置“数据 1”子目录，用于存储与上述目录相对应的 B 类文件。

第五，设置“数据 2”子目录，用于存储与上述目录相对应的 A 类和 C 类文件。

第六，设置“其他”子目录，用于存储相关字库、符号库、数据字典、系统运行软件等能保证盘内电子文件准确还原的各种辅助文件或说明文件。

（三）制定电子文件归档和电子档案管理的制度规范

要求电子文件形成机构保证移交的电子文件是完整的、真实的、有效的；保证两种格式电子文件与相应纸质文件内容、版式是一致的；档案部门接收后保证在保管期间不失真等。由于只读光盘具有不可更改、不可重写和不可擦除的特性，因此选用只读光盘作为电子文件交换的载体，要求形成机构将两种格式的电子文件刻录到只读光盘上移交给档案部门，光盘背面特制清晰的、不易被擦除的光盘标记及责任人手写签名。形成机构还须打印归档电子文件清单，由交接双方验收签字后各持一份作为归档电子文件的交接凭证。

七、电子文件的规范命名

电子文件制作完毕后需要对保存的稿本命名，以便今后查询利用。电子文件名通常由“主名+.扩展名”所组成。其中扩展名代表了电子文件的类型，通常由计算机自动产生。规范电子文件的主名是规范电子文件管理的重要基础工作，随意命名会给管理造成麻烦，甚至混乱。

（一）规范命名的要求

一是唯一。如果有两个电子文件重名，在数据库调用该文件时就会发生混乱。因此，在同一文件夹中的电子文件不允许重名。如果重名，则后存盘的电子文件会将前存盘的电子文件覆盖。

二是直观。直观的命名能够简要地概括文件的内容，是查找文件的重要线索，也便于利用，电子文件命名应当实行“实名制”，即将文件的重要著录项直接写入主名中。

三是简洁。命名要简洁明了，不宜过长，过长难以辨认，且计算机软件会自动拒绝，另外，命名中不能夹带某些特殊符号。

四是参照。采用“双套制”归档模式的，电子文件命名要便于与同样内容的纸质文件建立相互参照关系。

（二）规范命名的方法

根据以上原则，介绍几种常用的命名方法。

一是归档前可用“文号+稿本号+文件标题+.扩展名”命名。各要素之间用符号（如“-”）进行分割。这种命名还可以加上“形成者”“形成时间”等文件要素，其最大优点是直观，能通过命名知道文件的大概内容，便于通过Windows 资源管理器、Excel 等流行的工具直接检索。目前计算机允许电子文件的命名长度达 247 个汉字，足以支持该命名方式。该方法适用于在办公自动化管理中形成的电子文件，可由业务部门的文件管理人员在文件形成后按规范直接命名。

二是归档后采用“全宗号+档案门类代码+年度+保管期限代码+机构（问题）代码+件号+子件号+.扩展名”命名。这种方法一般适用于“双套制”归档的电子文件、纸质档案扫描件或需要长期保存的电子档案。

三是采用“随机号+.扩展名”命名。随机号一般是计算机自动生成的32位代码。该随机号唯一的优点是不会重名，缺点是既不直观，也无法与纸质档案参照，必须完全依靠目录数据库才能对电子文件进行管理和查询。使用本方法一般要安装专用的电子文件归档和电子档案管理系统。因此，使用本命名方法有一定的风险，如当支持其运行的应用软件发生故障或瘫痪时，文件就无法查询利用。

有些单位在电子文件归档时将第三种方法命名的电子文件转换为第一或第二种命名方式，或者组合运用前两种命名方式，其转换一般须借助计算机系统自动完成。

此外，对于基建或设备类电子文件也可以采用“项目编号+子件号+.扩展名”“项目编号+阶段号+子件号+.扩展名”或“图号+子件号+.扩展名”等方法命名。这些方法也都符合上述电子文件命名的四项基本要求。

八、电子档案的移交

归档后，电子文件按有关规定移交至档案室等档案保管部门，作为电子档案进行集中保管，这是归档的最后实施环节。

（一）移交时间

电子文件的在线归档和离线归档，一般是在年度或文件所针对的任务完成后，或一个阶段之后的一段时间内进行归档移交，具体可视情况而言。如管理性文件可按照内容特点确定一个归档期限；技术文件、科研项目文件等则可在项目完成后归档移交。因涉及电子文件的技术环境条件、存储载体质量、寿命等问题，一般以不超过3个月为宜。

（二）移交的基本要求

第一，元数据应当与电子档案一起移交，一般采用基于 XML 的封装方式组织归档数据结构；第二，电子档案的移交格式按照国家有关规定执行；第三，电子档案有相应纸质、缩微制品等载体的，应当在元数据中著录相关信息；第四，采用技术手段加密的电子档案应当解密后移交，压缩的电子档案应当解压后移交，特殊格式的电子档案应当与其读取平台一起移交。

（三）移交检验

在接收电子档案之前，均应对电子档案及其技术环境进行检验，合格率达到100%时方可进行交接。

检验项目主要有：载体有无划痕，是否清洁；有无病毒；核实电子档案的真实性、完整性、有效性及审核手续；核实登记表、软件、说明材料等是否齐全；对特殊格式的电子档案，应核实其相关的软件、版本、操作手册等是否可用和完整。

检验结果分别由移交单位、接收单位填入《电子档案移交、接收检验登记表》的相应栏目。

档案保管部门应按照要求及检验项目对电子档案逐一验收。对检验不合格的，应退回形成部门重新制作整理后再次移交。

（四）移交方式

电子档案的移交可采用离线或在线方式进行。

离线移交归档电子文件应当满足下列基本要求：移交单位一般采用光盘移交电子档案，光盘应符合移交要求；移交单位应当按照有关要求进行光盘数据刻录及检测；存储电子档案的载体和载体盒上应当分别标注反映其内容的标签；移交载体内电子档案的存储结构应符合《电子文件归档与管理规范》等国家和本市的有关规定。

在线移交电子档案的单位应当通过与密级和管理要求相匹配的网络系统传输符合要求的电子档案及其元数据。

（五）移交手续

档案保管部门验收合格，完成“归档电子档案移交、接收检验登记表”的填写、签署环节。登记表一式两份，一份交电子档案形成机构，一份由档案保管部门保存。在已联网的情况下，电子档案的移交和接收工作可在网络上进行，但仍须履行相应的手续。

第三节　档案数据库建设

数据库是以一定的组织方式存储在一起的相关数据的集合。其特点是数据结构化、高独立性和少冗余。

档案数据库建设是档案信息化建设的核心和基础，是摆在档案工作者面前重要而紧迫的任务，需要按照科学规范的要求进行严格管理。

一、档案数据库建设的意义

（一）是档案信息化水平的重要标志

我国档案信息化自20世纪80年代起步以来，积极致力于档案目录数据库建设，建立了档案目录中心，显著提高了档案管理的效率和质量，方便了档案的查找利用和资源共享，成为档案信息化建设最早、最直接获得的成果，也不断增强了档案工作者对档案信息化的认识和信心。实践证明，档案数据库建设的规模和质量不但是档案信息化的核心任务，而且是衡量档案信息化水平的重要标志。

（二）是档案信息资源建设的基础

归档文件材料属于一次档案文献，它虽然具有原始性，但是属于无序的、分散的、非结构化的档案信息，难以形成资源优势，不便于集中统一管理和广泛共享利用。档案目录数据库建设的实质是通过对档案内容和形式特征的分析、选择及记录，采用数据库管理技术，将档案著录信息输入计算机系统，形成二次档案文献，即结构化的档案信息。此举可有效提高档案信息的丰裕度、凝聚度、集成度、融合度、共享度、适用度和价值密度，降低其失真、失全、失效和失密的风险，从而形成档案资源体系，提升档案信息化的综合实力。没有高质量的数据库，再好的软硬件系统只能是“空壳”。

（三）是开发利用档案信息资源的前提

档案信息化的主要目的是将对档案的实体管理转变为对档案信息的管理，也即对档案内容的管理，这是信息技术的优势所在，也是传统管理最大的难点。建设档案数据库，有利于加快推进档案信息资源的整合和共享，使档案信息真正成为优质资源和共享资源；有利于信息技术和数据技术应用，促进档案信息的资源体系、服务体系和安全体系建设；有利于最大限度地发挥档案价值，从而为档案信息资源的开发利用创造有利的条件。没有档案数据库，档案信息化就是空中楼阁，流于形式。

二、档案目录数据库建设

档案目录数据库中的记录又称为“档案机读目录”或“档案电子目录”，是存储在计算机内，使用某种数据库管理系统组织管理档案目录的数据集合。

（一）档案目录数据库的结构设计

根据著录对象的层次不同，档案目录数据库分为案卷级目录数据库和文件级目录数据库两类。为实现计算机检索，必须将反映档案内容特征和形式特征的案卷级著录信息和文件级著录信息输入计算机数据库，由计算机系统通过专门的数据库管理系统和档案管理软件对其进行采集、加工、整理和检索。

数据库管理系统是存储、管理档案目录信息的最佳工具，它按照一定的数据模型，将相互联系的结构化信息以特定的方式组织存储起来，构成数据集合。为此，档案目录数据库的结构设计包括两项内容。

1. 选择档案著录项目

《档案著录规则》规定了档案进行著录的项目和形式。该标准规定的著录项目共分 7 项，每项分若干著录单元（小项）。在列举的 22 个著录小项中，只有正题名、责任者、时间项、分类号、档号、电子文档号、缩微号、主题词或关键词 8 项为必要项目，其余为选择项目，这意味着不同的档案目录数据库在项目选择上可能存在较大差别。

事实上，《档案著录规则》主要用于规范传统档案目录的著录标引工作，对电子档案目录的检索和网络共享考虑不够充分。因此，目前在构建档案目录数据库时通常增加一些新的著录项目。例如，为便于解决数据访问权限的控制问题，增加“主办部门”和“协办部门”项目；为便于调阅数字化的档案全文，增加“全文标识”项目；为解决跨地区、跨层次数据共享，增加“组织机构代码”等。另外，《归档文件整理规则》也给档案目录数据库著录项目的确定带来了较大影响，采用新规则形成的文件目录数据库在结构上与此前的文件目录数据库有所不同，许多地方传统文件与电子文件分别规定了不同的数据库结构。

2. 确定著录项目的数据格式

具体规定每个著录项目（记录字段）的数据类型和字段长度。数据库管理系统所管理的数据对象是结构化的，因此必须事先确定好档案目录数据库各字段的名称、字段类型、代码体系和约束条件等。

（二）档案文件的著录标引和著录信息录入

档案文件的著录标引和著录信息录入，是档案目录数据库建立的重要工作和档案信息化的关键环节，意义十分重大，需要给予高度重视，从形式上看“著录”和“录入”是两项工作，而在档案信息系统的操作中通常结合起来，交叉进行，即一面著录标引，一面录入数据。为了提高档案著录、数据录入的速度和质量，须从以下三个方面采取对策。

1. 提高认识，增强操作人员的责任心

档案著录和数据录入工作的重要意义在于：一是大规模、高质量的档案目录数据是实现档案信息化价值的前提。没有实力强大的数据库，再先进的档案信息系统也只能是空中楼阁，形同虚设。二是数据质量问题会给档案信息系统埋下隐患。一旦输入了数据垃圾，计算机软硬件技术难以自动消除。档案数据库质量控制有“技防”和“人防”两种，其中“人防”，即提高人的责任心和操作技能永远是第一位的。因此，要从培养操作人员的素质抓起，落实工作职责和考核办法，实现对档案文件的著录标引和著录信息录入工作的精细化管理。

2. 严格按照国家规范设计数据库结构

档案信息化建设单位应当严格按照《档案著录规则》《档案分类标引规则》《档案主题标引规则》《中国档案分类法》《中国档案主题词表》等国家相关标准规范，结合实际，制定本行业、本专业、本单位标准和规范，为档案数据库建设提供标准支持。要维护标准和规范的权威性，在档案信息系统开发，特别是数据库结构设计时应严格执行相关标准和规范，防止数据库设计的盲目性和随意性，确保档案数据的一致性、准确性和规范性。

3. 采取有效的技术手段提高数据录入的速度和质量

档案文件的著录标引和录入工作十分枯燥，不但效率低，而且容易引起操作疲劳而出错。为此，应当在加强“人防”的同时，尽量采用“技防”。

事实上，计算机技术的发展已经为提高数据录入的速度和质量准备了充分的手段。

在数据库建设中控制数据结构定义。为了提高系统的适用性和可扩展性，很多档案信息系统都为用户提供了灵活的数据库自定义功能，然而这项功能如不加以控制就会造成“乱定义”，即定义的随意性。为此，在设计档案信息系统自定义功能时，应当将数据库的表字段设计分为“必选项”和“可选项”。“必选项”严格按照《档案著录规则》设置，不允许自定义，“可选项”可在规范引导下进行自定义。

利用计算机智能，自动录入数据。在录入档案数据时，某些档案著录项可以通过计算机自动处理后录入数据，如自动生成档号、序号、部门号、库位号；根据文件级著录的文件页数、文件日期，自动生成案卷级文件页数、起止日期；根据文件的归档类目号，自动生成分类号；根据文件标题或文件内容，自动标引主题词等。自动录入的数据能够避免人为录入差错，大量节约人力，并显著提高录入的速度。

使用代码录入。代码是确保著录信息和档案特征一致的有效手段。如组织机构名称，有全称或简称，简称通常又很不规范，这会造成检索时的混乱，而应用代码，可以做到代码和组织机构的严格对应，检索时就不会出现漏检或误检。因此，档案信息系统应设计简便的代码管理功能，包括代码的维护、录入提示等，确保规范使用代码，又快又好地录入档案著录信息。

三、档案全文数据库建设

档案全文数据库，是存储、组织管理数字化档案信息的数据库系统，既包括档号、题名、责任者、正文、形成时间、密级、保管期限、载体、数量、单位、编号等著录信息，也包括档案的内容信息。档案全文数据库所管理的对象，不仅包括经数字化处理的传统馆（室）藏档案，而且包括以数字化形式直接生成的电子文件（档案），如各类文本、表格、图形、图像、音频、视频、数据库、网页、程序等。应用环境不同，系统软件不一，生成的文件格式也会不同。因此，必须确定电子文件的元数据标准和存储格式，以规范档案全文数据的组织与管理。

（一）档案全文数据库构建的过程

全文数据库的构建一般包括以下几个过程。

1. 数据的采集

数据的采集即对加载到全文数据库中的数据进行录入、采集、整理等处理。全文数据的获取方式有三种：一是图像扫描（或数码拍摄）录入。该方法形成的图像信息能保持文件的原貌，但占用存储空间大，不能直接进行全文检索和编辑。二是键盘录入。该方法形成的是文本信息，占用存储空间小，存取速度快，支持全文检索，但是输入工作量大，文本的格式和签署信息容易丢失。三是图像识别录入，即对扫描形成的图像进行 OCR 识别，形成文本信息。该方法虽然具有上述两种方法的优点，但是 OCR 识别带有一定的差错率，特别当档案原件字迹材料不佳、中英文混排或带有插图、表格时，差错率较大，而人工纠错成本较高。因此，数据采集要权衡利弊，有选择地使用。

2. 数据预处理

将采集后形成的档案数字化成果转换成规范的格式，进行规范化命名，再进行统一标准的著录与标引。采用自动标引技术的系统，还可以从文本文件中直接提取关键词或主题词，辅助计算机检索。

3. 数据检索

档案全文数据库建成后，可采用全文检索系统提供的功能对数据库进行检索。

4. 数据维护

全文数据库建成后，须经常对数据库的内容进行索引、更新、追加和清理，以保证数据库的实用性和时效性。

（二）档案全文数据库的功能

理想的档案全文数据库应具有以下基本功能。

第一，能够获取、存储和使用不同类型、不同格式的档案信息。

第二，能够按照确定的数据结构有效组织大量分布式的不同类型、不同格式的电子文件或扫描件，并为之建立有效的检索系统。

第三，能够快速、正确地实现跨库访问和检索。

第四，能够对全文信息的访问和使用进行许可、控制和监督等授权管理。

第五，能够在网上发布全文数据库数据。

第六，能够集成支持全文数据库管理的各种技术，如超大规模数据库技术、网络技术、多媒体信息处理技术、分布式处理技术、安全保密技术、可靠性技术、数据仓库与联机分析处理技术、基于内容的分类检索技术、信息抽取技术、自然语言理解技术等。

四、档案多媒体数据库建设

档案多媒体数据库是对文本、图像、图形、声音、视频及其组合等媒体数据进行统一管理的数据库系统，它具有良好的交互性，输出的多媒体文件形象直观，图文声情并茂，能真实生动地还原历史记录。因此，档案多媒体数据库属于特色数据库和优质档案信息资源，应当列为档案数据库建设的重要内容。

（一）建立档案多媒体数据库的步骤

建立档案多媒体数据库有三个步骤：一是收集和采集来自各种档案信息源的多媒体信息。如果来源是数字化多媒体信息，即多媒体电子文件，则归档处理后直接进入档案多媒体管理系统的存储设备中；如果来源是模拟多媒体信息，如模拟录音、录像，则采用音频或影像采集设备，将其转换成数字化的多媒体档案后输入到档案多媒体数据库。二是按照多媒体档案的整理规则，对多媒体电子文件进行整理，形成档案多媒体目录数据库。三是将整理后的多媒体档案挂接到档案多媒体目录数据库中。

（二）多媒体档案与档案多媒体目录数据库的挂接方法

鉴于多媒体档案占据容量大，对档案数据库运行效率影响也大，因此，需要慎重选择多媒体档案与档案目录数据库的挂接方法。挂接的方法一般有基于文件方法和二进制域方法两种。

1. 基于文件方法（又称“链接法”）

这种方法是将独立存储于计算机载体中的多媒体档案的名字与位置（即

路径）存入（即“链接”于）档案多媒体目录数据库相应的记录中，而不是真正将档案存储在目录数据库中。当数据库管理系统访问多媒体档案时，根据目录数据库中记录的多媒体档案名称和路径，访问多媒体档案。这种方法的优点是，尽管多媒体档案容量大，但是不会给目录数据库增加负担而影响目录数据库的运行效率。缺点是多媒体档案与目录数据库的关系不够紧密，容易因系统或数据的迁移而断链，造成通过目录找不到对应多媒体档案的故障。

2. 二进制域方法（又称“嵌入法”）

这种方法是把多媒体档案实实在在地存放于（即“嵌入”到）目录数据库中的 BLOB 字段（即“二进制域”）中，该字段能存储大文件，因此又称“大字段”。该字段有两种：一种是备注字段，它可以存储大文本文件，容量相对较小。另一种是 OLE（对象嵌入）字段，可以存储大二进制文件，如多媒体档案等。在使用二进制域方法时，需要采用一些技术手段来弥补其缺陷。

第五章　大数据时代下的社会变革与档案管理

第一节　大数据时代内涵概述

一、大数据的定义

大数据，又称巨量资料，指的是所涉及的数据资料量规模巨大到无法通过人脑甚至主流软件工具，在合理时间内达到撷取、管理、处理、并整理成为帮助企业经营决策更积极目的的资讯。

大数据技术，是指从各种各样类型的大数据中，快速获得有价值信息的技术的能力，包括数据采集、存储、管理、分析挖掘、可视化等技术及其集成。适用于大数据的技术，包括大规模并行处理（MPP）数据库、数据挖掘电网、分布式文件系统、分布式数据库、云计算平台、互联网和可扩展的存储系统。

大数据应用，是指对特定的大数据集合，集成应用大数据技术，获得有价值信息的行为。对于不同领域、不同企业的不同业务，甚至同一领域不同企业的相同业务来说，由于其业务需求、数据集合和分析挖掘目标存在差异，所运用的大数据技术和大数据信息系统也可能有相当大的不同。唯有坚持

“对象、技术、应用”三位一体同步发展，才能充分实现大数据的价值。当你的技术达到极限时，也就是数据的极限。大数据不是关于如何定义，最重要的是如何使用。最大的挑战在于哪些技术能更好的使用数据以及大数据的应用情况如何。这与传统的数据库相比，开源的大数据分析工具如 Hadoop 的崛起，这些非结构化的数据服务的价值在哪里。

二、大数据的类型和价值挖掘方法

（一）大数据的类型

大数据的类型大致可分为三类。① 传统企业数据：包括 CRM Systems 的消费者数据，传统的 ERP 数据、库存数据以及账目数据等。② 机器和传感器数据：包括呼叫记录、智能仪表、工业设备传感器、设备日志、交易数据等。③ 社交数据：包括用户行为记录、反馈数据等。

（二）大数据挖掘商业价值的方法

大数据挖掘商业价值的方法主要分为四种。① 客户群体细分，然后为每个群体量身定制特别的服务。② 模拟现实环境，发掘新的需求同时提高投资的回报率。③ 加强部门联系，提高整条管理链条和产业链条的效率。④ 降低服务成本，发现隐藏线索进行产品和服务的创新。

三、大数据的作用

对大数据的处理分析正成为新一代信息技术融合应用的结点，移动互联网、物联网、社交网络、数字家庭、电子商务等是新一代信息技术的应用形态，这些应用不断产生大数据。云计算为这些海量、多样化的大数据提供存储和运算平台。通过对不同来源数据的管理、处理、分析与优化，将结果反馈到上述应用中，将创造出巨大的经济和社会价值。大数据具有催生社会变革的能量。但释放这种能量，需要严谨的数据治理、富有洞见的数据分析和激发管理创新的环境（卡内基·梅隆大学海因兹学院院长）。

大数据是信息产业持续高速增长的新引擎，面向大数据市场的新技术、新产品、新服务、新业态会不断涌现。在硬件与集成设备领域，大数据将对芯片、存储产业产生重要影响，还将催生一体化数据存储处理服务器、内存计算等市场。在软件与服务领域，大数据将引发数据快速处理分析、数据挖掘技术和软件产品的发展。

大数据利用将成为提高核心竞争力的关键因素，各行各业的决策正在从“业务驱动”转变为“数据驱动”。对大数据的分析可以使零售商实时掌握市场动态并迅速做出应对；可以为商家制定更加精准有效的营销策略提供决策支持；可以帮助企业为消费者提供更加及时和个性化的服务；在医疗领域，可提高诊断准确性和药物有效性；在公共事业领域，大数据也开始发挥促进经济发展、维护社会稳定等方面的重要作用。

大数据时代科学研究的方法手段将发生重大改变，例如，抽样调查是社会科学的基本研究方法。在大数据时代，可通过实时监测、跟踪研究对象在互联网上产生的海量行为数据，进行挖掘分析，揭示出规律性的东西，提出研究结论和对策。

四、大数据的商业价值

对顾客群体细分。“大数据”可以对顾客群体细分，然后对每个群体量体裁衣般的采取独特的行动。瞄准特定的顾客群体来进行营销和服务是商家一直以来的追求。云存储的海量数据和“大数据”的分析技术使得对消费者的实时和极端的细分有了成本效率极高的可能。

模拟实境。运用“大数据”模拟实境，发掘新的需求和提高投入的回报率。现在越来越多的产品中都装有传感器，汽车和智能手机的普及使得可收集数据呈现爆炸性增长。Blog、Twitter、Facebook、微博等社交网络也在产生着海量的数据。云计算和“大数据”分析技术使得商家可以在成本效率较高的情况下，实时地把这些数据连同交易行为的数据进行储存和分析。交易过程、产品使用和人类行为都可以数据化。“大数据”技术可以把这些数据整合起来进行数据挖掘，从而在某些情况下通过模型模拟来判断在不同变量（比如不同地区不同促销方案）的情况下何种方案投入回报最高。

提高投入回报率。提高“大数据”成果在各相关部门的分享程度，提高整个管理链条和产业链条的投入回报率。“大数据”能力强的部门可以通过云计算、互联网和内部搜索引擎把”大数据”成果和“大数据”能力向比较薄弱的部门分享，帮助他们利用“大数据”创造商业价值。

数据存储空间出租。企业和个人有着海量信息存储的需求，只有将数据妥善存储，才有可能进一步挖掘其潜在价值。具体而言，这些业务模式又可以细分为针对个人文件存储和针对企业用户存储两大类。主要是通过易于使用的 API，用户可以方便地将各种数据对象放在云端，然后再像使用水、电一样按用量收费。目前已有多个公司推出相应服务，如亚马逊、网易、诺基亚。运营商也推出了相应的服务，如中国移动的彩云业务。

管理客户关系。客户管理应用的目的是根据客户的属性（包括自然属性和行为属性），从不同角度深层次分析客户、了解客户，以此增加新的客户、提高客户的忠诚度、降低客户流失率、提高客户消费等。对中小客户来说，专门的 CRM 显然大而贵。不少中小商家将飞信作为初级 CRM 来使用。比如把老客户加到飞信群里，在群朋友圈里发布新产品预告、特价销售通知，完成售前售后服务等。

个性化精准推荐。在运营商内部，根据用户喜好推荐各类业务或应用是常见的，比如应用商店软件推荐、IPTV 视频节目推荐等，而通过关联算法、文本摘要抽取、情感分析等智能分析算法后，可以将之延伸到商用化服务，利用数据挖掘技术帮助客户进行精准营销，今后盈利可以来自于客户增值部分的分成。以日常的“垃圾短信”为例，信息并不都是“垃圾”，因为收到的人并不需要而被视为垃圾。通过用户行为数据进行分析后，可以给需要的人发送需要的信息，这样“垃圾短信”就成了有价值的信息。在日本的麦当劳，用户在手机上下载优惠券，再去餐厅用运营商 DOCOM。的手机钱包优惠支付。运营商和麦当劳搜集相关消费信息，例如经常买什么汉堡，去哪个店消费，消费频次多少，然后精准推送优惠券给用户。

数据搜索。数据搜索是一个并不新鲜的应用，随着“大数据”时代的到来，实时性、全范围搜索的需求也就变得越来越强烈。我们需要能搜索各种社交网络、用户行为等数据。其商业应用价值是将实时的数据处理与分析和广告联系起来，即实时广告业务和应用内移动广告的社交服务。运营商掌握的用户网上行为信息，使得所获取的数据“具备更全面维度”，更具商业价值。典型应用如中国移动的“盘古搜索”。

五、大数据对经济社会的重要影响

能够推动实现巨大经济效益。比如对中国零售业净利润增长的贡献，降低制造业产品开发、组装成本等。能够推动增强社会管理水平大数据在公共服务领域的应用，可有效推动相关工作开展，提高相关部门的决策水平、服务效率和社会管理水平，产生巨大社会价值。欧洲多个城市通过分析实时采集的交通流量数据，指导驾车出行者选择最佳路径，从而改善城市交通状况。

如果没有高性能的分析工具，大数据的价值就得不到释放。对大数据应用必须保持清醒认识，既不能迷信其分析结果，也不能因为其不完全准确而否定其重要作用。由于各种原因，所分析处理的数据对象中不可避免地会包括各种错误数据、无用数据，加之作为大数据技术核心的数据分析、人工智能等技术尚未完全成熟，所以对计算机完成的大数据分析处理的结果，无法要求其完全准确。例如，谷歌通过分析亿万用户搜索内容能够比专业机构更快地预测流感暴发，但由于微博上无用信息的干扰，这种预测也曾多次出现不准确的情况。必须清楚定位的是，大数据作用与价值的重点在于能够引导和启发大数据应用者的创新思维，辅助决策。简单而言，若是处理一个问题，通常人能够想到一种方法，而大数据能够提供十种参考方法，哪怕其中只有三种可行，也将解决问题的思路拓展了三倍。所以，客观认识和发挥大数据的作用，不夸大、不缩小，是准确认知和应用大数据的前提。

第二节　大数据时代下的社会变革

从人类社会发展历程来看，无论是农业社会、工业社会还是信息社会，在每一个新的社会发展阶段，人们的工作方式、生活方式以及思维方式等都会发生巨大的变革。在信息社会环境下，数据资源的大量积累和数据价值的广泛应用推动了大数据时代的来临，现代商务、政府决策、学术研究等活动无一不处在量化发展的进程中。大数据蕴含着全面开启信息技术、资源管理、社会职业活动等各个领域深刻变革的巨大能量，正在明显地改变着人们的生活方式、工作方式和认识世界的方式，成为创新服务和变革发展的巨大推动力。大数据时代所带来的社会变革主要体现在技术、思维和管理三个方面。

一、技术变革

管理架构和基础设施的承载能力。数据处理和应用的实时性也对现有计算能力提出了更高的要求。如何盘活巨量数据资产，使其为政府决策、企业发展、社会治理以及个人生活等服务，是大数据时代需要解决的核心问题。数据存储、数据分析、数据挖掘和数据可视化等需求推动着信息技术领域一轮又一轮的技术变革。数据库技术开始向分布式架构发展，数据管理和数据分析解决方案此起彼伏。当前盛行的云计算能够为海量数据的存储、计算和应用提供多种服务，其中具有超级计算能力的技术成为大数据发展的基石。非关系型数据库和基于 Hadoop 基础架构的分布式解决方案以其高扩展性、高可靠性、高并发性、高效性、低成本等优势，在大数据处理中发挥着越来越大的作用。亚马逊、微软、谷歌、IBM 等知名公司在大数据管理、数据仓库、数据分析平台架构和软件设计创新等方面纷纷取得了重大突破，在医院诊疗、商业洞察、企业决策、保险理赔和银行业务等多个领域得到了广泛应用。

二、思维变革

大数据技术正在重塑我们周围的世界，它为信息社会的快速发展带来/巨大的能量，也为人们的工作和生活带来了许多不可思议的变化。数据存储、数据挖掘和数据分析等技术正在发生翻天覆地的变化，受此影响，人们认识世界、理解问题和作出决策的基本方式也正在改变。正如“互联网+”思维的快速兴起，人们普遍开始借助互联网式的思维方式开展工作，并将网络化和数据化融入自己的日常生活，P2P、O2O、C2C 等商业模式在电子商务应用中如火如荼。此外，在数据分析过程中，从采集样本数据到分析全体数据，从讲求精确性到接受混杂性，从关注因果关系到关注相关关系的思维变革成为大数据时代人类探索世界的关键。数据获取、存储的便利性和数据价值的潜在性使越来越多的数据被保存，记忆成为社会生活的常态，而遗忘则成为例外。数据处理能力使人们在分析数据时不再局限于小数据时代的随机抽样，与被分析对象相关的所有数据一即相当于样本数据，全数据分析模式将成为人们分析事物与探索规律的基本方式。然而在所有数据集中，并不是每一条数据都是精确无误的，小数据时代为追求分析结果的准确性，必须确保样本数据的高质量，而在大数据时代，混杂数据的精确性很难得到保障，数据出错率大幅度提高。大数据通常能够揭示事物发展的规律和发展趋势，而不是追求确凿的结果，在数据分析过程中需要做的就是接受这些纷繁复杂的数据并从中提取价值。思维方式的重大变革为人们认识世界提供了新的视角和更加快捷的途径，事物间的相关性受到越来越多的关注。通过数据的相关性分析往往能够揭示一些惊人的规律，如沃尔玛啤酒和纸尿布销售案例的成功。因此，有数据专家认为，拥有大数据思维是在大数据时代获得成功的关键。

三、管理变革

大数据时代管理的核心理念是从规模庞大的数据资源中挖掘出最大的应用价值。为更多地获取数据信息，人类记录、测量的能力和欲望不断增强，数据化范围不断扩张，似乎一切事物和现象都处于一个量化的进程中，甚至人们日常生活中走路、吃饭等都能以数据的形式记录、保存和分析。此外，在这样的环境中，几乎所有的数据都被认为是有价值的，先进的数据分析工具和设备可以帮助人们更快更大规模地进行数据处理。数据重组、数据再利用、数据扩展和数据废弃等数据的创新应用最大程度地释放了数据的隐藏价值，为管理领域带来根本性的变革。在商业管理领域，企业将数据作为最宝贵的资产，拥有数据意味着拥有强大的市场竞争力；在公共管理领域，政府部门积累的海量数据资源成为无法估量的价值源泉，数据开放成为社会利益驱动下最大的公共诉求。开放政府数据的倡议在全球范围内得到了积极响应，美国、英国、巴西、印度尼西亚等 8 个国家于 2011 年联合成立了开放政府合作伙伴，成员国迅速发展，掀起了开放数据的浪潮。另外，在个人生活管理方面，公民可以通过记录和分析日常生活中产生的大量数据进行更方便的家庭管理和更科学的健康管理。与此同时，大数据也带来了隐私保护和管理上的极大挑战，在先进的信息技术的支撑下，数据收集和数据分析的无孔不入使传统的隐私保护策略纷纷失效，人们的一举一动无不处在各种“监控”之下，隐私变得无处遁形。因此，在大数据时代，数据的合理获取和科学管理更为重要，既要有效释放数据的潜在能量，又要竭力保护用户的隐私信息，寻求数据开放和隐私保护之间的平衡将给社会各领域各行业带来一场管理规范上的巨大变革。

信息技术的发展和应用是大数据产生的基础，互联网信息、物联网信息、传感器中的位置信息等导致了数据规模的空前扩张，数据量的增长远远超过了现有，就像电力技术的应用不仅仅是发电、输电那么简单，而是引发了整个生产模式的变革一样，基于互联网技术而发展起来的“大数据”应用，将会对人们的生产过程和商品交换过程产生颠覆性影响，数据的挖掘和分析只是整个变革过程中的一个技术手段，而远非变革的全部。

“大数据”的本质是基于互联网基础上的信息化应用，其真正的“魔力”在于信息化与工业化的融合，使工业制造的生产效率得到大规模提升。

第三节　大数据时代下的档案管理

每一种管理都是在社会分工的基础上和满足社会需求的过程中逐渐产生和发展起来的。而且，管理活动的内容、结构、规模以及社会功能会随着社会政治、经济、文化、技术等各方面的变革而不断地变化和调整。档案管理活动从产生到地位的确立再到改革发展的每一个历程都是在社会变革发展的过程中完成的，并被深深地打上了时代发展的烙印。大数据不同于现有的档案信息化工作，大数据档案的管理是档案工作者面临的新课题。档案人员应认清大数据时代给档案管理带来的挑战与机遇，主动分析，更好地为党管档、为国守史、为民服务。

大数据时代给档案管理工作带来的挑战：①档案管理理论的挑战。正如信息化时代挑战了纸质时代的来源原则、文件生命周期理论、档案价值鉴定理论，催生了基础理论的新变革，产生新来源观、文件连续体理论、宏观鉴定理论等革新的理论。在大数据时代，新来源观、文件连续体理论、宏观鉴定理论都将受到不同程度的挑战，档案学基础理论将进一步发展。② 档案信息资源管理的挑战。从纸质档案到档案信息化再到大数据时代，档案信息资源呈指数型增长，用现有的档案信息化手段、工具难以满足大数据时代的档案信息资源管理。在大数据时代，档案信息不再匮乏，而是泛滥，如何实现档案数据长期可读性、安全可靠性，并在海量数据中实现对档案信息的挖掘分析，从而提供有价值的信息，是档案管理面临的新挑战。③ 档案业务环节的挑战。从档案的收集、管理、利用三个环节来看：在传统管理方式下，"收"是各部门移交；"管"是手工管理，手工查询；"用"是提供被动的查阅服务。在计算机时代，"收"主要是部门移交与系统推送部分电子文件相结合，"管"主要是电脑代替手工劳动，"用"是利用现代信息技术进行制作、加工、传播、转换和二次开发。在大数据时代下，"收"将是数据实时的、自动归集；"管"将采用云平台存储、计算、分析；"用"则是分析、发现与预测，为社会、企业创造价值。

大数据时代给档案管理工作带来挑战的同时也带来了新的机遇。

1. 大数据的理念给海量档案信息资源管理带来了机遇

传统纸质档案以"卷""件""份"为单位，在大数据时代，档案更多以"字段""数据库"为管理对象。在档案统计方面，从原来的以"页""米"为统计单位改为以"GB"（千兆字节）为统计单位。档案人员不能局限于电子档案的收、管、用，要将更多的时间去监控电子档案的生成及保障电子档案的可读、安全性。快速增长的海量档案数据必须基于云计算平台上建设云档案系统，实现计算资源、存储资源的动态扩展。

2. 大数据的应用给档案数据挖掘带来了机遇

传统的档案管理以文档管理为主，档案基本处于被动利用，沉淀的档案没有人去分析利用，也没有技术工具去支撑挖掘、分析。在大数据时代，档案系统中除了大量的文档之外，还有海量结构化数据，并且数据利用的效果要大于文档利用效果。档案部门在收集大数据之后，通过主动调查利用者的需求，建立各种数据模型，对海量数据进行聚类、分类、相关性分析，找到数据之间的关系，提高档案价值，将原来的"死档案"变成"活信息"，为高层决策提供参考。

3. 大数据的技术给档案管理系统可扩展性带来了机遇

随着档案数据的不断增多，传统的档案管理系统由于无法动态扩展，会出现“小牛拉大车”的情况，越来越吃力。大数据时代催生了云计算技术，云计算可以对计算资源、存储资源进行动态扩展、按需分配。这给档案管理系统可扩展性带来了机遇，档案管理系统只要基于云计算的技术架构进行设计，就可以动态增加计算资源、存储资源，满足服务器的快速扩容及数据量的快速增长，同时大幅降低 IT 系统投资及维护成本。

第六章　大数据时代档案管理体系变化

大数据时代，社会各行各业都逃不开大数据的侵袭，面临着对纷繁复杂层出不穷的数据进行分析和处理的困境，同时还面临着大数据时代给工作带来的各种改变，作为主管国家信息资源的职能机构，肩负着国家、社会、人民赋予的使命，档案部门同样也面临着大数据时代给档案管理带来的各种变化，如新生的理论观念、增多的数据资源、变换的服务方式、难度增大的安全保障以及行政机构的准确定位等等，这些变化都需要档案部门对大数据时代的档案管理工作重新进行认识和分析。正确认识大数据时代给我国档案管理工作带来的变化，这就要求我们用发展的视角去认识档案价值，用创新的思维去拓展档案领域，用科学的方法去提高档案工作水平，用变革的技术去提升档案管理能力。

第一节　管理理论体系

大数据时代，档案数据量的增加、档案服务水平的提高以及档案软件平台的应用，要求档案工作者对档案的认识不能只停留在过去传统的管理观念上了。档案纸质时代被迫接受档案信息化时代的挑战，催生出了新的档案管理基础理论，如新来源观、文件连续体论、宏观鉴定理论等。大数据时代的到来，档案管理理论还将再次受到冲击，推动档案管理理论不断扩展。

一、大数据观

大数据时代到来的最大最显著特征就是数据量的剧增，大到我们采用一般的方法和技术无法对其进行描述和处理。大数据时代预言家维克托对大数据下的定义是不采用随机分析法这样的捷径而使用所有数据的方法，这个定义明确表示出大数据时代的数据用的不再是抽样数据，而是全数据。大数据倡导的是一切数据皆有用。作为一个新生的理念，目前很多人对大数据的认识和理解有些偏颇，对相关问题存在疑惑。一是大数据一定非常大。其实，大数据并非总是说有数百个 TB 才算得上，根据实际使用情况，有时候数百个 GB 的数据也可称为大数据，主要看第三个维度——速度或时间维度。因而大数据并非对数据量大小的定量描述，而在于快速获取数据价值的程度。二是大数据越多越好。对于大数据研究来说，解决一个问题的数据规模有一个阈值，数据少于这个阈值，问题解决不了；达到这个阈值，就可以解决以前解决不了的问题；超过这个阈值，对解决问题也没有更多的帮助。所以，在对需要解决的问题进行相关数据分析时，重点是要对数据进行科学分类、优化整合而不是为了去获取更多的数据，多也无益。三是大数据是绝对的。直至目前，大数据的定义尚无统一标准，大数据说法也是针对现有的思维、资源、方法和技术而言的，随着互联网不断地发展，数据处理工具和技术、存储空间和处理能力的提升，大数据的定义必然会因为人的见识和网的先进一次又一次发生改变，因此大数据绝对不会一成不变。

在档案管理领域，馆藏档案就是档案部门的大数据，我们渴望所有信息资料都归档，但迫于人力、物力、财力的束缚，传统的管理方法一直都是采取去粗取精的方式，从所有的信息资料中鉴定出有利用价值的归入档案保存，那些无关紧要、没有利用价值的信息资料都被剔除出档案收集的范围，这样做对当时来说是省时省力的无奈之举，但站在现在甚至未来看，这种做法造成了相当一部分档案数据的损失。如果说过去是受主客观条件的影响而没有遵循一切数据皆归档的原则的话，那么现在在数据充足技术发达的大数据时代，数据即档案，曾经单个数据没有意义，当它成为集体数据的一份子时，谁知道会起到什么作用呢。档案部门应该尽快树立起档案大数据观。

二、大档案观

大数据观强调的是对数据的重视，抱持一切数据皆有用的思想。大档案观则是要将一切皆有用的数据视为档案，转变成一切档案皆有用的态度。档案真实地反映人类的生产生活，是所有人类集体智慧的结晶，它们散落在社会的各个阶层各个角落还没有被拾起。那些存放在档案馆和档案室的档案大多都是党政机关处理公事的文件材料，属于国家所有，对社会公众而言那就是政府的私有财产，神圣而不可侵犯。上海市虹口区档案馆统计，“在馆藏118 521卷档案中，反映政务内容的文书档案占84.6%，反映科技、财务、艺术等内容的只占15.4%，唯“政”是图还是当前我国档案部门的主流生存模式，守着国家的宝藏忽略了档案也要走“平民化、草根化”路线。对于大档案观的理念可以从两个方面来理解。首先，“一切归档”成为可能，让档案的大门更加开放。在档案归档的范围上门要打地更开，做到包罗万象涵盖所有，将社会产生的一切具有保存和利用价值的信息记录视为档案，尤其是互联网即时信息，如果不及时抓取，那些信息就石沉大海再难寻觅了；更加关注底层化、平民化、草根化稍纵即逝的零碎信息。其次，档案无处不在。存放在档案馆里的馆藏才是档案是人们对档案的传统印象，网络的普及每天每时每刻信息数据都在喷涌而出，它们分布在各个网络节点和神经末梢，没有被及时收集进馆，但只要在需要的时候可供检索利用，发挥应有的价值，那它就是潜在档案，存在于日常生活的方方面面。

三、大服务观

大数据是信息科技领域颠覆性的技术变革，但大数据不只是技术的革新，实质上计算机服务时代的来临，对数据的抽丝剥茧、总结结论更体现了计算机行业正从技术供应型转为服务供应型，技术的变革是服务的高层次要求，技术的进步是为了提供更好的服务。利用服务是数据存在的最终目的和意义，大数据的产生却改变了人的需求，利用服务不再简单纯粹，档案用户不再只满足于文件的利用，而是想要获得数据背后的信息内容和蕴藏的隐性知识。

档案服务在大数据时代必将朝着社会化、多元化方向发展，档案管理重心要向服务倾斜。第一是由“为国守史、为党管史”向“为民服务”倾斜。档案部门不能再是“守财奴”，国家赋予的责任要坚守，党的利益要坚持，但档案部门不应再是把着一扇门，管着几张纸，服务几个人的守旧状态，民生利益是新时代国家给予民众的切身利益。第二是由“坐等人上门”向“主动型服务”倾斜。大数据时代，档案部门不仅可以运用信息技术把隐藏在海量数据中的知识揭示出来，对用户的利用习惯和兴趣趋向进行数据挖掘和量化分析，改变档案利用服务方式，提升档案服务的主观能动性，向用户提供信息抓取准、知识含量高的档案定制、推送服务，实现大档案大服务。第三是提供一站式一条龙服务。数据的多寡是影响服务质量的因素之一，档案收集越齐全，整理越规范，查阅到的几率就越大，就越能够帮助用户解决问题，因此用户希望档案部门提供的服务是不受时空限制的海量数据资源的精细化输出结果，在一个地方用一种方式就可以实现“问题—数据—解决方案”一站式一条龙到位服务。

四、大平台

平台的建设是互联网思维下各行各业谋求新发展的必然之举，拥有了平台就拥有了可供收发的信息资源，充足的信息资源又是吸引用户的关键，而用户的支持则是行业发展最强有力的保证。随着档案数据的不断增多，现有的档案管理模式难以满足大数据时代信息资源的管理要求，档案部门还需改变“老牛人力车”的现状，建设资源富集、操作便捷、服务高效的档案数据大平台。如安徽利用共享平台开展网络档案利用服务，青岛完成微信公共服务平台和在线查档全区域共享平台建设，广州建成电子文件档案资源管理中心系统，都是档案数据大平台建设的重要成果。

档案数据大平台建设包括两个方面的内容。首先，档案管理系统互联网平台的开发应用是重中之重。信息化时代以来，档案系统进行了档案信息网的建设，全国各省市地方也都纷纷建立了各自的档案信息网，但从横向来看，东、中部地区档案信息网的网站数量比西部地区多，网站内容也比西部地区的丰富；从纵向来看，省市级档案信息网建设情况要好于县一级。横向发展不平衡、纵向发展不深入是当前档案信息化建设的通病，要借助大数据时代的契机，给档案信息化再添一把火，完善全国档案管理系统平台的建设，实现均衡发展，齐头并进。其次，建立行业内部档案管理系统局域网平台。不论是上传下达，还是同级传阅交办，局域网都是最适用于行业内部进行沟通交流的通道。行业内部系统平台的建设可以克服各地区因独立操作造成的“信息孤岛”和信息流转不便的难题，通过权限管理和信息流通，实现数据资源的相对集中，外部信息也可通过附属软件直接导入导出系统，不仅顺应了办公自动化和无纸化办公的要求，而且更大大提高了上下级和部门间公文处理的效率。系统平台里包含“档案管理”模块，划分档案类别，不同职能的业务部门产生不同的业务档案，囊括文书类、业务类、财会类、科技类、实物类、公务礼品类等，改变多年来档案“重文书、轻业务”的惯性，将档案管理渗透到业务工作的各个环节。档案员可以对来往的文件进行查看和预归档，每年各科室办理完毕的文件都可以通过内部系统平台汇总，按照“机构—问题—保管期限”完成归档，电脑软件直接生成归档文件目录，实现电子与纸质档案的一一对应（一般普发性通知文件可以不打印纸质版，但要在归档文件目录备注栏中备注说明）。

第二节　数据资源体系

拥有可观的馆藏资源是档案部门开展工作最大的优势，馆藏资源越多越能体现档案部门存在的价值，丰富的馆藏是档案部门维护社会地位的根本，也是开展档案利用服务的资本。大数据时代，信息资源呈现爆发式增长，最终作为档案保存下来的材料也急剧增长，档案不再缺，而是泛。档案数据的来源更广泛、内容更丰富、采集方式也发生了改变。

一、档案数据的来源更广

档案馆是集中统一永久保管党和国家档案的科学文化事业机构，是科学研究和社会各界利用档案史料的中心，所以档案过去的功用主要体现在维护和传承党和国家的记忆上，这在一定程度上限定了档案的来源，它们大多都是机关、企事业单位经年累月后精挑细选的“成品”，大数据时代，档案数据的来源更多地倾向网络化、社会化、平民化。来源于互联网的数据多。互联网是当今信息资源的最大产地，中国是全球网民数量最多的国家。这几年，档案部门积极响应国家政策，更加注重收集关乎老百姓切身利益的民生档案。国际档案日的宣传主题从“档案在你身边”到“走近档案”，都是在呼唤大众的社会档案意识，引导他们关注档案、关心自我。在日常生活中，日记照片、录影录像、获奖证书、购物发票、就诊记录、行车线路、消费信息等等都和自身息息相关，虽然这些信息对他人毫无用处，但它是自己历史的一部分，对自己有重大意义。国家号召全社会建立家庭档案和个人档案，“全民皆档”使得档案来源更草根化、生活化。

二、档案数据的内容更丰富

对于档案部门来说，信息资源是安身立命之本，档案数量越大、门类越多就越有利于档案价值的发挥，强化档案部门的社会地位。大数据时代早已让 IT 行业风起云涌，后知后觉的档案部门受到大数据的影响，档案数据本身也发生了变化。

一是档案数据数量增大。大数据时代，档案数据资源总量大且迅猛增长。单个档案馆的馆藏档案数量不算大，但全国各个档案馆馆藏档案的总和就可以称得上大数据。大数据时代，随着全国各级各类档案馆的扩改建工程项目从开始启动到逐步完工，档案馆馆藏容量大大增加，档案馆势必要全面完成存量数字化、增量电子化任务，且在今后乃至很长一段时间内档案仍将实行“双套归档制”，这些移交、寄存、撤转并改档案数量轻易就能使档案馆馆藏存储量达到 TB 甚至 PB 级，形成海量规模。

二是档案数据类型增多。档案馆的馆藏档案通常包括纸质、声像、实物几个常见种类，信息化又带来了电子档案，还有用户信息、浏览查询痕迹等等需要保存，这些载体各异、特征多样、结构差异大的档案被分门别类用不同方式保管着，数据和载体的增多使得同一个信息可以用不同的数据形式表示出来，同样的数据形式也可以表达不同的信息内容，它们共同组成了档案馆的异构数据大集群。大数据时代，数据结构还将发生更大的变化，Gartner公司估计，2012 年半结构化数据和非结构化的数据占了全球网络数据量的85%左右，大都是文档、表格、图像、网页、音频和视频等。今后档案馆藏的主要来源就是这些异构化的数据，它们将成为档案馆藏的重要组成部分，馆藏档案将朝着种类繁多、非结构化数据比重占有增大趋势发展下去。

三是档案数据价值密度降低。档案作为最真实的历史记录，相较于一般的信息资源拥有非常高的价值。但大部分的档案一旦移交进馆后就基本处于休眠状态，很少有人问津，少有翻阅。实践证明，利用率高、利用价值大的档案在馆藏档案中几乎如凤毛麟角般稀少，这些重要档案占全部库存档案的比重非常低，档案价值密度的高低与档案数据总量的大小成反比，就是说档案数据总量越多单个档案的价值密度就越小，其中还不乏长期处于沉睡中从来没有发挥过作用的，它们其实占据档案总量的大部分。大数据时代，档案数据总量只会逐年骤增，相对来说档案整体平均利用率就会降低，那么可能有用的档案对应比例就会减少。

四是档案数据处理速度加快。随着档案信息化进程的加快和档案网络的逐步建设，档案部门已经渐渐脱离了人工手动管理档案的落后方式，进入了现代化的档案收、管、用业务流程管理。大数据时代，档案工作讲究的是时效性和便捷性，一方面，对稍纵即逝的有用信息的抓取速度提出了新要求，尤其是网络中更新快的网页信息；另一方面，要求档案员从海量档案中迅速找到用户所需的信息。如何快速获取有效信息并满足用户需求，只有靠大数据催生出的云计算技术来解决自身带来的难题，运用互联网技术、计算机软件、高科技手段提升档案资源的处理速度。

三、档案数据的收集方式多样

信息资源数量再多，没有被收集归档就不是档案，就不能起到档案作为权威的作用。档案业务工作的第一环就是档案的收集，在传统的管理方式下，收集主要靠的是主动移交，单位各科室定时向综合档案室移交，各单位定时向各级国家综合档案馆移交，还要打好移交清册，以免损毁丢失。第一，档案数据的强制收集。事实上，很多单位都不主动向档案馆移交档案，借故拖延，加上档案法规威慑力弱，档案部门不主动上门要，很难及时将档案收集齐全完整。2013 年 2 月 22 日，中华人民共和国监察部、中华人民共和国人力资源和社会保障部、国家档案局令第 30 号《档案管理违法违纪行为处分规定》第四条规定，不遵照国家规定向有关档案馆移交档案的，对有关责任人员，依据情节轻重给予相应的违法违纪处分，包括警告、记过、记大过、降级、撤职等不同程度的处分，这个档案法律法规的出台不仅能使各单位更好的配合档案部门做好各项工作，更赋予了档案部门强制执行档案收集移交的权利，为成就档案大数据集中保驾护航。第二，档案数据的实时捕捉。如今互联网信息内容多、更新快、传播广，成为档案部门在大数据时代档案收集的重点和难点区域。将有价值的信息及时捕捉归档，对档案员的专业敏锐度和操作灵活性是一大考验，因为不知道一闪而逝的信息在什么时候有用，档案部门再也不能只依着“等人送上门”的老办法来收集档案，采用收集信息的新方法，实时把握网络动态资源，借助计算技术和信息技术的力量，充分利用社会计算，帮助档案员实时对网络资源进行科学捕捉。

第三节　利用服务体系

档案作为真实的历史记录被悉心保存，最终的目的就是需要档案部门维护好党和国家利益，服务好人民群众，满足社会公众对档案的利用服务需求。大数据时代，档案服务利用工作将“朝着社会化、多元化方向发展，以企业、客户个性化、差异化需求为导向，提供人性化、智慧化服务”，因此，档案利用服务在服务对象、服务内容、服务方式和服务目的上都将发生变化。

一、档案服务对象

过去档案部门主要是为党和政府有关部门服务，为企事业单位服务，为公务员和职工服务，他们是档案最大、最直接的受益群体。面对新形势，国家更注重惠及民生档案资源的收集，档案更倾向于为广大人民群众服务，要为城市发展和市民服务，要为智慧城市的建设服务，要为新农村建设服务，要为农民老百姓服务。用户从线下延伸到线上是档案服务对象的另一变化。大数据时代，网络通畅，数据资源丰富，档案网络化也渐入佳境，档案服务增加了一批新客源——网络用户，他们不再需要亲身前往档案馆，摆脱了线下受时空的限制，足不出户就能获取所需，不管是需要帮助还是闲暇浏览，他们的求助和咨询行为有意无意地成为了档案用户和档案潜在客户。

二、档案服务内容

档案服务一直遵循着“你来馆我来找”的模式，馆内资源就是档案部门服务内容的全部，馆外资源还不是档案，不属于服务责任范围。但是档案只是信息资源的凤毛麟角，馆外资源只因数量巨大超出档案部门处理信息的能力而被迫流于馆外。大数据时代，馆外资源尤其是网络资源显现出自身的优势和价值，应该被纳入档案服务内容的范围，扩充档案服务内容。档案服务通常是用户需要什么档案员就提供什么，这是服务浅层次状态。大数据时代要求档案服务“深入人心”，更加注重对用户个体行为的关注，通过对用户的身份登记、查阅记录、搜索方式、利用结果等数据的分析得到用户的利用需求和利用习惯，从而开展以满足社会个体诉求为目的的档案大服务，对每个档案用户进行特定问题的分析、查找与决策，追求档案服务内容差异化、精细化。

三、档案服务方式

档案馆作为档案服务的实体机构，拥有庞大的档案资源，传统的档案服务基本以馆为依托，档案用户得拿着红戳证明亲自到当地或档案所在地档案馆进馆查询。大数据时代，网络的发达开创了档案远程服务方式，不管是需要解决实际问题，还是进行咨询研究，都可以经由档案网站的互动信息栏与档案馆取得联系，用户表达诉求，档案馆再将档案通过在线传输、打包邮寄或其他方式提供给用户。大数据时代也促使档案馆开启了档案人性化定制、智能化推送服务方式。档案员不再坐等用户上门，服务眼前来馆的几个人，在把线下用户服务好的同时要利用网络开展网上服务，对线上用户进行询问答疑，悉心记录、分析、跟踪用户的需求，了解用户的需求趋势和利用偏好，观察他们在利用查询档案的时候，是否还想知道更广更深更多的隐性知识，智能推送出用户感兴趣的知识服务。

四、档案服务目的

档案服务的最高目的在于最大限度地满足用户的信息需求。大数据时代，用户需要对不同层面、不同领域、不同方向的档案信息进行深入了解，通过对信息内容的筛选和捕捉加上自己的知识储备和理解，将无序混乱的信息整理成能够解决特定问题的答案或方法。大数据时代，档案部门的档案利用服务工作，要先以用户需求为出发点，在明确档案服务的首要目的完成基础之上，同时还要善于把握用户的深层次需求，向用户传递相关知识，“授人鱼更授人以渔”，达到档案信息资源的利用服务和知识服务双赢的目的。

第四节　安全保障体系

档案管理工作安全至上，确保档案安全，就是保障党和国家及人民群众的安全，档案安全高于一切。大数据时代，数据数量大、种类多、处理速度快、信息化程度高，都在对传统的档案安全体系形成压迫和挑战。档案数据随时面临着因保存条件、管理方式、关键技术、安全保密变化而带来的种种威胁。

一、保管条件

档案数据的保管条件随着档案类型的变化而大有不同。传统的档案大多是纸质的、胶片的，种类单一，保管起来比较容易，档案库房严格做到“八防”要求就能保证档案的安全无损。信息技术的发展带来了多样化的信息载体形式，丰富了档案的类型，从纸质、音像、光盘、电子软硬盘到数码缩微档案，信息有几种形式档案就有几种形态，这些档案除了基本的“八防”外对保存的条件和场所有了更高的要求，音像档案要远离磁场，光盘要防磨损，硬盘要防震，电脑要保持电源稳定，档案馆在新建、改扩建时既要考虑档案数据保管基础条件设施安全可靠，另外还要购置专门专用的设备来保护类型各异档案的安全。

二、应急管理

档案的价值高、独一份的特殊属性使得档案的安全应急管理成为档案管理的重点工作，可是不论多么周密的防护，档案还是会受到种种危险。一方面，自然性和社会性重大突发事件对档案资源的安全管理带来严重的威胁；另一方面，传统档案管理工作模式与机制难以套用到重大突发事件的档案管理工作之中。在“汶川”“玉树”地震中档案损失惨重，自然灾害来势不可阻挡。面对目前存量档案数量已相当庞大，增量档案增长速度又快类型又多，传统的档案应急管理适用范围窄、应变能力差，电子档案的安全应急管理制度不健全，在突发事件面前档案安全将受到更严峻的挑战。大数据时代，档案应急管理不仅要从突发事件类型入手，更要针对不同类型的档案制定精细化的应急预案，将应急管理制度标准化，行为常态化，减轻或避免档案因遭遇紧急事件带来的不可预知的严重后果。

三、技术手段

大数据时代，面对大量的档案数据，传统手工管理、单一的计算机输入检出方式已跟不上数据增长的步伐，档案部门开始使用云计算技术辅助档案管理工作。云计算具有规模大、可靠性高、通用性强等优点，对巨量档案资源采用云计算技术可节省档案部门大量人力物力。但档案部门技术能力差，IT 专业人才少，无法依靠自身力量去研发云计算技术，因此档案部门就得寻求与云计算服务商的联手合作，开发专门适用于档案部门的档案管理云计算系统，而这种合作方式的系统技术的安全保障和安全管理只能通过服务商提供，尽管双方的权利与责任明确，但网络、移动终端设备和其他技术的使用，在数据的采集、存储、访问和传输的等任意环节，都有存在漏洞被黑客发现攻击的可能，允许用户访问也可能因身份认证疏漏，出现越权访问、操纵控制、数据泄密等安全问题，致使档案身处危险之境，档案部门却束手无策。对于档案部门来说，云计算技术是档案管理的未来之路，和网络服务商的合作也是必然之举，但更多的是要考虑技术的自我主导与研发来解除外在因素对档案安全的影响。

四、长期保存

大数据环境下，档案数据存储面临两个问题，一个是足够的存储空间，另一个更重要的就是长期的存储安全。大数据时代档案存储依托的是可扩展性强的非关系型数据库（NOSQL，它可用于结构复杂快速增长的数据，但在保存成熟度方面不如传统关系型数据库（SQL），安全漏洞多，对档案的长期保存是一大威胁。档案依据价值大小都有划分保管期限，进入档案馆的几乎都属于永久保存档案，需要保证它们的绝对安全和长期可用。档案馆最擅长保护的纸质档案也会随时间流逝和外部环境变化而字迹褪色、纸张脆化。如今类型各异的档案，载体不一，材质差异大，长期保存需要花费更多的精力，就如光盘档案的理论保存年限是 20 年，但是大多数光盘在存放了几年之后就无法打开。大数据时代，尤其是电子文件、数字档案的长期保存随时都面临着因载体、格式、计算机技术的滞后以及保存标准规范不完善等带来的潜在威胁。

五、信息安全

数据越多，共享程度越高，就越难以保障信息的安全。大数据时代，信息是最好的事，也是最坏的事，那些可能对信息安全构成威胁的因素在大数据时代下会被相应地放大，档案数据安全岌岌可危。第一，档案数据丢失。档案馆里存放的纸质档案，只要档案员对档案保管认真负责不玩忽职守，档案库房安全保卫设施到位不装模作样，就不会出现档案丢失问题。大数据环境下，档案数据更多的是存入电脑软件系统或移动硬盘中，常规情况下不会有丢失风险，一旦受到不可控的客观情况的影响，如电脑操作失误、硬件故障、软件漏洞、系统错误，就会造成档案数据不可用、不可读、数据损坏或丢失。硬件越多，系统越庞大、软件越复杂、数据量越大，发生数据丢失的概率就越高。第二，秘密隐私泄露。档案馆对收集的信息进行数据分析，包括档案用户信息等，这些零散数据经过整合分析，变成有价值的档案数据。在电脑软件系统的分析操作过程中，信息会不可避免地残留在某些终端端口，无意地流向网络，造成信息的外泄。国家机密档案一旦泄露不但会造成国家财产重大损失，严重的话甚至可能危害国家安全；公众的个人隐私泄露会对个人权利与自由甚至利益带来不堪的后果，“人肉”就是只需要一个有用信息，就能实现个人隐私展露无疑的网络搜索引擎。第三，网络侵权和数据的恶意使用。大数据时代，数据公开程度高，信息兜兜转转，就存在网络侵权风险。在网络环境下，通过计算机实现网络资源共享，由于过错侵害他人的财产和人身权利就构成了网络侵权，档案数据价值高，很容易被有心之人用来谋求个人利益。比网络侵权更具危害的是数据的恶意使用，网络数据供所有人开放使用，有歹心之人可以故意在计算机系统内使用合法数据来完成既定的恶意任务，造成的后果会有或大或小的危害。在开放的数据环境下，要防止数据被“恶意使用”，既需要数据拥有者存有防居心叵测人之心，严守秘密隐私信息，也需要数据使用者行为自觉，规范守法地使用获得的数据。

第五节　行政管理体系

档案行政管理机构是党和国家指导和管理档案工作的部门，在统一管理党、政档案工作的原则下，分层负责地掌管全国档案事物，对全国档案工作进行监督、检查与指导。我国的档案管理机构依行政区划建立，绝大多数地区实行“局馆合一”体制。

一、行政职能的变化

档案行政管理部门最初是从党委政府的档案室发展而来的，我国又一直实行“局馆合一”的体制，档案行政管理部门一直错把“业务能力”建设作为档案管理的重点来抓，忽视了对国家档案事务的管理，使档案局与档案馆呈现纵向权力分界不明，横向部门职责不清的混乱局面。国家推进政企分开改革后，政府对企事业单位的干预减少，档案行政管理部门对企事业单位的管理也逐渐从微观指导转向宏观调控，大数据时代的到来，企事业单位档案数量急剧增长，档案服务中介机构队伍迅速发展壮大，他们承接了大部分的档案业务微观服务，档案管理从一直围绕“档案实物”工作中脱身，开始学会强化自身行政管理职能，将行政职能的重点回归到了对国家机构、社会组织及个人相关档案事务的监督与管理上来。

二、业务指导的变化

档案行政管理部门的业务工作就是对党委政府部门、企事业单位、社会组织的档案整理进行专业指导和服务。大数据时代，档案部门的业务指导工作在内容与形式上发生了变化。

大数据时代，档案数据的增多，档案类型的改变，使得档案业务指导的内容不再仅仅局限于传统的纸质档案，档案整理不是鉴定了装订了上架了就完事了，档案整理与指导的主要对象变成了电子文件的归档，负责业务指导的档案工作者需要通过学习和培训快人一步掌握新类型档案的归档方式，在自己熟悉业务内容的情况下才能对各单位档案整理进行专业指导。

高水平的档案业务指导可以对各单位档案进行科学分类、有效保护，便于档案的合理利用，实现为社会服务的目的。档案业务指导是用专业的视角确保档案的质量，但在档案行政管理部门，尤其是县区一级的档案行政管理基层机构，业务指导等同于“亲力亲为”，造成责任不明、不易监督、有失公允等一系列问题，破坏档案行政管理的权威。面对新形势新任务，档案业务指导要改变事事巨细的帮扶行为，努力从“领导指挥者”“被动劳动者”向“专业服务者”转变，专注于提高业务指导水平，提供优质指导服务，鼓励并规范档案中介机构和社会力量参与档案事务服务。

三、行政执法的变化

行政执法能力弱是档案行政管理部门长久以来的软肋，档案法律权威不高、档案执法者权力小、档案部门执法不严，造成档案行政执法管理永远不能到位。政企分开改革使得越来越多的企事业单位从原有的行政机关分离出来，各个行政机关对原有的企事业单位控制力逐渐减小，政府又要减少对企事业单位的行政干预，档案行政管理部门对于原有的和新兴的企事业单位档案工作的管理已无法只单纯地依靠行政性指令来实现，没有相关的档案法律法规，档案法律法规效力不强，就不能实现档案行政管理立法约束执法监督的目的，档案行政执法能力就得不到提高。在大数据环境下，新兴的企事业单位的档案工作成为档案部门管理档案的新领域，对他们的档案管理难于对党和政府部门的档案管理，档案行政管理部门要完善自身的法律法规体系，以立法和执法监督分门别类地对企事业单位的档案工作进行指导，必要的时候要拿出档案行政执法的强制性，严格执法、落实到位，突显档案行政执法的权威性。

四、合作方式的变化

过去的档案行政管理部门主要是对党和政府部门的档案事物进行管理，党和政府的档案有许多都是需要高度保密的，所以档案局和档案馆总是建在比较隐蔽的地方，不需要与其他部门接触和合作，独门独户独来独往，轻易不让人发现。现在，党和政府的档案很多都解密了，企事业单位的档案也增多了，在大数据环境下，提倡数据开放资源共享，档案行政管理部门也不再将档案资源死死抓在手里不放，开始借助社会的力量来开放档案，实现价值。

现代社会档案数据的收集、保存、利用和共享，都需要互联网、数据技术公司、信息化工作部门的支持，档案行政管理部门每天每时每刻都需要和他们打交道，而且他们将成为档案行政管理部门中越来越重要的合作伙伴，起着不可或缺的作用。一旦没有了网络和技术，有再多的档案资源，档案行政管理部门也无法将档案与社会共享。

新形势要求档案行政管理部门加强档案行政能力建设，把工作重点放在档案事务的管理上，那么档案行政管理部门就不能再在档案业务指导方面紧抓不放，档案行政管理部门不能既是行政管理的主体，又是业务服务的主体，这两者是相互矛盾对立的。所以档案行政管理部门要与档案中介机构、专业机构、社会力量协调合作，鼓励他们参与档案整理服务，规范他们的档案业务指导方式，借他们的力量在不削弱档案行政能力的情况下，保证档案业务指导的高水平。

第七章　大数据时代档案信息的资源整合

随着信息技术的飞速发展以及公众对档案信息需求的不断增长，档案信息资源逐渐扩展到社会的各个层面，掌握和分享更多的档案信息成为公众的迫切需求。20 世纪 90 年代以来，我国的档案信息事业进入了电子化时代，随着多年的积累，电子档案数量成倍增加、体积极速增长，传统的存储方案难以满足现代化档案信息资源共享的需要，已经成为限制档案共享事业发展的瓶颈。近几年间，美国率先提出了大数据概念，以云计算、云存储、移动互联技术为代表的大数据技术在全球范围内兴起，这在一定程度上解决了档案数据不断膨胀的问题，为实现档案文件电子化、档案资源数字化、档案信息大范围共享提供了技术保障，但也带来了网络安全等新的问题。档案行业如何适应大数据时代的机遇与挑战，构建基于大数据技术的档案信息资源共享机制，成为国内外档案界共同面对的新课题。因此，在当前的研究形势下，理清档案信息资源整合相关概念，寻求共享平台设计方法，研究共享策略，研究和建设一批技术先进、功能完备、实时发布的共享平台，具有一定的实际研究价值。

第一节　大数据时代档案信息资源整合基本内容

信息时代的来临对我们的档案信息管理工作提出了要求，迫切要求真正实现对档案资源的充分开发与利用，使之对社会的发展作出更大的贡献。而达到这个目标的根本途径就是走信息化资源整合之路。目前，档案信息资源整合是档案信息化建设工作的核心，这也是当前各单位电子政务发展的客观要求。

一、信息时代下的档案信息资源整合的内涵

档案信息资源整合是根据一定的需求，将各个独立的档案资源、体系结构及其互动关系进行融合、重组，从而达到一个可以实现资源共享、互惠互动的有机整体，它作为一种档案信息资源优化的存在状态，对于档案的信息化管理具有重要的意义。档案信息管理资源整合是实现不同地区，不同档案科室之间资源共享的前提与保障，也是开发档案信息资源的一种现代化途径。信息化又赋予了档案信息资源整合的新的发展内涵，使档案信息资源整合进入了一个全新的发展高度，也为档案信息资源整合释放了潜能。所以，在当前的信息时代下，我们要兼顾档案信息资源整合与现代化的信息方式，比如网络、智能机器等工具，建立统一的信息交换与共享平台，对传统的分散的档案信息管理方式进行现代化的改造，实现优化组合与无缝连接，从而实现档案资源整合的优化配置。

档案信息是信息的一类，因而属于信息的概念范畴，它也是主体与客体相互作用的结果，据此有人将档案信息定义为“人类同外部世界进行物质与能量交换或称人类改造外部世界的过程中留下的有保存价值的最原始的内容的名称。简言之，档案信息是依附于一定载体上的人类活动的原始信息集合”。可见，档案信息也只有在主体活动的介入和参与下有存在的价值和意义。

二、信息时代下的档案信息的特点

档案信息具有信息的一般共性：可扩充性、可压缩性、可传输性、可扩散性、可分享性。同时，档案信息也具有不同于其他信息的特殊性，即本源

性、回溯性、联系性、积累性，内向性和社会性。

信息按其来源可以分为原生信息（或本源性的信息）和派生信息，或者按其性质可分为原始信息和经过处理的信息。档案信息属于原始信息，即各部分对某一活动的最初数字、文字和图像等的直接记载，所以本源性是档案信息的最主要特点。本源性信息是加工信息的基础，任何信息资料都起源于原始信息，因而档案信息在社会信息系统中具有特有的地位和作用，它是整个国家和社会信息系统的基石之一。

信息按其时间特征可分为历史信息和有关未来的信息，又称回溯性信息和预测性信息。档案属于记录和反映已经发生的活动、事件及其过程，即用来追溯以往的信息，通过它可以利用前人的劳动进行创新，也能为现实的研究、决策和预测未来提供基础。

一般来说，档案是以文件单体的形式陆续形成的，而以文件组合体的形式持久地存在和运动的。所以档案信息的联系性特点相对于其他信息资料来看表现得更明显。这种联系既表现为空间方面的，也表现为时间方面的；既表现为内容方面的，也表现为形式方面的。它在很大程度上影响档案的价值，如果档案信息的联系性遭到破坏，往往会损伤档案的价值，甚至危及档案的生命力。因此档案客体的这一特点，向以它为对象的管理活动提出了一定的档案整体不可分散性的要求，为相同文件在不同的档案整体中具有不同价值奠定了理论基础。

档案信息的积累性特点比较突出。诚然，任何信息资料均可不断的积累和扩充，但是档案信息一定体系的形成和发展，往往具有连续不断以至定向积累的特点。英国人希拉里·詹金逊说，档案“它经过自然的过程逐渐汇合在一起，达到了最终的排列顺序，它是一种生长的结果。”值得指出的是，档案信息的这种积累，通常受到诸如归档制度、管理条例以至《中华人民共和国档案法》等法规性文件的制约和保证，从而增强了档案特有的价值和作用。

由于档案文件形成于人们的直接活动，大部分又产生于不同的机关单位，因而档案信息具有内向性的特点，有些材料在一定时间里仅限于规定的控制范围内使用。也正因为如此，档案信息中有很多属于社会上稀有的或难得的材料。但是，从总体来说，档案是社会性的信息记录，是人们进行社会活动的产物，又用于社会实践中。档案信息的内向性也是相对的和发展变化的。本源性、积累性和内向性是档案信息的主要特点。档案信息本源性的特点决定了档案信息资源开发利用的价值性。档案信息是人类对自然和社会中各种事物的存在方式与运动状态的直接感知和记录，是第一手信息，它是在人类活动中直接形成的，不是事后根据需要重新整理的，具有永久的价值：同时，档案信息与图书、情报等其他信息相比，不但珍贵，而且可信度最高，参考价值最大。而档案信息联系性和积累性的特点，则为人们全面地、历史地研究事物发展的规律性，以及多方面的信息需要提供了优越的条件。

现代社会“信息化”的过程日益加速，档案信息也越来越重要。这就迫切要求将档案信息能够更多地向社会提供利用，使全人类可以共享和共用。如果档案信息不能被社会所利用，也就失去了其存在的价值。因此，只有掌握了档案信息的特点，采取相应的科学管理措施，才能有助于我们开发利用档案信息资源，发挥档案信息的优势，弥补它的局限性，从而使档案信息的经济效益和社会效益得到最大程度的提高。

三、信息时代下的信息资源和档案信息资源的内涵

（一）什么是信息资源

“信息是资源”的观点，是随着社会和经济的发展出现的。随着人类进入知识经济时代，各种形态的信息以突飞猛进的速度增长并迅速地积累起来。据统计，20 世纪 40 年代以来所产生和积累的信息量超过了此前人类所有信息量之和。20 世纪 60 年代以来，人们在生产实践中逐渐认识到，资源不仅有各种物质形态，也包括知识、经验、技术等非物质的信息形态，它是一种无形的资源或无形的社会财富。因此，信息资源日益成为人们争夺的重点。特别是一些工业发达国家都把占有、开发和利用信息资源作为一项基本国策。历史上，英国、德国和美国都先后靠充分开发利用信息资源而促进了本国经济的起飞。而日本战后经济的恢复和发展更突出说明了开发利用信息资源的意义。为了迅速振兴经济，日本政府制定了“技术立国”的政策，把引进国外先进技术、振兴日本工业确立为基本国策。这一政策实施的成功，使得他们把技术和技术信息的开发与利用迅速推广到经济、社会信息的开发与利用，从而创造了经济腾飞的奇迹，确立了信息资源论的思想。

说到资源，就其一般意义而言，它是指自然界和人类社会生活中一切可以制造物质财富和精神财富的原始的达到一定量积累的客观存在形式，如土地资源、矿产资源、森林资源、海洋资源、石油资源和人力资源等。可见，资源具有可创造性，即在一定时间和空间范围内能够创造物质财富和精神财富，还具有规模性和可开发性，即积累到一定程度，并蕴藏着极大的价值和可开发价值的客观存在形式。根据这一定义可知，有用的、达到一定规模并经过系统化的“客观存在形式”才能构成资源。而信息，作为事物运动的状态和方式以及关于这些状态和方式的广义知识，通过一系列的流通、加工、存储和转换过程作用于信息时，可以为人类创造出更多更好的物质财富和精神财富。因此，它是人类和人类社会发展必需的重要资源。

信息资源已经成为信息社会中一个常用的词汇。在日常生活中，信息与信息资源的使用可能没有什么分别，比如，“信息管理”是指“信息资源管理”，“信息开发与利用”是指“信息资源开发与利用”。但是，当以信息资源作为一种科学领域的研究对象时，就必须严格区分信息和信息资源这两个概念，必须准确界定它们二者之间的关系。例如，信息资源管理学科研究的是作为一种社会经济资源的信息—信息资源，它是从经济学、管理学的角度来考察信息的……也就是说信息资源的外延要比信息小得多。

目前人们给出的信息资源定义可以从宏观上划分为广义和狭义两种。广义的信息资源包括人类信息活动中所有的投入要素，而狭义的信息资源只是广义信息资源的局部要素，很多学者对此进行了不懈的研究。如美国管理与预算局将信息资源定义为政府信息和信息技术。N.M.达菲和M.G.阿萨德认为“信息资源是指组织或其中的某一部门内的信息流或数据流以及与开发、操作和维护这些信息流或数据流有关的人员、硬件、软件和步骤”“它可以包括各种各样的技术，诸如计算机、文字处理、缩微胶片、记录管理、组织和方法研究、内部和外部通信系统、打字、建档、打印和复制”。D.A • 马尔香和 EW.霍顿认为“信息资源是指拥有信息技能的个人；信息技术硬件和软件；诸如图书馆、计算中心、通信中心和信息中心之类的设施；信息加工和信息处理原料供应商”。

孟广均认为“信息资源从本质上说是一种附加了人类劳动的信息，凡未被个人开发和组织从而能够为个人和他人利用的信息都不属于信息资源……

换言之，信息资源是人通过一系列认知和创造过程之后以符号形式存储在一定载体（包括人的大脑）上可供利用的全部信息”。

以上国内外学者对信息资源的定义既有一致性，也有差异性。从广泛意义的角度来说，信息资源是指人类活动的信息要素，但通常人们所说的信息资源是指人类参与信息活动而获取的要素。目前甚至今后相当长的时期里，要获得一个完全通用的信息资源定义也许是不可能的，因为从实际出发，信息资源这一概念在个人、组织、社会等不同层次上可能会有不同的含义。但从本书研究的角度出发，笔者认同“信息资源是指自然界和人类社会中产生的各种有用信息经过加工处理使之有序化并大量积累而成的有机体”这一定义。档案信息资源是其中的一个重要的组成部分。

（二）档案信息资源的内涵及特点

档案信息资源的概念被包含在资源概念中，是信息资源的一个组成部分，它包括档案原件和各种档案信息开发成果（如档案目录、档案文献汇编、档案综合参考资料以及档案复制件等。据此，将档案信息资源定义为：档案信息资源是适应生产力的发展水平，通过人类的参与而获取的可利用的档案的内容及表达档案内容的文字、图形等信息的有机体。它主要包含三个层次：一是指档案的内在信息，也就是档案的内容信息，这是档案信息的基本部分；二是指档案的形式信息，也就是档案的外在形式和特征，这与档案内容有着密切联系；三是指档案信息的信息，如目录、文摘。档案信息资源在外延上不仅包括了档案内容中所含档案信息，还包括与档案信息相关的其他因素，如设备、人员、网络、资金。从以上分析可以看出，档案信息资源的概念更加综合化，这就决定了在档案信息资源的开发和利用中将更加注重从宏观和整体的角度着眼，更注重对档案所含信息的揭示和开发。

档案信息资源作为人类社会活动的真实记录，在知识经济的发展中，有其自身的规律和特征，主要表现在四个方面。

（1）知识性。现代社会的可持续发展不仅取决于自然资源，也依赖于科技资源、信息资源等以智力、知识为基础的“软”资源的合理利用。档案信息是人类连续、全面、直接地记录、存储和传播知识的一种形式，“人类的知识，90%以上来自档案文化的历史积淀”，是人类传承知识的一种重要手段。

无疑，档案信息资源正是一种“软”资源，它包含着真实性和权威性的知识信息，是人类在长期的社会实践活动中积累的知识宝库，对于提高经济效益和社会效益发挥着其他资源不可替代的作用。

（2）不均衡性。档案人员的认识能力、知识储备等多方面的条件不尽相同，他们所掌握的档案信息资源也多寡不等；同时，社会发展程度不同，不同地区档案信息资源的分布也不均衡。这一特点就决定了档案信息资源需要因地制宜地开发和提供利用。必须结合本地的实际情况采用适当的手段，最大程度地开发档案信息资源，使档案的社会效能和社会效益得到尽快提高。

（3）可共享性。物质资源和能源资源的利用表现为占有和消耗。当物质资源或能源资源数量一定时，利用者在资源利用上总是存在着明显的竞争关系。档案信息资源的利用不存在上述的竞争关系。例如，某人利用了一份档案，它从档案中获取的知识内容并不会因为其他人而受到影响，也不会对将要利用这份档案的其他人产生影响。这种特点我们称之为可共享性，即信息资源的利用可以不受人为干扰。它是信息资源的一种天然特性，表现在档案信息资源的利用上也是如此。如今，档案界已经出现了一系列与推进档案信息资源共享有关的活动，如各国档案信息资源的逐步开放，档案归还原主国，还有日益频繁的档案信息交换等都是档案信息资源可共享特点的重要体现。

（4）综合性。档案信息资源是对一个国家、一个地区或一个组织的政治、经济、文化、技术等各方面发展历程的全面反映，因此具体的档案信息的种类是多种多样的。针对这种复杂多样的特点，档案部门必须多角度、多层次、多类型地进行开发利用工作以发挥档案信息的最大价值。在现代通信技术建立前，传统的档案信息在面向社会服务时，由于受到技术手段的限制，其服务于社会的时空界限是十分有限的，人们为了获取关于某一领域、某一主题的档案不得不花上大量的时间在馆内查阅，若主题不明确就会更增加查找的难度，甚至还要在馆际之间穿梭查找花费大量精力。随着通信技术的发展，尤其是通讯网络的出现和电子文件的产生，人们更希望能以一种简单和便捷的利用方式随时随地查询到他们所需求的档案信息。因此，只有更方便、更快捷地为社会提供档案信息服务，才能适应现代通信的特点和社会对信息发展方向的要求。

四、信息时代下档案信息资源整合存在的问题

信息时代下，档案信息资源整合不仅是档案信息化建设的重要核心战略，也是档案信息资源实现合理开发和充分利用的一条必然选择之路。但是，就目前我国现有的情况来看，档案信息资源整合由于历史和实践等多重原因还存在着诸多的问题与障碍而表现得步履维艰。

（1）档案信息的安全无法得到有效的保障。信息时代下的档案信息资源整合是在智能化、网络化的基础上发展而来的，开放的网络犹如一个没有任何安全措施的自由市场，大量的档案信息资源因为要时时刻刻的暴露在外部环境下而受到多个方面的安全威胁，例如，计算机病毒、计算机黑客、有盗取行为的间谍活动以及有意破坏以及摧毁智能化设备的信息处理能力和相应的硬件设施。这些问题都给我们的档案信息资源整合的安全性带来了严峻的挑战。

（2）档案信息资源整合的相关标准比较复杂。信息时代下档案信息资源整合的目的就是使全国范围内的档案馆以及各个地区的档案服务机构进行连接，并有机的组合为一个整体，构建一个基于现代化信息智能设备下的一体化档案信息资源管理系统。档案信息管理系统实质上是一个信息资源整合与共享的平台，或者一个用户间相互分享的信息工作体系，它强调的是各个用户通过网络进行连接结盟，分工合作，同一相关技术标准，以同一种界面和功能面向所有的用户提供相应的信息共享服务。为了实现将各地的数字档案信息资源进行共享与整合的要求，就必须要求我们有一个兼容性良好的硬件环境，同时还要规范相应的软件措施，例如，统一的文件格式、索引标准、描述标准以及相关的全文数据库标准等等。然后对于我们整个工程来说，相关的标准更是丰富多样，也更为的复杂。

第二节　档案信息资源整合目标取向与实现形式

一、档案信息资源整合的目标取向

为了能够更快地实现信息资源的最优化的共享，必须在信息资源的整合

方面多下功夫。信息资源共享是目的，整合是前提，所以档案信息资源的整合必须要考虑到信息资源共享的需求，才能更好地为资源共享服务。首先，信息资源的整合要全方位、多层次，形成一个综合的动态的信息网。信息资源涵盖各个专业、各种层次以满足不同的人的需求。与此同时，也要考虑到信息的可控性。对于档案信息资源，国家有足够的能力进行控制和管理。其次，我国各个地区的档案管理的发展水平参差不齐，还有进一步扩大差距的可能，这也给信息资源的整合带来困难。为了缩小差距，合理地分配资源（如人才资源和设备资源），保证社会上各个阶层的人都能够得到平等的利用资源的权利。档案信息资源的整合还要注意与其他信息资源系统的整合，完成档案系统以及其他的一些资源系统的融合，实现整个社会信息资源系统的无缝连接。最后，要强调的是信息资源的整合并不是最后的目的，因为信息资源的整合是为了发挥信息的作用，实现信息的共享。信息或多或少的都存在共享现象，只是共享的范围不同。有些重要信息只在很小的范围内传播，严重影响了信息的共享。过去，出现这种状况的主要原因是地域的限制，现如今，由于网络的发展，信息的传播途径、传播速度都大大提高了，不出门亦可知道天下事。

（一）档案信息资源及共享方面

档案信息资源是人类社会活动中积累起来的、以档案信息为核心的各类档案信息活动要素的集合，是实现档案信息资源共享的基础要素。档案信息资源共享是一种以网络为媒介，开发和发布档案信息资源，为公众提供实用的信息服务的档案管理模式。自 20 世纪 90 年代初期，我国开始探索档案信息资源共享建设，目前，已经有安徽、天津、上海、江苏、山东、广东、四川、陕西等 10 多个省、直辖市先后建立了信息化档案共享中心。根据不同资源类型和分享需求，档案信息资源共享可分为系统内部共享、系统间共享、全社会共享等模式，三种共享模式各具特点，实现难度也不相同，之前国内多采用系统内部共享和系统间共享两种模式。目前，档案信息资源的数字化共享已经得到我国档案学界的普遍认可，但由于电子档案数量呈几何倍数增加，体积极速膨胀，传统的本地存储方案已不能满足现代化档案信息资源共享的需要，我国的档案事业如何顺利完成与大数据时代的对接，如何实现基于大数据技术的档案信息资源共享，已经成为学界研究的新视点。

（二）档案信息资源共享平台方面

档案信息资源共享平台是一种基于互联网技术，整合了采集、审核、存储、发布、共享利用功能的软硬件集合。在大数据急剧膨胀的时代，档案信息资源具有了体积大、种类多、价值高等崭新特点，传统的内部共享模式已不适应时代要求，而要实现档案信息资源在更广的范围内共享，则必须依靠规范化的共享平台作为承载和支撑。为适合大数据时代的档案共享需求，共享平台需要更加突出互联网的基础作用，更多利用云计算、移动互联、数字签名等高新技术手段，将档案信息资源进行数字化加工处理与整合，通过高覆盖率的信息资源网络传输系统，实现档案信息资源在最大范围内的共享利用。因此，大数据时代的档案信息共享平台应具有以下功用：一是可以为全社会各行各业的档案使用者提供丰富的在线信息，满足其阅览需求，充分发挥档案资源的社会服务职能。二是可以检索、筛选和整合可供利用的档案信息资源，充实到大容量档案库，为档案馆进行馆藏扩展、档案编研、档案交流等工作提供素材。三是可以实现各地区、各归口、各级档案管理部门的档案共享与互通，通过网络社交建立长期合作关系，建成全国统一标准的档案大数据平台。四是可以极大地保障档案信息共享安全，通过安全机制、软硬件防护技术、应急安全措施等手段，从源头上消除大数据时代的信息安全隐患。

二、档案信息资源整合的实现形式

网络环境下档案信息资源的整合要考虑很多因素。在宏观层面，要求国家出台相应的政策予以支持和宏观调控，在微观方面，需要很多技术人才来建立一套完善的信息资源管理的体系，实现资源管理的数字化。资源管理系统的建立，要用到网络技术、通信技术，需要对档案管理人员进行培训甚至更换。争取实现无纸化办公。目前来看，我国还有一大部分的信息资源还没有实现数字化，非常不便于管理和整合，是一个很大的工程，需要进行总体规划，统一进行管理，尽快实现数字化，逐步地完善网络数据库的内容。通过检索功能，实现对国内的档案网站信息的查询。

第三节　大数据时代档案信息资源整合实施措施

信息时代下的档案信息资源整合是一个庞大的系统工程，它涉及社会的方方面面，它的实现是一个长期的过程，需要我们在实施过程中一点一滴的积累，循序渐进，切勿急功近利，否则会带来不可估量的损失。在知识经济条件下，人们对档案的需求呈现多元化。档案部门只有以丰富馆藏、优化结构为基础，以利用现代化技术手段和提高档案管理队伍整体素质为条件，才能深化对档案信息的开发，满足社会的利用需求。

一、注重技术保障的支撑方面

现代信息技术的进步是信息时代下档案信息资源整合实现的前提，也是实现档案信息资源整合良性运作的一个基本保障，如果离开高度发达的现代信息技术，那么更高层次的信息资源整合将成为空中楼阁，无从谈起。为此，我们要进一步的提高研究力度，加快吸收、创新信息技术，对信息资源整合的进步提供一个必要的技术保障。目前来看，档案信息资源整合涉及到的相关技术难点包括：① 数据存储与压缩技术；② 数据分类、索引和检索技术；③ 友好的用户界面问题；④ 系统集成技术；⑤ 安全技术。这些技术是实现档案信息资源整合的重要支撑。

二、循序渐进、分步实施

档案信息资源整合的一个最终的目的是要实现资源的共享，最大程度开发档案信息资源。在网络环境下，统一的标准是资源共享的最核心的保障因素，因此，合作与规划是信息化建设的基本方略，各自为政只会造成大量的“信息孤岛”，极不利于高层次档案信息资源共享的实现。而就我国目前的情况来看，由于多方的原因，区域之间的档案信息化建设大都是在封闭状态下进行的，忽略了相互之间的协调与合作，已经出现了系统类型多样、信息标准不一等诸多的问题，为下一步的互联互通埋下了隐患，某些档案部门可能要为此付出沉重的代价。因此，在后期的建设中，应该把统筹规划作为我国档案信息化建设和档案信息资源整合的重点。相关领导机构和管理组织要统观全局，结合电子政务建设的要求，参考图书、情报等相近行业的做法，尽快出台我国档案信息化建设和档案信息资源整合的近期规划，加强对各级档案馆信息化工作的宏观管理，从而使我国档案信息化建设和档案信息资源整合工作有计划、有步骤地开展起来，实现可持续性发展。

三、档案信息资源开发利用的三大支柱

（一）丰富馆藏和优化结构是开发利用档案信息资源的基础

档案工作要想满足社会信息需求，服务经济建设，档案馆（室）就必须保存门类齐全、内容丰富、结构合理和价值珍贵的档案资料。因此，丰富的馆藏是开发利用档案信息资源的物质基础和先决条件，改变档案馆（室）内存缺乏、门类单一的现状，广泛收集优质信息资源来进一步丰富馆（室）藏是开发利用档案信息资源的中心工作。出于历史原因，目前绝大部分档案馆所保存的档案以反映机关工作活动为主。这些档案在平反冤假错案、编史修志等项工作中，确实起到了无法替代的作用。但是，在知识经济条件下，人们对档案信息需求的内容将呈多元化趋势，这就将出现馆藏档案与社会需要不相适应的矛盾。一方面，社会需要的档案信息的范围不断扩大；另一方面，档案馆又缺乏可供各方面利用的信息资料。这就需要积极开展档案收集工作。收集工作质量的高低会直接影响到档案工作与其他环节的工作质量。

只有门类齐全、结构合理的馆藏档案资源，才能满足利用者的各种信息需求。为此，档案工作者应加强调查研究，掌握档案信息的利用规律，使馆藏档案尽可能与利用者需求相吻合。在收集过程中我们不仅要收集足够数量的档案材料，还必须尽量保证档案信息的优质化、齐全和完整。收集后的档案要进行系统的管理，档案的分类组卷要能反映一定的历史联系，有章可循，让人看了一目了然。案卷的排列要有规律，力争实现规范化、标准化，保证查找的顺利，方便人们的利用。简而言之，就是要使档案信息由无序状态变为有序状态。在馆藏档案的收集中，要改变过去坐等接收的状况，要面向社会，通过各种方式，开辟多条渠道，积极主动地进行收集。

总的说来，馆藏档案要体现在广度、质量和特色三个方面。在接收档案的内容上要注意宏观和微观的结合，广采博收，以质量为中心，把散存于社会上的真正优质的档案信息资源收全、存好、用活。首先，在广泛调研掌握立档单位档案状况的基础上，制订接收计划，把属于本馆范围的各种档案资料接收进馆；其次，要从有利于保护，有利于保护档案作用的实际出发，加快进馆速度；最后，要不断扩大档案的收集范围，注意收集保存各个时期、各门类、各载体、各类型的档案。就种类而言，不但要注重党政档案的收集，也要注重科技档案、专业档案等的收集，还要注意征集有保存和开发价值的集体、个人所有的档案；从年代上看，既要有早期的档案，也要有现代的档案、资料；从内容上看，既要有反映机关日常工作的档案，也要有知名人物、典型单位的档案；从载体上看，既要有纸质的又要有音像、光盘、软盘以及实物性档案材料，尤其是具有地方特色、民族特色的档案，以优化馆藏结构，逐步建立起内容丰富、形象鲜明、特色凸显的馆藏体系。只有馆藏丰富了，才能为开发利用档案信息资源奠定坚实的物质基础。此外，还要建立健全切实可行的规章制度，强化有关人员的档案意识，提高其业务素质和责任感，做到凡属归档范围内的档案材料都能够按要求归档，该进馆的档案都能够进馆。只有积累起门类齐全、内容丰富、质量较高的档案信息资源，才能扩大信息量更好地为经济建设和社会利用服务。

（二）现代化信息技术的应用是档案信息资源开发利用的重要手段

大量的实践证明，没有现代化的技术、设备和手段应用于档案信息资源的开发利用，就根本谈不上科学开发和合理利用档案信息资源。先进的现代化设备在档案工作领域的广泛应用，为科学开发利用档案信息资源创造了优越的条件，给档案信息资源的开发利用带来了革命性的变化。如复印机的使用既加快了档案信息的摘录速度，又大大提高了工作质量和效益；电子计算机终端网络的应用，使档案信息的远距离传输成为现实；还有利用电子计算机统计和检索档案信息，使档案信息资源开发利用工作效率大幅提高。可见，现代化信息技术手段的应用，既把档案工作者从繁重的手工劳动中解脱出来，又使科学、合理、有效地开发利用档案信息资源真正成为现实，也为实现人类档案信息资源的共享打下了坚实的基础。同时，随着计算机技术应用的不断深入，档案管理无纸化将成为可能，这就是电子档案的面世。电子档案有数字化的信息形态、对设备的依赖性、信息与载体的相分离性、信息的易更改性、信息的共享性等特性。这就必须借助于新型介质和现代信息处理技术，对其进行归档、整理、编目、保管和利用。因此，以光盘技术、缩微技术、计算机技术为代表的现代信息技术将在档案信息资源的开发利用工作中显示出巨大的威力。主要体现在以下几个方面。

（1）应用计算机技术分析、处理和整合档案信息资源。计算机是高速度、大容量的信息处理工具。应用计算机可以实现档案信息的编目、检索、统计、借阅等工作的自动化操作和管理，减轻了档案信息资源开发利用工作的强度。它的功能有：档案信息的编目、检索、统计、打印、修改、传递等，可以做到一次输入，多样化输出，减少重复劳动，扩大档案信息检索和利用的途径，及时、准确、全面、系统地提供档案信息。

（2）应用档案缩微技术翻拍、留存、传递档案信息。档案缩微技术就是将档案文件按一定的比例缩小拍摄在感光材料上，制成缩微复制品，进行存储、传递和使用。缩微复制品不仅能如实反映档案信息内容及载体的原貌，而且还具有保存寿命长、规格统一、能用性强、提供利用多样化等特点，既方便了档案信息利用者，又减少了档案因大量翻阅而造成的破损。缩微技术还可以和计算机联机，实现计算机检索、还原、复制档案信息等功能。如在《安徽省档案条例》中规定“档案馆提供利用的档案，应当用复制件或者缩微品代替原件”。在《上海市档案条例》中也规定“档案馆和其他档案机构提供利用重要、珍贵的档案，应当用缩微品或者其他形式的复制件代替原件”。这些规定都将促进档案缩微技术在档案信息资源开发利用工作中的应用。

（3）实现档案信息数字化、网络化。档案信息资源建设，核心是档案信息的数字化建设。它是利用现代化信息技术，将传统载体档案进行数字化处理，实现多媒体存储和海量存储，使不同时空下的档案信息资源得到充分共享，从而克服传统的档案信息服务方式的局限性。面对数量庞大的档案信息，人的加工组织管理能力是有限的，当整个社会逐步进入信息化的快车道时，档案信息的加工与整理如果还停留在手工管理水平，必将为历史所淘汰。因此档案部门应该大力推进档案信息与现代化技术管理的进程，实行档案数字化管理。目前，在建设机读档案目录数据库方面，各级各地档案部门都取得了一定的成果和经验，有的在通过数字化建立档案全文数据库和多媒体数据库。其中，海南省档案馆已经率先完成全部档案目录数据库建设任务。此外，明清档案、民国档案、革命历史档案目录中心已经建立，各地还建立了区域性目录中心。中央档案馆已建机读目录数据库160余万条。

（4）充分利用传统载体档案。数字化的档案信息并不否定传统载体档案存在的合理，而是两种形式的档案共存和互补。在用档案信息数字化来满足利用者自由地利用档案信息的同时，还要按照客观要求对二者进行科学的组合配置，以充分发挥数字化档案信息和传统载体档案信息的整体作用。

（三）提高档案人员的综合素质是开发利用档案信息资源的重要条件

档案信息资源的开发利用是一项涉及面广、综合性较强的工作。在档案信息资源开发利用工作中，档案人员是档案信息资源开发利用的主体，他们的素质直接影响开发利用的成效。因此，只有不断提高档案人员的综合素质，才能使档案信息资源开发利用工作更优质、高效地开展。1985年3月，邓小平在全国科技工作会议上指出："改革经济体制，最重要的我最关心的是人才。改革科技体制，我最关心的还是人才。"现代高新科学技术的引进和现代化设备的应用，是档案部门大力加强档案信息资源开发利用的重要环节，它要求档案人员应是一种基础理论扎实，知识面宽，适应性和创造性强的新型人才和多元化的人才。因此，按照"推进信息化，服务经济建设"的要求，档案部门既需要传统服务型人才，更需要开发型人才、参考咨询型人才、公关型人才、技术型人才和研究型人才。同时，档案人员还必须切实转变观念，增强服务意识。服务思想要由过去的为"政治服务"向"服务经济建设"转变。

服务理念要由过去单纯的"管好档案不泄密"向"全面开发利用档案信息资源"转变。档案人员队伍必须具备合理的知识结构和素养，以适应档案信息资源开发利用对档案人员素质的要求。具体来看，应具备以下三种素质。

1. 良好的知识素养

档案工作本身就是一项"今世赖之以知古，后世赖之以知今"的万年百世之事。传统档案都是用文字记载的，档案工作者时时刻刻都在跟文字材料打交道。档案是历史的记录，每一时期的档案都与当时的社会历史有一定的联系，只有懂得历史，了解档案产生的历史背景，才能够准确鉴别档案真伪，准确鉴定档案价值，并管好和用好档案，开发档案信息利用的价值。这就要求档案人员必须具备一定的语言文字素养和丰富的历史文化知识。同时，档案人员还要广泛接触各行各业的利用者，时刻都离不开语言表达、文字交流，所以档案工作者只有具备丰厚的语言文字功底，才能够准确了解档案内容，满足利用者的需求。随着中国加入世贸组织，中外交流的领域日益扩大，档案信息资源开发利用的范围也在不断拓展和延伸，这就要求档案人员还必须具备一定的外语知识，能够熟练处理有关档案信息资源开发利用的外文资料。此外，档案人员具备一定的法律知识，依法开发利用档案信息资源的能力也是必要的。

2. 熟练的信息处理能力

因特网的广泛应用和发展，使世界范围内的信息资源共享成为现实。它大大拓宽了人类的信息空间，并日益成为档案信息资源开发利用工作的管理平台和技术支撑。目前，全国省级以上档案馆（局）已基本建立档案信息网。在不久的将来，市、县档案馆（局）也都建立起网站后，档案馆不仅成为各种档案信息的保管基地，而且会成为这些信息的开发利用中心。因此，档案人员不仅要适应网络信息技术操作的要求，还要具备运用数字化、网络化技术手段进行档案（文件）信息管理系统的软件开发、档案信息网站的设计与维护、数字档案馆的构建等能力。所以档案人员只有具备了熟练的信息处理能力，才能够深层次地开发利用档案信息资源，真正实现档案信息资源共享。

3. 熟练的业务能力

档案信息资源开发利用工作是一项综合性很强的工作，它对档案信息的收集、分类、编目、分析、整合等环节都有非常严格的要求。这就要求档案人员不仅要熟练地对档案信息展开分析和整合，还要掌握一定的处理和开发档案信息的手段和技术。近年来，随着新型存储介质的不断出现和现代信息处理技术的广泛应用，出现了许多新型载体的档案，如声像档案、电子档案。由于这些新型档案在信息的记录与存储方面有特别的要求，我们传统的档案保护与管理手段已无法确保这些档案信息的完整与安全，这就要求档案人员掌握相应的新型载体档案的保护和管理方法，以确保档案信息内容的安全性、真实性与完整性。

第八章　大数据时代档案信息资源的开发利用

随着人类社会由工业经济时代向知识经济时代转变，信息资源已成为一种重要的经济资源。档案是信息资源的一个重要组成部分，其重要性已引起人们的普遍关注和广泛认同。在社会信息化大潮滚滚到来之际，大力开发利用档案信息资源已经提上了各级档案部门的议事日程。但是由于种种原因，目前我国档案信息资源开发利用工作存在着不少问题，档案信息资源能发挥的作用与应发挥的作用之间还存在不小的差距。

通过了解信息资源和档案信息资源的内涵，深入阐述了信息资源和档案信息资源的特点。了解档案信息和档案信息资源的特点是档案部门开展档案信息资源开发利用工作的前提。只有掌握了它们的特点，档案部门才能采取相应的科学管理措施，发挥档案信息的优势，弥补它们的局限性，使档案信息资源开发利用工作的经济效益和社会效益得到最大程度的提高。

从档案信息资源开发利用的内涵展开分析，详细了解到当前我们大力加强档案信息资源开发利用工作的必要性与原则。档案信息资源的数量十分巨大，内容也非常丰富，档案信息资源的开发利用意义重大，开发利用档案信息资源是充分发挥其作用和价值的重要手段；经济建设的发展要求大力加强档案信息资源的开发利用；信息公开促进了社会对档案信息的需求，推动了档案信息资源开发利用的进程。同时，在档案信息资源开发利用工作中，我们只有准确地把握三大原则（序化整合原则、效益优先原则、广开渠道原则），才能做到正确预测档案信息资源利用者的需求倾向，才能有针对性而不是盲目地开发利用档案信息资源。

政策法规、经济发展、体制和观念、社会档案意识、科技进步、管理制度和人员素质对档案信息资源开发利用工作产生了重要影响。《中华人民共和国档案法》《档案法实施办法》中对于档案开放的规定为档案信息资源的开发利用提供了基本前提，但缺少可操作性，还需要进一步细化。经济因素，如经济制度、生产力水平、经济发展规模、产业结构等是档案信息资源开发利用的基础，经费不足一直是困扰这项工作的难题。同时档案馆传统的“重藏轻用”的封闭管理体制也限制了信息的自由流动，阻碍了档案信息资源的开发利用。科学技术的发展给档案信息资源的开发利用媒介、方式和环境带来了根本性的变革，传统档案人员的素质结构已经不能适应当前档案信息资源开发利用的需要。只有合理开发和科学利用档案信息资源，才能为社会的发展和进步创造出巨大的经济和社会效益。在知识经济条件下，人们对档案的需求呈现多元化。档案信息只有以丰富馆藏、优化结构为基础，以利用现代化技术手段和提高档案管理队伍整体素质为条件，才能深化对档案信息资源的开发，以满足社会的利用需求。同时，档案信息资源开发利用模式也发生了一些相应的变化，从现代通信技术和多媒体技术的发展以及社会对档案信息需求呈现出的新特点来看，档案信息资源开发利用模式的新趋势主要体现在历史性和地方特色专题展览、现代通信网络服务、视听传播服务和建立现行文件查询利用中心等方面。

档案信息资源开发利用工作虽然在一些地区已经初见成效，但档案信息资源的开发利用工作任重而道远。随着 21 世纪信息化时代的到来，开发和利用档案信息资源，充分挖掘档案的利用价值，是档案部门生存与发展的需要，也是社会主义市场经济条件下经济建设飞速发展的必然结果。档案信息资源开发利用工作将踏着时代的脚步日新月异，档案信息资源的开发利用趋势会逐渐改变，它对社会的巨大作用也会逐渐显现出来。

第一节　档案信息资源内涵及开发利用原则

我国档案信息资源总量非常巨大。同时，档案信息资源的内容也非常丰富。档案内容涵盖政治、经济、军事、历史、文化等各行各业；档案载体形式种类繁多，古代的有甲骨、金石、丝帛、竹简等，现代的有纸张、照片、磁带、光盘、磁盘等。只要通过合理的开发和科学的利用，就一定能挖掘出档案信息的价值，发挥档案的作用。

目前我国的档案信息资源开发利用正处于起步阶段，各部门和档案馆都做了不懈的努力和积极的探索。在理论方面，全国的档案期刊和《中国档案报》都在不停地刊登有关档案信息资源开发利用方面的研究成果。在实践方面也初见成效。例如，许多省市档案部门利用馆藏档案并结合社会各方面信息资料，编印《信息简报》《决策参考》等，主动为当地党政领导和有关部门决策服务；中国水利电力对外公司曾于 20 世纪 70 年代承建了阿尔巴尼亚的毛泽东水电站和费儿泽水电站，档案部门提供的有关档案资料帮助解决了下游布沙特电站的设计和合同谈判中存在的问题，使该公司 2001 年年初与阿尔巴尼亚签订了 1.5 亿美元的合同；大港油田档案部门近年来努力为企业管理、生产经营、挖潜增效、清欠债款、技术创新等服务，发挥了不可替代的作用，收到显著的社会和经济效益，仅对千余例档案利用实例统计，为企业间接创效 17 亿元，直接创效 4 亿元。这些实务工作为档案信息资源的开发利用工作积累了宝贵的经验，为全面开展档案信息资源建设提供了有益的帮助。但是长期以来，我国“重藏轻用”的封闭管理体制严重阻碍了各学科、各部门、各地域之间的档案信息的自由流通，同时，由于各档案馆追求自我实体的拥有，缺乏档案信息资源共享的观念，使得社会各阶层、团体和个人对档案信息缺乏认识和了解。此外，由于档案部门一直被定位于文化事业部门，多年来已形成了按部就班开展工作的习惯，因此档案信息服务方式仍以传统模式为主，通常包括档案的外借、阅览、信息报道、实物陈列、展览等服务方式，而对于档案信息深层次开发的服务，如定题跟踪、光盘检索、网上浏览等却很少提供，使很多利用者感到不方便或无功而返，也严重影响了档案信息资源的开发利用。

一、档案信息资源内涵

1. 什么是信息

信息的概念是什么，纵观信息理论的发展历史，有很多来自哲学、自然科学、社会科学等领域的学者对此进行了不懈的探索，但至今还没有发现它的明确定义。美国迈克尔·巴克兰德在《信息与信息系统》专著中就这样说到，“要探讨信息的含义，困难顷刻出现，只有当某人获得了信息，即其了解某事，明白真相时，信息这一概念才有意义。耐人寻味的是，信息一词本身就是有歧义的，并且用法也多种多样”。

从国外来看，美国贝尔电话研究所的数学家申农将信息定义为“被消除的随机不确定性”。1948 年控制论创始人维纳在《控制论——动物和机器中通信与控制问题》中提出：“信息就是信息，不是物质，也不是能量”。后来他又对“信息”的定义作了延伸，认为信息是人们在适应外部世界并且使适应反作用于世界的过程中，同外部世界进行交换的内容的名称。奥什伯说信息是“事物的变异度”。马克卢兰则把信息局限于通讯环境，认为“信息传统上只有两种基本意义：① 告知某事：② 被告知某事”。斯达夫认为，“信息即接受者的知识以及对信号的解释，既不属于发送者也不属于无所不知的观察家，更不是信号本身”。从上面不同专家的不同理解可以看出，他们对信息一词都没有一个公认的定义。

从中国来看，欧小威认为“信息是物质、能量的时空序”。刘长林认为“信息是被反映的事物的属性”。鲁晨光认为“信息是被反映的特殊性”，并认为“特殊性是潜在的信息，被反映的特殊性是给予的信息”。崔援民认为信息有狭义和广义之分，狭义的信息定义是：“信息就是消息、信号、音讯和情况的总和，广义信息定义是：“信息是客观事物的存在方式或运动状态以及这种存在方式或运动状态的特征和表现”。

综上所述，各位学者对信息内涵的认识是不尽相同的，外延也有窄有宽。但他们的初衷却是一致的，即都以分辨事物的本质特性为目的。基于这一思想，笔者倾向于崔援民的广义信息定义。信息是指事物运动的状态与方式，这是最广义、最普遍的层次，也是本体论意义上的信息定义，它不受任何条件约束，它所表征的事物实际的运动状态与方式也不受主体意志的影响，不以主体的条件为转移，因而具有广泛的适应性。

实际上，我们所假设的不受主体意志影响和约束的条件是不存在的，否则信息的存在就没有意义。如果引入认识主体这一约束条件，本体论意义上的信息定义就转化为认识论意义上的信息定义。可以认为，信息是指认识主体所感知或所表述的事物运动的状态与方式。认识论层次的信息受认识主体的约束，没有主体就没有认识论信息。因此，笔者认为只有在主体活动的参与下信息才有存在的价值和意义。

2. 档案信息的内涵及特点

档案信息是信息的一类，因而属于信息的概念范畴，它也是主体与客体相互作用的结果，据此有人将档案信息定义为“人类同外部世界进行物质与能量交换或称人类改造外部世界的过程中留下的有保存价值的最原始的内容的名称。简言之，档案信息是依附于一定载体上的人类活动的原始信息集合”。可见，档案信息也只有在主体活动的介入和参与下才有存在的价值和意义。

档案信息具有信息的一般共性：可扩充性、可压缩性、可传输性、可扩散性、可分享性。同时，档案信息也具有不同于其他信息的特殊性，即本源性、回溯性、联系性、积累性，内向性和社会性。

信息按其来源可以分为原生信息（或本源性的信息）和派生信息，或者按其性质可分为原始信息和经过处理的信息。档案信息属于原始信息，即各部门对某一活动的最初数字、文字和图像等的直接记载，所以本源性是档案信息的最主要特点。本源性信息是加工信息的基础，任何信息资料都起于原始信息，因而档案信息在社会信息系统中具有特有的地位和作用，它是整个国家和社会信息系统的基石之一。

信息按其时间特征可分为历史信息和有关未来的信息，又称回溯性信息和预测性信息。档案属于记录和反映已经发生的活动、事件及其过程，即用来追溯以往的信息，通过它可以利用前人的劳动进行创新，也能为现实的研究、决策和预测未来提供基础。

一般来说，档案是以文件单体的形式陆续形成的，而以文件组合体的形式持久地存在和运动的。所以档案信息的联系性特点相对于其他信息资料来看表现得更明显。这种联系既表现为空间方面的，也表现为时间方面的；既表现为内容方面的，也表现为形式方面的。它在很大程度上影响档案的价值，如果档案信息的联系性遭到破坏，往往会损伤档案的价值，甚至危及档案的生命力。因此档案客体的这一特点，向以它为对象的管理活动提出了一定的档案整体不可分散性的要求，为相同文件在不同的档案整体中具有不同价值奠定了理论基础。

档案信息的积累性特点比较突出。诚然，任何信息资料均可不断的积累和扩充，但是档案信息一定体系的形成和发展，往往具有连续不断以至定向积累的特点。英国人希拉里·詹金逊说，档案“它经过自然的过程逐渐汇合在一起，达到了最终的排列顺序，它是一种生长的结果。”值得指出的是，档案信息的这种积累，通常受到诸如归档制度、管理条例以至《中华人民共和国档案法》等法规性文件的制约和保证，从而增强了档案特有的价值和作用。

由于档案文件形成于人们的直接活动，大部分又产生于不同的机关单位，因而档案信息具有内向性的特点，有些材料在一定时间里仅限于规定的控制范围内使用。也正因为如此，档案信息中有很多属于社会上稀有的或难得的材料。但是，从总体来说，档案是社会性的信息记录，是人们进行社会活动的产物，又用于社会实践中。档案信息的内向性也是相对的和发展变化的。

本源性、积累性和内向性是档案信息的主要特点。档案信息本源性的特点决定了档案信息资源开发利用的价值性。档案信息是人类对自然和社会中各种事物的存在方式与运动状态的直接感知和记录，是第一手信息，它是在人类活动中直接形成的，不是事后根据需要重新整理的，具有永久的价值；同时，档案信息与图书、情报等其他信息相比，不但珍贵，而且可信度最高，参考价值最大。而档案信息联系性和积累性的特点，则为人们全面地、历史地研究事物发展的规律性，以及多方面的信息需要提供了优越的条件。

现代社会“信息化”的过程日益加速，档案信息也越来越重要。这就迫切要求将档案信息能够更多地向社会提供利用，使全人类可以共享和共用。如果档案信息不能被社会所利用，也就失去了其存在的价值。因此，只有掌握了档案信息的特点，采取相应的科学管理措施，才能有助于我们开发利用档案信息资源，发挥档案信息的优势，弥补它的局限性，从而使档案信息的经济效益和社会效益得到最大程度的提高。

二、档案信息资源开发利用原则

档案信息资源是社会信息资源的一个重要组成部分。开发利用档案信息资源，适应社会信息化进程的需要已成为档案部门的重要任务。明确档案信息资源开发利用的必要性及原则是开展档案信息资源开发利用工作的前提。

（一）档案信息资源开发利用的必要性

1. 档案信息资源开发利用的内涵

当前，档案信息资源开发利用的含义有多种解释，其中比较有代表性的表述有两种：一种是指尽可能地挖掘潜在的档案信息，以满足利用需要的劳动过程。这一劳动过程主要由收集、整理、鉴定、编目、编研等工作环节组成。另一种是对档案承载的信息进行采集、存贮和输出的整个过程；是把档案承载的信息从静态转化为动态，提供给用户利用的过程；是实现档案的价值，充分发挥档案的作用，为社会各项实践活动服务的关键性工作系统。

总的说来，档案信息资源开发利用必须包含档案工作者、档案利用者和馆藏档案资源三个基本要素，其中前两者是开发利用的主体，后者是开发利用的对象。不管如何给这种工作下定义，档案信息资源开发利用的实质是充分有效地利用档案，即实现蕴藏于档案中的信息的全部或部分价值。因此，档案信息资源的开发利用是指发掘档案中蕴藏的有利用价值的档案信息资源并及时、准确、全面、有效地为档案用户提供所需的档案信息材料，其任务主要是在于寻找和获取较为集中、系统或有特定价值的档案信息满足用户的利用需求。

档案信息资源的开发利用包括档案信息资源的开发和档案提供利用工作两个方面。因此，档案信息资源能否在国民经济中发挥其应有的作用，关键还要看档案信息资源开发与利用的关系处理得如何。处理得好能相互促进产生效益，处理得不好就会适得其反。档案信息资源开发和档案提供利用工作具有密不可分的联系：活动宗旨相同，都是为了发挥档案的作用，实现档案的使用价值，为社会创造财富；工作对象相同，都是以能够满足档案用户的需要的档案为对象的；二者在实际工作中，又是相互衔接、相互促进的，“开发”为“提供利用”创造了良好的条件，“提供利用”的成效体现着“开发”的结果。开发是为了利用，利用者的需求又可以反过来指导开发，实现其服务社会、指导实践的功能，体现其生产功能和再生产功能。因此，要确保满足利用者的需要，必须积极开发档案信息资源；而要始终保持开发活力，必须不断激发利用者的利用欲望。从这个意义上讲，档案信息资源的开发工作和档案提供利用工作是同一社会过程的两个相互关联的环节，缺一不可。基于这一点，本书将档案信息资源的开发工作和档案的提供利用工作作为一个有机的整体加以阐述。

2. 档案信息资源开发利用的必要性

开发利用档案信息资源的最终目的，就是使档案信息转化为社会财富。随着我国现代化建设事业的发展，档案信息的利用越来越频繁，尤其在经济建设、领导决策、历史研究和编史修志等方面发挥了积极作用。因此，大力开发档案信息资源，鼓励档案信息资源的广泛利用，促进档案信息资源转化为社会生产力，是档案部门所面临的重要任务和重大使命。

（1）开发利用档案信息资源是充分发挥其作用和价值的重要手段

档案信息在开发利用之前，其价值是潜在的，具有较为隐蔽的特点，还构不成真正的信息资源。只有通过开发利用，才能使档案的潜在价值变为现实价值，才能发挥其经济效益和社会效益。“秘而不宣，用之为宝，锁之为废”。只有合理、科学地开发利用档案信息资源，特别是科技档案信息资源，并将其转化为一定的生产力，才能发挥档案信息资源在市场经济社会中的作用，为社会主义现代化建设提供法律、可靠凭证和现实参考。如果档案部门只是把档案堆积起来，锁在库房或橱柜里，也就是说，档案信息资源不被开发利用，那就会白白地消耗人力、物力和财力，档案就会成为光有投资没有收益的累赘。所以，必须明确开发利用档案信息资源对于整个档案工作的极端重要性，要以档案信息资源的开发利用为龙头，通过快速有效的信息交流，实现档案信息资源在全社会范围内的充分共享，带动和促进档案工作的全面发展。

（2）经济建设的发展要求大力加强档案信息资源的开发利用

随着社会主义市场经济体制的建立，尤其是农村改革和企业改革的进一步深化，社会各领域发生了巨大的变化和深刻的影响，以经济建设为中心大力开发档案信息资源向社会提供利用成为人们普遍关注的问题。档案信息在为领导决策、参与竞争、工作咨询、科学研究、农业增产、农民增收、提高劳动生产率等领域，特别是在一些与经济领域关系密切的方面，如建立和完善土地承包档案、信用档案、“三农”档案、社区档案、税费改革档案和非国有企业档案等发挥了积极作用。

提供档案信息为经济建设服务主要体现在：一方面，提供档案信息作为历史经验材料和全面数据材料，为各级领导决策提供依据。例如，许多省市档案部门利用馆藏档案并结合社会各方面信息资料，编印《信息简报》《决策参考》等，主动为当地党政领导和有关部门决策服务等；另一方面，提供档案信息作为事实和数据，为具体单位解决具体问题提供凭证和依据。如深圳市档案馆提供档案资料，为查处宝日高尔夫娱乐有限公司偷抗税案提供了证据，为国家挽回经济损失 7 062 万元；在大亚湾核电站建设中利用档案节约资金 200 余万元，为火箭的研制节约资金 1 亿元；在青岛卷烟厂“哈德门”商标的注册过程中，利用档案信息创造利润 4 亿元等。可见，在促进经济建设的今天，档案信息资源的有效开发利用对经济发展产生了巨大的推动作用，极大地提高了现有各种资源的社会利用效益，促进了资源的可持续利用。

（3）信息公开促进了社会对档案信息的需求，推动了档案信息资源开发利用的进程随着中国加入世贸组织，信息公开日益提上议程。在现代社会，信息公开既是满足民众知情权的需要，也是维护社会稳定，促进社会发展的需要。档案是原始的历史记录和人类社会活动的伴生物，它汇集着大量的知识，记载着丰富的信息，是亟待公布的重要信息资源之一。

有关专家认为，通行于网络上的 80%的有效信息掌握在政府手中，而政府的信息绝大部分存在于档案馆中。若要满足社会和公众能够及时获取所需要的各种与其利益有着密切关系的档案信息，就必须大力开发档案信息资源，实现档案信息资源共享。

档案馆有丰富强大的信息资源优势，应尽快开发一些与人们生活密切相关或是喜闻乐见的信息，特别可以提供一些家谱、宗教、医疗、户籍、房产等方面的档案信息，而且档案馆收藏的艺术档案、名人字画、书法题词等都无不具有艺术价值，它们都是重要的历史文献，反映了历史的真实面貌，可以让人们在满足自身需求的同时，陶冶自己的情操。

（二）档案信息资源开发利用原则

档案信息资源的数量十分巨大，内容也非常丰富，因此在档案信息资源的开发利用工作中，我们必须准确地把握档案信息资源开发利用的原则，才能做到正确预测档案信息资源利用者的需求倾向，才能有针对性而不是盲目地开发利用档案信息资源。

1. 序化整合原则

档案信息的初始状态是零乱的和分散的，即使是存放在各档案馆的档案，虽然进行过一定的整理，但从档案信息资源化的角度来看，档案信息资源若要得到合理的开发和科学的利用，就必须对其进行有序的整合，即按照档案信息资源建设的要求，针对档案信息资源存在的与之不相适应的问题，在对档案信息开发利用之前进行全面的鉴定和加工整理。其主要内容及要求有以下几个方面。

（1）对档案价值进行判定，根据档案价值的大小，确定档案信息、资源开发利用的范围。各档案馆保存的各种门类、各种载体的档案，绝大部分具有较高价值，但确有少数档案已失去或基本失去利用价值。因此，在档案信息开发利用之前必须制定一个判定档案价值的标准，确定一个进行开发利用的范围，以剔除不存在开发利用价值的档案信息。

（2）对档案信息的真实性进行鉴定。档案中的废止文件，如果继续向社会提供，因此，必须剔除全部废止文件，以避免“鱼目混珠”，对废止文件可以开发利用提供作历史研究。

（3）剔除重份文件，节省人力、财力和时间。馆藏档案中的重份文件，是为了备用。在档案信息资源的开发利用中，利用计算机来存贮和检索档案信息，如果有多份相同的文件存在，就会影响用档者查找检索档案信息的速度。

（4）对有密级的文件进行标注。馆藏档案中有密级的文件，多数保密期限已满，但部分文件仍处在保密期限之内，对仍需保密的文件，不能随意提供利用，因此，根据《档案工作中国家秘密及其密级具体范围的规定》（1990年2月14日），在档案信息的开发利用中必须做好密级文件的解密、降密工作，以避免失密、泄密的情况发生。

（5）开放全部应开放的档案。对过去档案开放的目录必须进行重新整理，把应开放而未开放的文件全部向社会开放。

2. 效益优先原则

所谓效益优先，通俗地说就是低投入，高产出。档案信息资源作为一种智力资源，要对其进行有效管理，就必须以一定的人力、物力、财力“投入”为基础，为社会各界提供的服务就是其“产出”。只要有投入和产出，就会有效益问题。随着社会主义经济建设的不断发展，社会信息流动的速度越来越快，社会需求的档案信息也越来越复杂。只保管档案而不输出档案信息，只能浪费人力、物力、财力，产生负效益，输出档案信息越广泛、越及时，其产生的效益愈大。因此，在档案信息资源开发利用的每个工作环节上只有尽量以最小的投入，才能获得最优的成果，才能最大程度地开发档案信息资源满足社会利用需求。这就是讲效益优先所要达到的目标。

在效益优先这一原则的指导下，档案信息的开发利用要以利用者的需求为基点，讲求档案信息服务的“适销对路”，尽可能地使档案信息资源得到最大程度的共享。同时档案信息资源所产生的效益并不像单纯经济活动所产生的效益那样直接、明了和迅速，它主要表现在社会效益和经济效益两个方面。其中社会效益不仅指档案信息在科学研究、企业管理和机关工作等方面的作用，还指档案信息体现的证据价值、情报价值以及革命传统教育和爱国主义教育的功能。经济效益是指档案信息为经济建设服务所获得的物质效果和经济价值。因此，在档案信息资源开发利用中制定“效益优先”的原则还必须是全面、完整和综合衡量的一个概念，即经济效益与社会效益、当前效益与长远效益、直接利益与间接利益要统筹兼顾。

信息作为当今世界与材料和能源同等重要的现代战略资源，是国家和社会的重要财富和资产，是当代最活跃的生产要素之一。当前，紧紧围绕和密切配合经济建设这一党的中心工作，是开发利用档案信息资源的正确发展方向。这不是要丢弃社会效益或是长远利益，而是将经济效益作为效益优先原则的重中之重。为此，着重抓住与经济活动密切相关的信息是开发利用档案信息资源的着眼点和基本方向。同时，大力开发重要流通渠道的科学技术和管理信息，也是必不可少的重要环节。

档案信息尤其是科学技术档案信息，在一定的条件下可以转化为生产力。主要体现在两个方面：① 某些档案包含了重要的科学技术信息，人们掌握它，就是掌握科学技术知识，借助这些档案信息指导生产、经营、基本建设和科研设计等活动，可以取得预期的效果，同时也就获得了效益，档案信息资源指导现代化生产的作用已初见端倪。② 人们接受了某类档案信息后，经过分析、判断和总结，如果可以得出一种新的科学技术，并去指导人们改造和改变生产方式，进行再生产，就可以提高生产效率，节省人力、物力及财力。如大港油田档案部门近年来利用档案信息资源为企业管理、生产经营、挖潜增效、清欠债款、技术创新等服务，发挥了不可替代的作用，收到显著的社会和经济效益，仅对千余例档案利用实例统计，为企业间接创效 17 亿元，直接创效 4 亿元。此外，某些档案还可以进入流通领域成为商品，它主要表现在档案信息进入信息市场、技术市场或通过编研成果实现商品化，这也是发挥档案的社会效益和经济效益的重要途径。如专利转让，实质上就是转让档案信息，引进技术或设备；编研产品，就是对档案信息进行加工处理，形成二次、三次的档案信息产品，向个人、单位及全社会提供利用。

3. 广开渠道原则

长期以来，受传统管理机制和陈旧观念的影响，我国大量的档案信息资源没能很好地得到开发并充分发挥其重要作用。不但各级国家综合档案馆是这样，许多专业档案部门也是如此，这不仅阻碍了我国档案事业的进一步发展，也在一定程度上延缓了我国的经济发展和社会进程。因此，无论是从经济发展与社会进步的角度来讲，还是从改革开放和“两个文明”建设的要求出发，都必须把握住多渠道地大力开发和有效利用档案信息资源这条重要的脉搏。

要加大档案信息资源服务社会的宣传力度，让档案信息资源的开发利用工作走向市场。通过主办专栏、橱窗，举办档案展览，开办档案陈列馆，公布有关档案信息；为进一步方便各方面利用，还可编印馆藏介绍和有关的文件目录信息，发往有关领导和部门向他们主动提供有关档案信息，提高档案利用率。只有让各行业、各部门和公众享有利用档案信息资源的方便和益处，方能扩大档案部门的影响，形成全社会自觉主动地开发利用档案信息资源的大气候。目前各级档案部门利用报纸、刊物、广播、电视、展览、知识竞赛、文艺汇演、网上宣传等多种形式，开展了丰富多彩、卓有成效的档案宣传活动。例如，2002 年 9 月 5 日国家档案局组织开展的“档案法宣传日”活动，收到了很好的宣传效果。1999 年以来，国家档案局先后与有关单位合作拍摄了记录国史的电视文献片《共和国脚步》，记录党史的电视文献片《自从有了共产党》《红旗飘飘——中国共产党历史上的今天》和记录军史的电视文献片《新四军》。

要扩大档案信息资源的有偿服务范围。档案信息资源的开发利用过程，是凝结档案人员技术、知识和智慧的过程，这些成果是经过综合、分析和研究才创造出来的，具有广泛的使用价值。尤其是包含着科技成果的科技档案信息资源，具有专利性、知识性、技术性等特点。随着科技成果走向市场，在提供档案信息资源利用时，收取一定的有偿服务费，是可行的，因为它不仅节省了一些单位和部门的人力、物力和财力，免去了重复劳动，同时还可以为档案部门创造一定经济和社会效益，有利于为档案事业发展提供建设资金。但是档案信息有偿服务的收费标准要合理。归根结底，档案工作的性质决定它是一项条件性、服务性工作，收费过高，不仅损害了用户利益，也损害了个人、单位形象，最终失去档案用户。从社会公益事业的角度来看，“有偿服务的价格必须使服务对象在接受服务的过程中普遍地感到自己是受益的一方而不是被宰的一方”。当然，如果收费过低，又会抑制档案人员的工作积极性，也会影响本单位的经济收益，更不利于档案信息源开发利用工作的发展。

要做好档案反馈信息的收集和综合分析工作。事实证明，档案利用工作的反馈信息和综合分析，是加大档案信息资源开发力度，提高开发质量的重要措施。通过有关信息的收集、汇总、分析和加工，及时地了解与掌握社会需求，及时地开发档案信息资源，服务于经济建设，尽可能全面、迅速、准确地把有效信息传输给社会，既是大力开发档案信息资源的有效形式，也是广泛地、系统地提供档案资源为社会各方面服务的一项重要工作。因此，对这项工作必须引起足够重视，投入足够人力、物力和财力，确保档案工作的正常开展，以便多出成果、快出成果、出好成果。

要建立健全档案信息资源开发利用规章制度。2002 年，在国家档案局制定的《全国档案信息化建设实施纲要》中规定“以档案信息资源建设为核心，以扩大档案信息资源开发利用为目标”。根据这一规定，各省市也相继制定了档案信息化建设方案，大力推进了档案信息资源开发利用建设的进程。从长远的发展目标来看，在档案信息资源开发利用工作中，必须将一些经常性、具体性工作制定成各项制度统一起来。具体包括：各级各类档案馆和机关档案室，应设立档案信息服务工作机构，至少应当配备专门从事这一工作的人员；应制定全方位开发利用档案信息资源的方针政策、原则、方法和程序；规定档案信息资源开发利用的途径、范围、办法、方式；各省市、各地区、各档案馆应定期交流档案信息资源开发利用的先进经验，介绍在开发利用档案信息资源过程中取得显著和重大经济效益和社会效益的典型事例；还应及时传递档案馆（室）藏档案资料信息，编辑出版档案信息资源开发利用的论著等。

第二节　档案信息资源开发利用制约因素

档案信息资源开发利用工作的重要性毋庸置疑，在这方面档案部门已经做了不少工作，而且也取得了一定的成绩，但在某些方面还存在着差距，其主要原因在于档案信息资源的开发利用工作受到来自多方面因素的影响，其中有积极因素也有消极因素，如何趋利避害，积极开发档案信息资源为社会提供利用是档案工作的重要内容。

一、政策法规对档案信息资源开发利用的影响

国家的档案政策法规对档案信息资源开发利用工作起着宏观指导和控

制的作用。因此，要大力开发利用档案信息资源，就必须建立起对档案信息资源开发利用的政策、法律、法规的保障，就必须完善有关的档案法律法规，增强现有法律、法规的系统性、可操作性和执法的严密性，培养社会和公众对档案部门和档案人员违反档案信息资源开发利用规定行为的敏锐性。要及时制定和修改与档案信息资源开发利用有关的配套法律、法规和政策，以发挥法律、法规和政策对档案信息资源开发利用工作的整体调整功能，从而有效保证全国档案信息资源建设的有序进行，集中组织对档案信息资源的研究开发和利用。

二、经济发展对档案信息资源开发利用的影响

经济因素，包括经济制度、生产力水平、经济发展规模和产业结构等。它是社会存在和发展的基础，同时，也在相当程度上影响着社会的信息需求和档案信息资源的开发利用。这种影响主要表现在：

社会主义市场经济的建立促进了信息市场的形成，促使档案信息资源开发利用要以信息市场的需求为导向，以信息产品的开发和生产为核心，以服务广大信息用户为宗旨，通过将档案信息资源转化为现实生产力来推动社会经济的发展，并且反过来获得社会经济对其进一步发展的支持和保障。

随着知识经济时代的到来，知识和信息成为发展的战略资源，知识和信息的及时传输、处理成为社会生产力、竞争力和成功的关键。档案信息作为国家信息系统中重要而独特的组成部分，有着其他信息资源不可替代的作用。我们只有把握机遇，增加开发利用档案信息资源的科技含量，从宝贵的档案信息资源中提炼、重组出适用于社会和经济发展的信息产品，才能使档案工作的层次和社会地位得到提升。

经费不足是困扰档案信息资源开发利用的一大难题。在开发利用工作中运用现代技术以及设备购置和人员培训等都需要一定的经费支持。为此，《全国档案事业发展“十五”计划》明确指出：“建议各级人民政府和各专业主管部门增加对档案事业的必要投入（包括档案教育、档案科研、档案保护、档案征集、档案编纂出版等方面），逐年增加档案事业经费，使之与国家对

社会事业总投入的增长保持适当比例。”可以认为，不走出经费捉襟见肘的窘境，档案信息资源的开发利用将受到很大的限制。

三、体制和观念对档案信息资源开发利用的影响

一方面，从历史上看，档案产生于官府机构之中，保存于“石屋金匮”之内，一般秘不示人，直接为统治者服务。建国后，我国实行的是一种高度集中的管理体制，大量的档案资料以封闭状态保存在档案馆（室）内。所以，长期以来档案馆把档案的保管、保护作为其主要的工作职能，把馆藏建设和基础设施建设作为档案事业发展的重要课题。尽管档案部门都承认开放利用的重要，但多重视档案为国家机关和社会团体服务的功能，在实际工作中往往忽视了档案馆作为文化事业机构和信息服务中心应为公众服务的功能。一般来说，档案馆基本上不对个人开放，一些单位的档案室，特别是某些行业系统如学校、教育、军队、政法等，更是森严壁垒，难以进入，这使得档案的机要性、保密性大大多于开放性和社会性。据统计：1998 年各级各类档案馆藏的 1.38 亿卷（册）档案，平均开放量为 25.9%，利用量仅为馆藏量的 5.8%，这就是人为地缩小了档案信息的利用范围。

另一方面，由于档案部门属于国家行政事业单位，没有危机和竞争，长期以来是平平稳稳过日子，工作态度是坐、等、靠，处于被动的、不求进取和低层次的服务水平上，其效率之低早已无法适应信息时代的需求。这就导致了普通用户对馆藏情况、开放范围、利用手续缺乏了解，特别是不熟悉档案信息的组织方式，检索工具的编排和使用权用，所以也大大地影响了档案信息的利用效率，这就从相当大程度上阻碍了档案信息资源的开发和利用。

随着改革开放和社会主义市场经济建设的深入，政治体制改革被推上议事日程，传统的计划经济体制下的封闭被动的管理体制正逐步向在一定指导下的开放主动的管理体制转变。更新观念，提高认识，充分认识档案信息资源开发的重要性，向公众提供利用是社会赋予档案工作者的历史重任，是档案工作发展到现阶段的必然要求，不断开发利用档案信息资源是档案工作的生命力所在。档案工作者必须更新观念，开拓进取，树立为社会服务的观念，变封闭或半封闭的档案服务模式为建立全方位开放的档案

信息网；通过向社会提供优质的服务，广泛宣传档案工作，扩大影响，树立“开发档案信息资源，服务于社会主义建设”的观念，以促进生产力发展和社会进步为己任，把档案工作的重心转移到积极主动开发利用档案信息资源工作上来。

四、社会档案意识对档案信息资源开发利用的影响

所谓社会档案意识是指人们对档案的性质、价值和档案工作的本质、作用、地位的看法，承担的保护档案的义务的认识和利用档案的要求。社会档案意识强，对档案工作的支持就更多，就有利于档案信息资源的开发利用。反之，档案部门就会缺乏社会的支持，得不到社会的理解，无法与社会进行信息的交换。所以档案部门要注意利用各种渠道加强宣传，使社会成员了解档案的价值、开放利用的政策和具体规定，从而赢得社会的支持，提高公民的档案信息意识。对档案工作本身来说，要尊重公民利用档案这一受法律保护的基本权利，要有强烈的社会责任感和服务意识。应牢固树立“利用档案不是少数人的特权”的观念，积极了解社会对档案信息的需求倾向，了解各种用户的需求特点，据此制定档案部门开发利用的规划和措施，并要加强档案部门相互间的联系，以发挥档案系统的整体效应。

现阶段，社会档案意识的高低更多取决于公众从档案利用中得到的实惠。因此，档案服务要贴近民众，要加大开发更多反映社会和生活、与公众密切相关的档案信息产品。但是，目前我国档案部门普遍存在着“四多四少”的现象，即宏观档案多，微观档案少；政务档案多，科技、经济档案少；公务档案多，私人事务档案少；一般档案多，特色档案少。这远远不能满足社会和公众的用档需求，势必影响社会和公众对档案部门的认知度。同时，它又会反过来影响各部门、各行业和公众对档案信息资源开发利用工作的支持。

五、科技进步对档案信息资源开发利用的影响

“随着信息技术、计算机技术和通讯网络技术的日益普及和大量电子文件的涌现，档案信息的开发利用必然发生根本性的变革”。科技的进步尤其

是现代信息技术的发展，为档案信息资源的深层次开发利用创造了条件，以磁带、磁盘、或光盘为介质的数字档案成为档案管理的重要对象，档案信息资源将通过网络、电视屏幕、报刊广告等越来越丰富的形式为人们所利用。

在信息社会，档案的载体形态和记录方式均发生了很大变化，纸质档案的“一统天下”格局将被纸质档案、声像档案、电子档案并存的格局所取代，传统的档案利用模式也已向多载体、全方位、深层次地开发档案信息资源方向发展。科学技术的发展已经直接影响到档案信息资源的开发和利用，这主要表现在以下三个方面。

首先，从档案人员的素质结构来看，理工科的专业人员较少，对现代化档案信息资源开发利用的手段和技术的不适应表现得比较突出，实际操作能力比较差。虽然现在很多省、市、县甚至乡（镇）、村档案馆（室）都较普遍地配备了计算机，但大多数的档案馆（室）只是使用微机进行档案目录管理。档案信息网络化建设跟不上时代的发展，极大地影响了档案信息资源的开发和利用。

其次，从开发利用的介质来看，高速发展的现代信息技术提供了新的信息存储载体、传递渠道及信息处理方式，使得档案信息数量剧增，形式各异，从而增加了其开发利用的难度。随着多媒体技术、计算机网络技术和现代通讯传输技术的发展，档案缩微制品、录音、录像制品、印刷品等各种载体形式大量增加。特别是近几年来，电子文件（档案）所占比重不断上升。虽然电子文件的利用目前尚未形成“气候”，但如何借助网络，扩展档案信息资源开发和利用的范围，突破档案馆（室）的地域和实体界限，实现档案信息资源的数字化以及利用服务的网络化将成为我们所期待的目标。

最后，从开发利用方式和环境来看，数据库技术、光盘技术、多媒体技术、网络技术等的运用，使得档案信息资源开发活动变得更加快捷、充分、深入和有效。传统的档案部门各自为政进行档案信息资源的开发利用将转化为档案信息资源的全面共享，技术的进步彻底改变以往封闭、狭小的作业环境。在尽可能的情况下，各档案部门必须加强合作，以使有限的资源发挥最大的效益。通过网络，不仅使档案机构内部的各项工作连成整体，而且将各个档案部门和机构也纳入整个社会信息资源系统中，成为有机的组成部分。

技术的发展推动了档案信息资源的开发和利用，虽然在一定程度上也带来一些问题，如设备升级换代过于频繁，给选择带来困难；数字信息的普遍存在，给档案信息安全构成前所未有的威胁；档案部门之间发展不平衡，使得应用信息技术能力相对较弱的部门距离拉大；等等。但我们相信，对科学技术的合理运用和有效控制会给档案信息资源的开发利用带来新的面貌。

六、管理制度对档案信息资源开发利用的影响

传统的管理方法，缺乏科学手段，在一定程度上制约了档案信息资源的开发利用。例如，只重视对档案载体的管理，忽略了对档案信息资源的揭示、运用。检索工具单一，缺乏科学的管理方法，使档案信息资源得不到充分的发挥和利用等。在管理过程中，一方面，由于档案价值鉴定时把关不严或为了本单位使用方便等原因，不少立档单位随意扩大归档范围、延长保存期限，造成馆藏档案重复内容多、质量不高。另一方面，由于科研人员缺乏归档保存意识，造成许多科研档案失控，科研档案的完整性得不到保证。此外，随着电子文档的不断增多，人们对它的使用还有心理的不适应，所以往往要放弃使用需求。

档案管理的规范化、标准化和系统化有利于科学管理和开发利用档案信息资源，它主要体现在以下几个方面。档案信息资源开发利用工作的业务流程设计要合理、科学、紧凑，有利于提高工作效率；要严格按照国家标准进行档案信息的鉴定、整理、统计和利用等工作，要及时根据管理和开发利用对象的变化，对业务流程作相应的调整并逐步优化。引入竞争机制并完善奖惩机制，充分调动档案管理人员的积极性、创造性，积极探索档案信息资源开发利用的新途径和新方法。应致力于档案信息的科学管理，采取一些新的方法把档案信息存储于便于提取、传递的载体，例如，以将档案信息储存到光盘或将档案信息数字化的方式扩大档案信息资源的开发利用等。2003 年 8 月，青岛数字档案馆作为国内首家建成的数字档案馆正式向社会开放，标志着我国档案信息资源开发利用工作发展到了一个新阶段。目前，北京、天津、上海、江苏、浙江等省市档案部门也都相继启动了数字档案馆建设工程。

七、人员素质对档案信息资源开发利用的影响

在社会主义市场经济条件下，大力开发利用档案信息资源，关键是提高档案人员的素质。受传统管理体制影响，以往我国档案部门对档案管理人员的调配多注重政治素质，而忽略了综合素质，特别是专业素质，而且档案管理队伍年龄偏大，知识结构不合理，业务素质偏低，这直接影响了档案信息资源的开发利用。开发利用档案信息资源是长期积累、不断更新的过程，这必然要求具备相对稳定，专业水平较强、业务素质较高的档案信息开发专职队伍。从目前档案部门来看，档案信息开发人员无论在观念、意识，还是在经验、能力以及结构上都存在着一定的差距，尤其是在知识素质、信息意识和分析判断能力上都急需充实和提高。因此，如何大力提高档案人员素质，合理安排与使用人员，激发其主动性和创造性，以适应档案信息资源开发利用工作的需要，是档案部门必须深入思考的问题。

第三节　大数据时代档案信息资源开发利用措施

我们已经充分了解了档案信息在所有信息中的特殊作用，机遇与挑战是并存的，档案信息资源一定会成为知识经济时代发展的重要力量。只有合理开发和科学利用档案信息资源，才能为社会的发展和进步创造出巨大的经济和社会效益。

一、档案信息资源开发利用的模式

1. 档案信息资源开发利用的传统模式

档案信息资源开发利用方式由于不同的环境条件而呈现出不同的开发水平、开发层次、开发质量和开发效果。其传统方式主要有档案阅览、档案外借、档案信息报道和档案陈列、档案展览等。

（1）档案查阅。这是档案部门提供档案信息通常采取的服务方式。档案部门设有阅档室，并为档案用户准备诸如检索工具、工具书、参考资料等，供利用者进行借阅利用。这种利用方式，供需直接见面，信息直接流通，对

档案部门来讲，能及时接受利用者的反馈信息，并且有利于档案保管保护。平均每年全国各级各类档案馆（室）接待档案、资料利用者达 1 300 万人次，利用档案资料达 3 600 万卷（件、册）次。2003 年提供利用的档案资料则达到了 5 千多万卷、册。

（2）档案外借。利用者为了某种需要将部分馆藏档案原件或副本暂时借出使用，包括个人外借、集体外借、馆（室）间互借、预约外借和流动外借。在档案的利用活动中，档案人员对那些珍贵的或易损的档案、古老档案，以及特殊载体的档案，一般不外借出馆。档案外借服务应注意保管、保密和完整性等问题，特别应注意建立催还制度。值得一提的是在《中华人民共和国档案法》和《档案法实施办法》及各省市制定的档案管理条例中都做出了“法人、其他组织以及个人凭身份证、工作证或者介绍信等合法证明，可以利用已经开放的档案”的规定，这就从法律制度上为档案利用者利用档案提供了保障。

（3）档案报道服务。档案部门通过档案报刊、或新闻媒介向社会和利用者揭示和通报档案信息，报道档案工作法规、制度、交流工作经验等。中国拥有全世界唯一的档案专业报——《中国档案报》。《中国档案报》自 1995 年创刊以来，发行量逐年递增，目前已覆盖全国档案系统并占领部分都市报刊零售市场。北京、山东、辽宁等地订阅《中国档案报》已延伸到乡、镇及民营企业和都市报亭。台、港、澳地区档案馆也订阅了《中国档案报》。1997 年以来，《中国档案报》在海外亦有发行。日本、新加坡、韩国、蒙古等国都有订阅。2001 年该报扩版增刊，以全新的面貌为社会服务。

（4）档案陈列、展览服务。这是档案馆按照一定主题，以展示档案原件形式或复制件的方式，系统地揭示和介绍档案馆（室）藏中有关档案的内容与成分的一种服务方式。通过举办展览，建立爱国主义基地和参加有关活动等方式，大力开发利用档案信息资源。如利用档案举办的展览“雪域明珠——中国西藏文化展”；结合澳门回归，利用丰富的馆藏举办的“欢庆国庆 50 周年喜迎澳门回归档案史料展”，供社会了解了历史。同时，越来越多的档案馆被命名为爱国主义教育基地，在发挥爱国主义教育基地这项公共服务作用方面，上海市档案馆外滩新馆就引起了良好的社会反应，该馆拥有比较丰富的档案材料，它记录了中国共产党带领人民进行革命斗争的历程和上海市党组织在社会主义建设中发挥坚强核心和战斗堡垒作用的过程。自建馆以来，上海市档案馆外滩新馆吸引了机关、基层党、团组织等 100 多家单位 2 000 多名党团员来此进行党组织活动。借助这些丰富的档案珍藏，使人们接受了生动的革命传统教育和爱国主义教育。

2. 档案信息资源开发利用的智力型模式

档案信息资源开发利用的智力型模式通常包括编研服务、情报服务、检索服务、专题服务和咨询证明服务等。

（1）编研服务。是指档案部门具有档案编研职能，并设有编研机构，拥有专门编研人员，根据档案馆（室）自身的馆藏特色以及档案利用价值，有选择、有目的地开展研究和选编，为机关和社会提供档案信息资料的专业工作。对档案资料进行专题研究、编撰出版，是档案部门开发利用档案信息资源的一条重要途径。它的编研成果包括公开出版物和内部参考。

（2）情报服务。在企业事业单位、科研院校以及经营单位中，档案是重要的情报来源之一，会计档案、科技档案、科研成果、论文、专利等档案是重要的情报来源。目前在一些大中型国有企业和科研院所、高等院校推行档案图书情报的一体化管理，这种做法得到很多学者和实际部门工作者的认同，在很多期刊上也就此问题展开了激烈的讨论，这可能是未来的一个发展趋势。笔者认为，档案图书情报一体化管理的最终目的是要构建图书、档案、情报工作三者之间的桥梁，加强图书、档案、情报工作之间的联系，减少不必要的冗余环节，促进信息资源的优化管理，使它们能够为实际工作更好地服务，而并非图书、档案、情报的工作方式和手段已经失去差异。因此，档案信息的情报服务可能会成为档案人员工作中的重要内容。

（3）检索服务。针对利用者特定的实际需要按照一定的档案标识系统与途径，从大量的档案目录、索引、文摘、卡片等二次文献中查找出需要的档案信息的服务活动，它是提供利用的先期工作和衡量档案工作水平的重要手段和内容。开展检索服务必须建立完善的检索系统，合理组织和整理档案文献资料，加强馆藏基础管理工作。档案检索服务已经历了手工检索、半机械化检索和计算机检索以及光盘检索和目前的网上浏览等阶段。尤其是网络检索这种方式，它能提供各种功能强大、灵活、实用的检索工具，使得检索成为一项轻松而愉快的工作。档案用户之间、档案馆（室）之间、档案用户与档案馆（室）之间的地理距离将由于网络的连接而消失，彼此之间的交流与合作将在档案工作中普遍应用。Google 是全球最强大的搜索引擎，如果档案部门能开发出这样的搜索引擎来检索档案信息，那么查找、利用档案信息将会变成愉快的事情。

（4）专题服务。档案信息专题服务又叫跟踪服务，指的是档案信息部门根据利用者的需要确定某一专题，并围绕这一专题从档案文献中选择出对该专题有用的档案信息，定期、主动地向利用者提供服务的一种方式。档案信息专题服务水平大体要经过确定内容、跟踪服务和效果反馈三个步骤。

（5）咨询证明服务。档案部门经常会碰到一些有关政策、法律、规定、个人经历、学历等方面的咨询（证明）。近年来，随着城市建设和改造，档案部门在不违反国家法律、法规的情况下，向市民提供咨询或出具涉及市民切身利益的拆迁政策、土地使用权、房产权等的证明，都能使咨询者满意。经过 40 多年的改革开放，在一定程度上档案的作用正在“弱化”，如在上海办理因私人事务出国的护照，凭居住证就行了，不再需要申请者档案。但是现阶段档案的作用不可取代，特别是个人的工龄计算、工资调升、转正定级、职称评定、出国（境）政审、党团关系、婚姻生育管理、社会保险、证件年审等问题都需要以档案为依据出具证明。

二、档案信息资源开发利用新趋势

在 21 世纪的今天，知识和信息已经成为经济和社会发展的首要资源，知识和信息的高度发达对档案信息资源的合理优化和配置提出了更高的要求。档案信资源开发利用的传统型、智力型模式还会继续发挥作用，同时，档案信息资源开发利用的模式还必须适应多元化需求的特点。从现代通信技术、多媒体技术的发展以及社会对档案信息的需求来看，档案信息资源开发利用的模式产生了一些新的变化。主要有以下四种趋势。

1. 反映历史和地方特色是档案专题展览呈现的新趋势

档案专题展览是开发利用档案信息资源的一种传统方式。近几年来，公众了解历史真相的兴趣和关注地方文化特色的兴趣日益增长，档案专题展览正以一个新的视角融入社会和老百姓生活。

（1）从反映历史真相的角度来看。历史的发展，中华的崛起和国力的强大，公众对历史真相开始表现极大的兴趣。如北京市档案馆承办的“共和国的庆典——历年首都国庆活动纪实展”，上海市档案馆主办的“纪念上海解放 50 周年图片史料展”，广东省档案馆主办的“百年广州”，贵阳市档案馆举办的“贵阳解放 50 周年历史回顾展”，天津市档案馆举办的“天津近代重大自然灾害档案资料图片展览”，辽宁省档案馆举办的“馆藏日本侵略东北罪证展览”等，无一不是成功的例证。

（2）从反映地方特色的角度来看。地方档案馆举办的展览特别是馆际之间合作举办的展览，可以更多地反映该地区经济、文化、政治的发展，发挥档案在社会主义文化甚至在国际文化交流中的作用，让百姓体验到档案的丰富内涵，感受档案的独特魅力。例如，上海市档案馆和西藏自治区档案馆联合举办的《走近西藏——来自档案馆的精品》展览，着实让公众充分感受到了来自雪域高原档案文化瑰宝的魅力；淮安市档案局（馆）与第一历史档案馆合作举办的《清宫淮安秘档展》《古运河文化》《淮安名人关天培》《康熙乾隆南巡膳谱》等展览则让百姓得以亲眼目睹了大内御笔的真容，亲身感受了家乡历史文化的深厚底蕴；第一历史档案馆与广州荔湾区政府等单位合作举办的《清宫广州十三行档案》仿真件展览淋漓尽致地向公众展现了清代广州商贸历史文化全貌。特别是上海市外滩新馆举办的《记录、凭证、收藏——来自百姓的档案》专题展独具匠心，它使档案更加亲近百姓，为百姓所用。尤其是该馆举办的《上海风情》《中法文化交流在上海》和《中国的上海，世界的上海》图片展还跨越了祖国大陆，分别远赴埃及亚历山大、阿联酋迪拜和法国马赛展览。通过举办这种类型的展览，不仅向参观者生动地展示了中国大都市的面貌，更重要的是促进了中外经济、文化交流。

2. 现代通讯网络服务

现代通讯网络服务是指档案部门充分利用现代通信技术，如邮电信息网、地区公用信息网、国家公用信息网和国际公用信息网进行服务等，将档案信息发布出去，针对不同地域、不同时空的公众向他们公布档案信息。随着信息技术、计算机技术和通讯网络技术的日益普及，因特网为档案信息的公布提供了一个全新的具有广泛作用和广阔前景的手段。互联网已成为越来越多的单位和个人进行社会交流，从事社会活动的一种重要方式。借助互联网公布档案信息，具有方法灵活且受众面广的特点，更能满足公众的利用需求。

20 世纪 90 年代以来，多媒体技术飞速发展，电子计算机大量涌入家庭，因特网作为未来信息高速公路的雏形，已从最先为美国政府拥有的、为冷战服务而发展起来的小型计算机网络，迅速发展成为一个世界性的、用户最多、影响最大的信息资源网络系统。网上统计资料表明，在因特网的形成和迅速发展的形势下，我国信息高速公路也以惊人的速度发展起来。自 1999 年以来，国家重点建设并开通了“金桥网”“中国科技网”“中国教育科研网”和“中国公用计算机网”四大互联网络，先后实现了国际联网和国内互联网。特别是 1995 年开通的“中国教育科研网”，已成为国内最有影响的综合性计算机网络，它包括全国网络中心、地区网点和高智能人才结集地。所在高校网，已覆盖西北、西南、华中、华南、华东和京津等八大地区。这些网络的建设与发展为档案信息的开放与利用提供了基础和先决条件。

通过档案网站发布档案信息、提供利用是开发利用档案信息资源的一种简单、便捷的方式。单就档案机构和档案学（协）会而言，已有 2 000 余个在因特网上开设了主页，我国也有 400 多家各级各类档案网站成了档案信息资源共享的先行者。全国 34 个省、自治区、直辖市（包括香港和澳门）基本上都已经建立了档案网站，档案信息通过网络途径得到了及时的开发和提供利用。目前，由于财力的限制，很多地区的百万多条文件级信息还得不到充分利用。市级特别是县级以下档案网站建设相对滞后一些，但是发达地区（如江浙地区的浙江档案网）和直辖市（如北京市档案局馆网和上海档案信息网）的档案馆局网站和高校档案馆网（如北京大学、上海交通大学和东南大学档案馆网）建设已初见成效。通过网络形式开发利用档案信息资源需要选择既有开放性又有可读性的档案内容上网，例如利用档案中的题材出版电子档案书籍，利用档案中的素材拍摄电影、电视剧借助网络链接播放，利用档案中保存的历史照片及原文，在网上开设专栏供网民阅读和讨论，这些方式可以充分开发档案信息资源，挖掘档案信息资源的价值。近几年有些服务在一些城市已经成为现实。取得显著成效的是上海市、北京市档案馆网站，该档案网站上载开放了几千万条档案目录和部分开放了档案原文、照片、录音、录像等，许多利用者通过档案网站了解和查找了他们所需要的档案信息。这几个档案网站都保持了较高的点击率，每月能达到几万人次。

3. 视听传播服务

视听传播服务是指档案部门突破传统的“图片、文字、展品”模式，利用声、光、电、多媒体等多种手段，采用电视网、电影、广播、录音、录像等制作方式向公众开放和公布档案信息。具体说来就是让公众通过欣赏老照片、老电影，听老校歌、老校训等音像形式来感受一种回味历史的无穷乐趣。这种视听传播方式的特点在于强化了档案产品的公众性、直观性、观赏性甚至可操作性，有利于吸引社会各层面、各年龄阶段公众的兴趣，更能满足休闲时间前提下的“丰富外行读者知识的接触”的要求。

从 20 世纪 90 年代以来，我国的档案部门已经比较多地借助于大众传媒的方式进行档案信息资源的开发利用。如中央档案馆出版的毛泽东、周恩来等伟人的《巨人之声》的录音盒带与激光唱盘，都是根据馆藏录音录像制作而成的，引起了广泛的社会反响。

4. 建立现行文件查询利用中心

档案馆开展已公开现行文件利用工作成效显著。自 2000 年 4 月，深圳市档案局试办了全国首家文件档案资料服务中心，向社会开放各种现行文件资料信息以来，昌平区、常熟市、济南市、青岛市、陕西省、武汉市、江西省等档案馆也相继开展了现行文件利用工作。在短短的 5 年多时间里，我国已有广东、北京、上海、江苏、山东、湖北等 20 多个省市的绝大部分的市（州）县（区）档案部门都先后建立了现行文件查询利用中心（或称现行文件阅览服务中心）。现行文件查询利用中心的建立一方面为广大人民群众提供现行文件服务，是现实发展的客观需要，是时代发展的产物；另一方面也说明各级档案部门顺应和把握了客观事物发展的规律，是档案部门密切联系党同人民群众的血肉联系，开发档案信息资源，推进政府信息公开的重要举措。

随着现行文件服务工作的深化，社会对现行文件的需求也日益增长，要逐步建立完善的现行文件服务体系，为社会提供多层次、多形式的服务，最大限度地满足利用者的多样化需要。首先，要研究社会对现行文件信息需求的特点、规律和趋势，积极开展现行文件编研工作，主动为社会提供系统的现行文件信息服务，如“深圳市文档资料服务中心”就有关政策法规、内部刊物、档案信息等方面开展了查询和阅览，并开展了档案专业书籍、杂志、报刊、编研成果、缩微复制品等的销售服务。现在该中心已汇集了不同种类的现行非涉密性文件、政策法规、内部书刊、资料、专业书籍、编研材料、声像档案等，供社会各界查询、阅览、购买。其次，要配备业务水平高、政策素养好的档案人员，全面系统地研究现行文件的内容，准确把握各项方针政策、法律法规，通过现场咨询、电话咨询、网络咨询等形式为社会提供现行文件咨询服务。再次，还要对现行文件进行数字化处理，通过计算机网络为社会各方面查询利用现行文件，提供更为方便快捷的途径和渠道，如安徽档案信息网在现行文件的服务方面就提供了土地政策、住房、社会保障、工资福利待遇、教育、民政和物价等多个方面的网络查询。最后，要把现行文件服务与现行资料服务、开放档案服务、未开放档案服务有机地结合起来，发挥整体效能，开发档案信息资源，最大限度地满足社会各阶层、各方面对档案、文件和资料信息的需求。

在社会信息化大潮到来之际，大力开发利用档案信息资源已经非常现实的提上了各级档案部门的议事日程。但是由于种种原因，目前我国档案信息资源开发利用工作存在着不少问题，档案信息资源能发挥的作用与应发挥的作用之间还存在不小的差距。因此，加强档案信息资源的开发利用迫在眉睫。

综上所述，档案信息资源开发利用工作虽然已经在一些地区初见成效，但从本书分析的档案信息资源开发利用中存在的一些问题及在实际工作受到一些因素的影响来看，档案信息资源的开发利用工作任重而道远。同时我们相信，随着 21 世纪信息化的时代的到来，开发和利用档案信息资源，充分挖掘档案的利用价值，是档案部门生存与发展的需要，也是社会主义市场经济条件下经济建设飞速发展的必然结果。档案信息资源开发利用工作将踏着时代的脚步日新月异，档案信息资源的开发利用趋势会逐渐改变，它对社会的巨大作用也会逐渐显现出来。

第九章　大数据环境下档案信息服务创新

移动互联网已经深刻地改变了人类生活方式，档案信息传播方式呈现出自媒体、互动性、裂变式的新特点，档案工作者在移动互联网环境下应该具备档案信息资源开发利用工作的新思维。

移动互联网就是通过移动智能终端，利用无线通信获取信息和服务的网络。近年来，随着 5G 技术和以智能手机为代表的移动终端的普及，移动互联网产业出现爆炸式的增长，只要有人的地方，就有移动互联网的身影，可以说，移动互联网已经成功地改变了人类的社会生活方式甚至思维方式。作为信息源头之一的档案室，信息资源的传播方式也必然受到影响，产生最具挑战性的转变，出现一些档案值息资源传播的新特点。

（1）档案信息资源传播进入自媒体时代，传统的档案信息资源利用是等待利用者上门，或者将整理编研过的档案信息资源，通过图书、报刊、广播、电视等媒体或者以展览的形式向社会发布，呈现在利用者面前，这样的传播方式速度慢、成本高、不可控，很难满足社会利用者繁杂的利用需求。到了互联网时代，可以通过专业网站在线发布整理过的档案信息资源，这种传播方式虽然在速度、成本和自控方面有显著的提高，但是就其本质而言，依然是等待档案资源利用者上门，依然具有极大的被动性和局限性，这种模式下，利用者只有在必须利用档案信息资源不可的情况下才会主动搜集相关信息的利用途径，进而实现自己的利用目的，其利用效果有时还不能尽如人意，即使通过网络、使用搜索工具，也不一定能找到切合自身需求的档案信息资源。相反，在移动互联网环境下，每一个档案室、每一位档案工作者都是自媒体，都可以成为档案信息传播的主体。

经过整理后的档案信息，在做好开放范围的界定后，以移动互联网为媒介，通过微博、微信等自媒体平台，就可以直接呈现在潜在的档案信息资源利用者面前，消除了档案信息资源和利用者之间的时空壁垒，将需求双方迅速地结合在一起，从而实现档案信息资源传播的全过程。

（2）档案信息资源传播进入互动式传播时代。档案管理机构进行数字化、系统化和深度编辑过的档案信息在经过单位的官网微博、潜在性用户QQ 群、微信朋友圈等自媒体平台发布后，必然在特定的受众群体中激起一定的反响。这种反响，一方面，可以利用未来档案管理系统的大数据功能，对其好恶进行分析，针对档案信息资源利用者的兴奋点，开发出更多更深层次的档案信息，在特定的移动互联网平台上传播，从而最大限度地发挥档案信息资源的社会性功能，对社会大众起到宣传教育的作用。另一方面，这种反响也可能是以一种新的档案信息资源利用需求的形式出现的，这种群体性的档案信息资源利用需求反馈到档案信息资源管理机构，将会激发档案工作者的档案信息资源开发热情。这样就形成了档案信息资源管理部门、档案工作人员与档案利用者在移动互联网终端的互动，从而开发出更多的档案信息资源和利用者，并更广泛深入地满足利用者的碎片化需求。

（3）档案信息资源传播进入裂变式传播时代。移动互联网时代，信息传播自媒体平台，以其强大的社会性优势更利于推动传播信息的快速扩散，以微博、微信、QQ 群为典型代表的自媒体平台已经显露出不可限量的传播实力。档案信息资源必将走上通过自媒体平台传播的途径。在档案信息资源通过自媒体平台发布后，进入传播的过程中，信息量叠加的同时，转发的评论又与原有的文本信息进行整合，实现意义再创作，信息的叠加与再传播形成了档案信息资源的裂变式效应，它颠覆了传统的档案信息资源传播模式，必将取得最大的档案信息资源利用效果。

移动互联网环境下档案信息服务要有创新思想，移动互联网环境下的档案信息资源传播方式出现前所未有的新特点，带来档案信息资源开发利用的新挑战。面对新的时代，档案工作者决不能固步自封，掌握着大量原生信息资源而裹足不前，而是要顺应潮流，乘势而上，转换新思维，迎接新挑战，使档案信息资源更好地服务于社会大众。

（1）移动互联网环境下的档案工作者需要自主思维。档案信息资源由于其原生性而弥足珍贵，所以有些档案工作者总抱着酒香不怕巷子深的心态，守株待兔，等待档案信息资源利用者上门。当然在移动互联网出现之前，档案信息资源的传播也确实有相当大的局限性。然而，移动互联网的出现改变了这一切，它使每一位档案工作者、每一个基层档案管理机构都可以成为档案信息资源传播的主体，档案工作者可以借助自媒体平台实现档案信息资源的自主传播，而不是像以往一样受到时间、空间和传播载体的限制。

（2）移动互联网环境下的档案工作者需要营销思维，营销一般是在商品销售过程中的推广措施，档案信息资源的所有者也可以通过档案信息资源的普适营销和定向营销，从而更好地实现档案在社会体系中的功能和价值。同时实现自身的宣传目标和利益目标，比如一所大学档案馆，可以联合视觉传媒策划单位开发出相应的档案信息资源产品，通过自媒体平台向社会宣传自己所在的大学，以此来吸引社会公众的眼球，提高大学的社会知名度和美誉度。同时，也可以面向校友群体开发出更加个性化的宣传产品，触动校友的母校情结，并以此为媒，促进校友与母校之间更紧密的联系，实现校友与母校的双赢，中国科学技术大学档案馆与学校宣传部门筹划利用特定的自媒体平台向校友推出“老照片”系列专题档案，以此来探索档案信息资源在移动互联网环境下的开发利用。

（3）移动互联网环境下的档案工作者需要研究思维。档案信息资源利用者的需求很多时候是碎片化的，要实现移动互联网环境下的自动服务，不研究档案信息资源本身和档案信息资源利用者的需求，是无法完成档案信息资源利用工作的，档案工作需要研究档案信息质源本身，开发出更广泛、更深入的档案信息资源提供给利用者，要研究利用者的碎片化需求，有针对性地提供档案信息资源利用，还要研究利用者的利用效果，总结经验和教训，为后续档案信息资源利用工作提供借鉴。时代潮流，汹汹而来，而对移动互联网带来的传播方式的改变，档案工作者只有转换思维，不断探索移动互联网环境下的档案信息资源开发利用的新方法、新模式，才能实现档案信息资源开发利用工作的华丽转身，使移动互联网环境下的档案信息开发利用工作成为档案工作的新常态。

第一节　档案信息服务发展现状

档案作为一种原生的信息资源，其重要性正日益凸显出来，随着信息技术的高速发展和推广应用，档案信息数字化建设逐渐的提上了日程，给档案工作带来了新的契机。因此档案工作者必须更新观念，改变传统的工作模式，掌握信息技术，更好地为档案工作服务，使档案工作向着信息数字化的方向逐步迈进。

一、传统档案信息服务与移动互联网环境下信息服务的比较

（一）服务理念比较

档案工作来源于社会需求，同时也服务于社会需求。由于传统社会本身的封闭性使得档案信息服务工作成为统治者的专利。相应的传统的档案信息服务呈现出对上的“资政”作用，档案信息服务带有强烈的阶级和特权色彩，档案信息服务的对象也是固定在统治者和档案所有者中。不仅如此，由于在传统的档案管理工作中基本都是属于档案实体管理，大部分是采用封闭或者半封闭的管理方式，因此档案信息服务大都采取的是等客上门的被动服务方式。改革开放以后，我国开始发展市场经济，档案信息服务工作也开始向开放性、公共性转变。但是，在传统的档案信息服务理念指导下，档案信息服务工作没有取得预期的效果。从档案机构的角度来看，封闭性的农业社会造就了我国档案部门“重保管，轻利用”的工作传统，使档案信息服务工作具有单向性的特点，忽略了个人需求的差异性，在服务方式上也是过于单一，档案服务工作人员只是起到档案保管员的职责。这既是我国传统的

档案工作体制造成的，也与我国长久以来形成的因循守旧的思维心态，安于现状、害怕承担风险的伦理思想有密切关系。这样的服务理念不仅直接影响了档案信息服务，限制了档案信息的公开，也不利于档案信息服务工作的创新与发展。

在移动互联网环境下，档案机构的信息服务不仅是在技术设施上更加现代化，最主要的还是服务理念的更新。近年来，受信息化、个性化的影响，政府实施以服务为目的，以公民为中心的电子政务，作为“阳光工程”的一项重要工作，逐步确立了“以民为本”“社会为本”的政府理念，要求各级政府组织机构进行适当的变革，将政府的组织形态由传统的金字塔形的垂直结构向权力分散的扁平网状结构转变，打造充满活力和阳光的服务型政府，这是政府作用以及政府与公民社会关系的一种深刻变化，而这种变化势必将对传统的封闭、分散的档案机构运作产生影响。档案信息作为政府信息的重要组成部门，理所应当地应当向社会公开，这就要求档案服务部门要转变传统的被动等用户的思想，主动丰富馆藏资源，重视用户的参与度，更多地了解用户的信息需求。转变原来的“资政”向上的服务方向，改成以用户为中心，树立“用户第一”的服务理念。这不仅要求档案部门领导的重视，还要切实改变档案信息服务工作人员的思想，网络环境下的档案信息服务更加注重信息的便捷高效，需要我们主动挖掘和推送信息来满足人们日益多样化的信息需求。

（二）服务方式比较

在传统的档案信息服务工作中主要是档案利用信息的窗口服务，档案利用信息的窗口服务主要包括代办查档、设立咨询服务台、信息的反馈工作等，其中代办查档和设立咨询服务台这种服务方式都是比较简单和初级的，也是传统档案信息服务的典型表现。信息反馈工作主要是在提供利用服务过程中，一方面，用户需要了解档案馆的馆藏内容，另一方面，档案馆也需要了解用户在某个时间段都需要哪些方面的档案信息以及用户利用档案的效果如何，这个相互了解的过程就产生了信息的反馈，通过对反馈信息的分析，档案部门可以有针对性地为用户服务。

在移动互联网环境下，由于网络通信技术和智能化技术大幅进展，在当前逐步产生了个性化档案信息服务，这种服务方式更加注重强调服务的主动性，把为档案用户提供决策支持作为信息服务的主要方向，将档案信息的服务面从现时馆藏延伸到了数字馆藏，这是一种将传统的窗口的档案信息提供利用和网上的档案信息资源提供利用合二为一的新方式。个性化档案信息服务要求档案部门要做好以下几方面的工作：首先是要充分了解用户的信息以及用户的信息需求，只有了解用户的信息需求，才能及时调整档案信息服务的角度和内容，开展优质高效的信息服务工作，其次是对馆藏档案信息进行深加工。在网络环境下，对于信息服务的要求更高，但也面临着网络信息量大大增加的挑战，明显的一般性的信息不能满足用户的需求，这就要求对馆藏档案进行二次开发，提炼出对用户有针对性的、及时的信息仅次于档案部门，可以通过构建特色数据库的方式来形成馆藏的特色文献，将能充分反映本地区历史人文和风俗民情的特色档案集中编研；另外还要加强馆藏文献资源的数字化建设，丰富档案信息的形式，以图文、存像等多种方式全方位提供信息服务；最后可以建立档案网站的电了导航系统，比如网上搜索引擎报务，可以方便用户以最快的速度查到所需要的材料，使得电子导航系统可以部分的代替档案服务人员的信息导航作用。

（三）服务用户的比较

档案信息服务的对象亦即档案信息用户，它是指有档案信息利用需求的用户，在传统的档案信息服务条件下，档案信息用户基本都是一些机关事业单位。无论从用户的身份构成、信息需求度还是信息意识和对于信息的认知能力上都处于基本的比较简单的层次，网络环境下，档案信息用户呈现了新的特点，档案信息用户的数量增多，对档案信息的需求更加复杂，在网络环境下，信息日益成为人们生存与发展的必不可少的资源，而对于档案信息的获取也逐渐受到人们重视，这主要表现为档案信息用户的数量逐渐增多，对档案信息的需求范围和类别逐渐扩展，现在档案用户对于档案信息的需求内容更加专业和具体化。在网络环境下，很多档案部门在其信息网站会根据这些有针对性的需求提供个性化服务。档案用户利用信息的针对性更强。在传统环境下，由于人们利用档案信息只能去档案部门经过繁杂的流程去查阅，这既不利于人们积极利用也降低了档案利用率。在网络环境下，由于网络检索的便捷性和简明化，用户的信息渠道更加多样，信息获取能力也有明显提高，因而能有针对性的查找到自己需要的信息。档案信息用户在网络环境下利用档案信息的方式更加多样化，甚至出现了智能化利用，网络环境下，档案信息用户一方面渴望自己能更方便快捷地找到自己所需档案资源，另一方面也对档案信息系统提供更人性化等要求，例如，在档案信息组织时采用非线性方式这种符合人类正常思维模式的组织形式，为信息用户提供人性化的服务界面等。在网络技术如此发达的今天，档案信息用户更多的依赖于现代化技术和设备来获得自己所需信息。对于档案部门来说，如何在提供信息服务的手段上采用新标准和新技术实现档案信息服务的集成化和智能化是一个新的课题。

综合看来，现阶段我国档案信息在大数据移动互联网环境工作上仍存在一些突出问题。① 标准化、系统化、规范化问题。目前，我国还没有建立一个达到数据交换要求的机读目录档案系统，档案信息系统和网络建设形式各行其是，层次不一，规范性、共享性较差，不能适应档案信息资源共享的要求。档案软件还不具备信息管理功能，缺乏通用性。档案部门使用的计算机型号不一，规格各异，各自开发的软件不能相互通用，并且没有一个既适用于文件检索又可用于档案信息管理的计算机管理软件系统，由于不能互调，因此就不能利用电脑完成信息管理工作，不能快捷地出版信息编辑成果，这样就制约了档案信息数字化的进程。同时，现行档案技术标准、组织工作程序标准未从计算机信息处理技术特点和发展考虑，越来越多的归档文件资料已从传统纸质文档变为磁盘、光盘等数据信息，现行档案整理、分类方法、著录标准及有关规定已不能完全适应。② 档案信息管理人员的素质有待提高。实现档案信息数字化，首先要有掌握办公现代化技术的科技人员。档案管理人员要有较高的知识层次和先进技术水平，不能仅仅满足于一般的计算机操作。从目前来看，许多档案部门缺乏现代高技术人才，尤其档案、信息处理复合型人才就更紧缺，大部分档案人员现代化技术水平偏低，尽管引进了现代化设备，仍不能充分发挥作用，更谈不上档案信息数字化了。

二、未来档案信息的发展方向

（1）必须提高档案工作标准化、规范化水平。档案信息数字化的现状是档案标准化、规范化滞后，这些严重影响了整体水平的提高。档案信息数字化的内涵包括档案工作各个环节，其中首要的是档案业务要规范，档案标准要建立健全和真正实施。档案标准和规范本身是一个系统工程，要推进档案数字化建设，必须抓好档案管理工作的标准化、规范化建设，如操作软件的统一、档案信息保存方法的统一等等。可喜的是，国家档案制定和调整有关规章制度，废止了一些旧的过时的文件规定，使得现有的规章制度能切实有效的和实际工作相结合，极大地提高了工作效率，档案工作的管理水平也得到进一步的提升。

（2）数字化建设要着眼于提高系统整体水平，档案信息数字化建设的着眼点应当是整个档案管理工作系统，组成系统的纵向和横向的各个节点都应达到一定的水平，并通过网络加以联通，这样才能发挥整体优势，提高系统的综合能力，部分节点甚至一个重要节点的阻碍，都可能造成系统的梗阻。当然，要求每个节点的装备水平和应用能力齐头并进是不现实的，因此应该首先鼓励和支持有条件的单位提高管理和技术水平，在一些地区进行较高水平的试点工作，逐步取得值得推广的管理经验，有条不紊、循序渐进地提高档案信息数字化的整体水平。

（3）有重点地抓好数据库建设。目前，我国的档案信息数字化系统从总体上看仍处于由文件处理向数字管理系统的过渡阶段，完成这一步的关键在于数据库建设，开发和建设数据库系统是档案信息工作的核心和基础。数据库的含义是依托先进的信息技术对档案进行科学的管理和方便的应用。建立数据库系统是一项长期的任务，要经过由低到高、由单个到群体的循序渐进过程。经过实践我们认为建设数据库经验中最主要的是领导要重视，认识要统一，坚持计算机技术人员同档案业务人员协同配合；面向应用，建立灵活的数据库，以利用频率和使用效率考核数据库的“活性”；突出重点，由单一向系统的方向发展。

（4）推进信息资源共享。随着信息时代的发展，工作中的信息总量在急剧增长，面对浩瀚繁杂的文献情报，任何一个文献部门都不可能将所有知识和信息全部加以收集、整理、加工、保存和利用。因此，必须打破档案、图书、情报等部门各自为政的局面，建立一个完整的档案信息网络系统，实行一体化管理，充分发挥整体优势，建立联合目录，实行资源共享，这正是建立社会信息系统的前提条件和核心内容之一。

工欲善其事，必先利其器。只有掌握了计算机、网络等现代信息技术，在移动互联网环境下创新档案信息服务思想，真正实现档案信息数字化，档案管理工作才能达到事半功倍的效果，从而更好地为社会发展和经济建设服务。

三、我国移动互联网档案信息服务现状

（一）传统信息服务

传统信息服务主要是相对于深层次信息服务而言的，主要分为展示性和检索性服务两方面，这类服务是传统环境下档案馆服务模式的延伸和拓展，我国档案信息网站的展示性服务主要有机构设置、馆藏介绍和查档指南三部分，通过这一类型的服务可以让公众清楚地了解档案馆和其馆藏的基本情况。通过调查可知，我国大部分的公共档案馆展示性服务在网上开展较好，从“机构设置”这一栏目可以看出我国绝大多数公共档案馆和档案局都是使用一个域名，这也充分体现了我国实行的“局馆合一”的机构设置模式。而从“馆藏介绍”和“查档指南”中我们可以了解该档案馆的基本情况。

档案网站的信息检索服务是对传统档案检索服务的延伸和扩展。也是衡量该档案馆信息服务是否完善的重要指标。目前我国档案馆网上档案信息资源的检索服务主要集中在档案目录检索、站内检索和填写网上预约调查问卷几种方式。在调查的档案馆网站中，约有72%的网站开展档案目录检索服务，63%的网站开展网上预约调卷服务，这一服务能够帮助档案管理人员了解用户所需档案并提前做好相应的准备工作，大大提高了档案利用效率。18%的档案馆网站可以提供站内检索。

以上调查显示出在网络环境下我国公共档案馆网站开始随着外部环境的改变逐步突破传统的信息检索模式，并且在一定程度上馆藏档案的在线检

索也满足了用户的需求。但成果的背后也还存在着不少问题：馆藏档案主要检索功能单一；检索的信息、内容主要是原始的第一信息，提供检索的信息深度不够；检索的信息形式基本都是文字，多媒体信息尚不能提供；另外，在所有调查网站只有北京、内蒙古和云南档案信息网，可以提供部门内容的全文阅读，大部分还只是提供目录检索服务。

（二）深层次信息服务

深层次的信息服务是指各档案馆网站从自身馆藏和服务水平出发，针对档案网站用户开展的个性化服务，是对“用户第一”的服务理念的具体实践。公共档案馆开展深层次服务基本有以下几种形式：特色馆藏展示、网上办公、网上咨询和信息公告等。

特色馆藏展示是对本馆特有的馆藏档案信息建立的，这些档案有明显的地域、历史、风俗民情优势，档案馆网站能充分发挥特色馆藏优势提高档案利用率，也是检验一个档案馆信息服务水平的重要标志。

第二节　档案信息服务创新的必要性与可行性

一、大数据环境下开展档案信息服务的必要性和可能性

传统档案信息服务主要建立在馆藏基础之上，服务地点局限于馆内，服务手段相对落后，服务速度和效率受到极大地影响。传统档案信息服务的种种弊端促生了档案信息服务的大数据化管理模式。

（一）大数据环境下开展档案信息服务的必要性

1. 传统档案信息服务的内容单一

传统档案信息服务以纸质档案的提供为主，主要包括档案借阅服务、档案外借、制发档案复制本等，内容单一，大大限制了视频、音频、影像等多媒体信息的利用以及综合开发。而大数据时代，档案馆藏数量巨大，既有传统纸质档案，又有电子档案信息，一切数据和记录几乎都归入大数据范畴，档案资源更丰富，类型更多样。而且人们更加追求对档案数据的整体分析，

找到它们之间的联系，而不是对零散数据的利用。所以，在大数据环境下，不仅要开展档案信息服务，更要创新档案信息服务。

2. 传统档案信息服务的手段落后

传统档案信息服务一般不借助计算机，以人工处理为主。手工式操作让整个服务过程烦琐复杂，且档案原件在长期利用中受各种因素的制约容易出现磨损，影响后期利用。大数据环境下，TB 级非结构化数据的出现让传统数据处理技术受到质疑。我们必须借助数据挖掘、知识挖掘技术，从大数据档案中挖掘符合用户需要的信息，才可以改变人工服务方式所带来的不便，实现向大数据管理模式的转变。尤其对于动态更新的档案，对服务速度要求很高，借助传统服务手段既影响效率又影响效果，只有不断改进档案信息服务的手段，才能更好地顺应大数据热潮。

（二）大数据视域下开展档案信息服务的可能性

1. 档案领域具备现实的发展环境

随着新兴技术的出现和发展，我国档案事业逐步向智慧化发展。各项社会实践活动产生了大量的数据信息，包括各级各类档案机构的信息、传统载体档案的数字化和数字化环境中产生的电子档案等，这些多样化的档案大数据如果只是简单地应用于传统档案馆的服务中将很难实现档案信息服务的创新与发展。面对社会发展的实际和用户对档案的多样化、个性化、集成化的需求，契合大数据时代的技术，将“为政府作嫁衣，为领导当参谋”的档案部门转化为资源建设部门是新时期档案工作的方向。档案大数据为大数据时代档案信息服务的开展提供了基本的素材积累，档案事业顺应大数据潮流的发展方向更为这一背景下档案信息服务的开展提供了指导思想，切实打造了现实而可靠的发展环境。

2. 馆藏档案具备典型的大数据特性

第一，馆藏档案数据体量浩大，类型多样。实体档案馆和数字档案馆的数据资源都极为丰富，既有传统纸质档案，又有档案馆搜索引擎、BBS 论坛类、电子邮件类、网络电话、视频会议、档案网站等的半结构化和非结构化的信息等。相应的，档案馆的存储介质也越来越多样化，磁盘、光盘、云盘、移动硬盘等的出现让档案信息存储密度更高，集成性更强，更加符合大数据的 4V+1C 的特点，为档案馆在大数据环境下开展档案信息服务奠定了基础。第二，馆藏档案数据易于处理。在大数据环境下，馆藏档案数据的分析已由传统的人工分析转变为以网络分析和数据分析为主，档案工作者一敲一点之间，只需要几秒钟的时间就能实现对馆藏数据的简单统计。以既有数据为基础，加上计算机工具的简单操作，可以很快得出分析结果。大数据时代，更多新技术的出现让信息生产和加工的成本逐步下降，处理更加简单，使以前只能被少数管理阶层才能进行的加工活动增加了更多参与者。第三，馆藏档案数据价值巨大，但密度很低。档案是历史留给我们的社会记忆，具有其他材料不具有的价值，同时其价值还有大小之分。但是，馆藏档案数据量的多少并不代表数据价值量的大小。相反，很多时候数据量的庞大却意味着数据垃圾的泛滥。档案数据的集成过程如果简单地将所有数据聚集在一起而不进行任何数据筛选、清理等操作，将会产生很多没有任何价值的数据，降低档案价值密度。因此，档案数据量的大小与档案数据价值并不一定成正比。

二、大数据环境下档案信息服务创新研究的主要内容

大数据给档案信息服务模式带来了冲击，未来档案服务机构的核心竞争力很大程度上取决于其信息服务的能力，这就要求档案服务机构就服务方式进行创新。大数据时代是信息的时代，不仅包括繁多的数据，也包括各种数据平台，如 Web2.0、微博、微信。

（一）云计算背景下的档案信息服务

在云计算背景下，构建数字档案馆是受“服务型数字档案馆”的启发而提出的。之所以构建数字档案馆，是因为数字档案馆能够使档案云服务平台应用起来，并且使其系统能够得到有效运营和维护，最大限度地实现档案信息云服务，满足档案信息用户的各种需求。基于云计算构建数字档案馆，提供档案信息云服务，已经是当前档案信息服务模式的一大趋势。下面就用一个案例来说明利用云计算提供档案信息云服务已经是一大创新

服务方式。

1. 基于云计算，丽水市云档案共享系统构建便民服务“连心桥”

丽水市档案局为了方便提供用户档案信息服务，于 2011 年开始构建云档案共享系统。丽水市云档案共享系统是一个崭新的创新性服务系统，引领着全国云档案服务系统，已经被国家档案局科研所鉴定为全国首创。该系统主要是将本市的数字档案室管理系统、档案登记备份和云档案信息共享融为一体，实现了市本级、9 县（市、区）、各级机关数字档案室的协同管理，形成了“1+9+N”的管理服务模式。同时，该系统将档案目录数据库和全文数据库统一起来，将所有已开放的档案信息资源放在同一平台上，实现“百度式”检索利用。在该系统中，用户只需要在搜索栏输入关键词，就可以检索出市、县、乡所有档案室的档案信息。据了解，以往借阅档案需要走一步一步的流程，甚至排很长时间的队才能查到极其有限的档案信息资料，很辛苦、很麻烦；如今只需通过网络，输入几个关键词就可以查到自己想要的档案信息，极其方便、极其贴心。

丽水市云档案共享系统主要包括三个部分：一是档案与电子文件登记备份系统，该部分主要是“将电子文件及其元数据进行封装和备份，包括将涉民单位管理系统的电子数据在线进行登记备份和电子文件转缩微品的异质备份；二是机关数字档案室管理系统，该部分主要是将 OA 系统中形成的电子文件及其元数据进行完整迁移，然后在线逻辑归档和物理归档，并将纸质档案进行数字化，然后将加工成果进行批量挂接；三是档案目录以及原文资源库共享系统，该部分主要是对档案目录著录格式和档案进行全文检索，构建档案目录数据库和全文数据库，并制作出搜索引擎，实现云档案信息资源共享，满足用户的个性化需求。这三个部分构成了丽水市云档案共享系统的整个组成部分，极大地提高了丽水市档案信息服务水平。

2. 基于云计算数字档案馆提供创新性云服务

基于云计算构建数字档案馆主要是对全国的数字档案信息资源进行统一管理，为档案信息服务工作者提供便捷的服务平台。当在改善原有的数字档案馆服务模式以及创建新的服务模式时，可以借鉴丽水市云服务共享系统的成功之处，在此基础上进行调整，在保持该馆档案特色档案服务的同时，适应当前的利用需要，提高服务质量和效率。大体上，数字档案馆云服务系统模型包括以下五个部分：数字档案信息资源、档案云服务基础、档案云服务控制、档案云服务应用、用户终端设备。

（1）数字档案信息资源。基于云计算的数字档案馆可以将多个实体档案馆、机关档案室、数字档案馆等的档案信息资源进行组合，形成一个云档案共享网络。这个方式能够很好地提高数字档案信息资源的利用率，更加全面地满足利用者的利用需求。随着机密性档案的不断降密和公开，越来越多的档案信息展现在世人面前，供利用者查阅，档案信息的利用范围也越来越广。因此，为满足利用者的信息需求，数字档案馆需要不断收集实体档案馆的档案信息资源来充实档案云服务资源库。

（2）档案云服务基础。档案云服务基础是实现数字档案馆云服务的基础部分，主要包括服务器、交换器、虚拟机、操作系统等，是实现数字档案馆云服务的硬件要求，为数字档案云服务提供操作平台。云计算中的应用程序只是在互联网上运行，不需要在本地计算机安装，避免了用户的安装、维护等麻烦。但是，我们可以肯定档案云服务在数字档案馆服务中占有基础性地位。

（3）档案云服务控制。档案云服务控制是数字档案馆云服务实现的核心部分，包括数据管理、用户管理、员工管理、系统管理、系统维护等。该部分主要是对档案资源、服务器、虚拟机、交换器、操作系统等设备进行管理和控制，保证该系统的正常运行，为档案云服务的应用打下基础。

（4）档案云服务应用。档案云服务应用是数字档案馆云服务实现的重要环节，该部分主要包括档案的收集、整理、利用、保存、借阅、统计等众多档案基础管理性工作。正是因为档案云服务的应用，才能将数字档案信息资源与用户连接起来形成档案云服务网络，简化档案用户的借阅程序和档案工作者的工作内容。

（5）用户终端设备。用户终端设备主要是为档案用户提供进入数字档案馆云服务平台的端口，这可以是任何一种移动终端，如电脑、iPad、手机等。任何档案馆、档案室以及其他档案管理机构和个人等都可以不受限制地访问任何数字档案馆中的档案信息资源，以满足自身的信息需求。

基于云计算构建数字档案馆创新性云服务在理论上没有太多的问题，但在技术和生活实践中却存在着很多困难，这需要档案工作者有勇气、有目标、有毅力，对原有的档案信息服务模式进行革新。随着云计算技术在档案信息服务方面的影响不断扩大，越来越多的人力、物力和财力投入到档案信息服务当中，未来的档案信息服务模式将会焕然一新。

（二）Web2.0 背景下的档案信息服务

Web2.0 系统主要包括以下三大板块：用户板块、档案信息服务人员板。

（1）用户板块。该板块主要包括用户管理和用户认证两个部分。用户管理部分主要是负责存储和管理用户相关信息，通过用户认证后就可以获得其个性化的档案信息服务。例如，检索相关档案资源，与档案工作者交流，用户向档案机构推荐相关信息资源等。用户认证部分则是档案服务机构对档案用户的权限设置，只有通过认证的用户才可以使用系统内的信息资源。

（2）档案信息服务人员板块。该板块主要包括信息发布、资源、简介、交流方式等。信息发布主要是本档案机构发布给员工的内部工作信息，如值班日期、工作模式、管理规定等内部服务性和管理性文件。资源简介部分主要是利用了 SS 技术将本机构的档案信息发送给利用者，并且将文字、图片或视频档案结合使用来引起用户的兴趣。内部交流方式 QQ、Blog、微信则是档案机构提供给员工进行信息交流、发表心得体会的重要方式。

（3）咨询板块。该板块是用户与档案工作人员进行沟通的地方。用户通过咨询板块进行信息咨询，并利用 QQ、微信、Blog 进行信息留言与档案工作人员保持密切联系。信息服务人员也可利用该板块为用户答疑来提高服务质量。

档案信息服务互动系统是一个全方位的档案信息交流平台，该平台由档案服务机构自发研制并采用 Web2.0 技术，满足利用者的多样化需求。它是一个功能强大的档案服务互动平台，简化了档案工作人员的操作流程，显著提高了工作质量和效率。此外，Web2.0 技术在档案服务中的应用将使服务质量更加个性化和人性化，从而增强了档案部门的核心竞争力。

（三）基于微信的档案信息服务

2011 年，腾讯研发出一种新型的信息交流工具——微信，它可以快速方便地发送文字、图片、声音、视频等。用户可以通过关注微信公众号来了解想要知道的信息。如今许多档案馆、档案室、立档单位等档案服务机构基本上都开通了微信公众号，为广大微信用户提供档案信息服务。这项举措无疑是在原有档案信息服务方式的基础上进行的服务创新。

1. 基于微信青岛市档案局开通微信公众号

青岛市档案局于 2014 年 4 月 4 日完成了微信认证，开通了“青岛档案”微信公众号，为微信使用者提供信息服务，主要功能是提供档案信息在线查询和咨询服务。这个举措对于不能亲自到青岛市档案局查阅档案的人员来说是一大福利。微信用户只需要查找“青岛档案”这一公众号或扫描二维码就可以进行关注，进入微信公众号查询自己想要了解的信息。在“青岛档案”微信公众号首页，主要有三个菜单供使用，分别是：“档案服务”“青岛历史”和“信息动态”。点击“档案服务”菜单按钮就会出现下拉菜单，分别是档案推送、查档 ABC、在线查档和在线咨询。点击菜单项，就会出现对应的界面。档案推送主要是青岛市档案馆向外推送的一些档案信息；“查档 ABC”主要是介绍青岛市档案馆的主要职能、机构设置、联系方式等；“在线查档”主要是为档案用户提供数字档案服务，在档案查询一栏输入档案类别、题名、责任者等就可以查到相关的信息，非常方便；“在线咨询”主要包括查档咨询和业务咨询，回复咨询类型和咨询问题，就可以在周一至周五得到回复。“青岛历史”菜单包括历史上的今天、岛城影像、老青岛和历史知识库这四个部分，顾名思义主要是介绍青岛的历史发展轨迹。“信息动态”菜单主要是推送青岛市档案馆最新信息。由以上介绍可知，青岛市档案局发布的“青岛档案”这一微信公众号包括的内容非常齐全，无论是在线查询，还是在线咨询都非常完备。这项举措扩大了利用范围，提高了利用率，满足了用户的档案利用需求。

除了青岛市档案局开通档案微信公众号外，很多档案馆、档案室和档案服务机构也开通了档案微信公众号。

2. 基于微信构建档案微信信息服务平台

由上述案例可知，当前各类档案服务机构都可以借鉴此方法提高档案服务水平。“青岛档案”这一微信公众号是青岛市档案局实施的一大创新服务举措，极大地推动了档案信息服务事业的发展。其他档案服务机构也可以按照青岛市档案局的做法创建各自的微信公众号，构建档案信息服务平台。我们认为，这个平台大致可包括以下几个方面。

（1）档案推送。档案工作者必须利用微信向微信用户发布并且推荐一些档案信息资料，无论是文字信息、图片还是视频，确保微信利用者能够看到自己感兴趣的档案资料，以提高档案信息的公开度和利用率。这些档案资料不仅要包括国家机关档案、社会组织档案、企业档案、个人档案等，还要包括本馆特色的档案信息。同时，档案工作者可以利用该微信公众号发布一些最新的馆藏信息，如档案馆开放信息、讲座信息、展览信息。总而言之，档案推送这一板块主要是全面展示本馆馆藏信息与最新信息的。

（2）档案查询。档案查询主要是对用户提供查档服务，根据主题、关键词、责任者等为用户提供相关的档案信息。服务范围包括档案馆藏资源目录体系、档案使用方法，并在帮助用户的过程中不断总结用户需求，有组织、有计划地组织好档案信息资源、档案资料等。同时，档案服务机构要逐步改善技术水平，创建档案服务系统，提高档案信息服务的查全率与查准率。档案服务机构也要逐渐完善和丰富档案内容，无论是文字、图片还是视频，应一应俱全，为用户提供丰富的档案资料以供参考和查询。

（3）档案咨询。档案咨询是档案服务机构与用户相连接的纽带。微信作为新兴的信息交流媒体具有优秀的社交网络服务属性，人与人之间可以进行实时交流、互动和资源共享。用户通过微信能够直接和档案服务人员进行交流，一对一的方式使双方的交流更为顺畅，也能逐步建立起档案服务人员与用户之间的情感桥梁。通过档案咨询，档案服务人员会认识到工作中有哪些不足，从而提高服务效率；而用户则可以通过在线咨询完整地得到档案服务人员的答复，对档案工作的理解将会更加深刻，以确保档案服务人员工作的顺利开展。

以上三点是任何一个档案微信服务平台都必须具备的，其他的附加功能则是根据各地档案服务机构的服务方式、服务内容、服务范围等所决定的，不用作太多具体的要求。各自的档案信息服务机构应有各自的服务特色，不能千篇一律。

总之，档案信息服务历来是伴随着档案发展的历史全过程，从分散服务到系统服务，逐渐完善成为一个服务体系。从古至今，档案工作实现了从重“藏”到重“用”、从为一小部分人服务到面向社会服务的重大转变。随着社会的发展，这个转变正在逐渐进行。从纵向层面讲，档案信息资源至今还没有完全开发出来；在横向层面讲，档案服务机构至今还未建立起较为完善的档案信息服务模式以及体系。因此，研究档案信息服务相关内容应该发展成为档案发展事业要务之一。

在大数据时代的背景下，将档案信息服务置于 Web2.0 环境、云计算环境和各种交流 App 软件相结合，研究档案信息服务应将如何创新开展。在 Web2.0 环境下，通过构建档案信息服务互动系统来改变原有的服务方式；在云计算环境下，可以通过构建数字档案馆形势下的创新性云服务来提高档案信息服务效率；在微信背景下，可以利用微信及其他手机 App 软件便捷地推广档案信息服务范围。虽然目前在理论研究层面和实践探索层面已经取得了一定的成果经验，但是在对档案信息服务方式进行创新研究的同时要注意以下三个方面的问题：一是要提高档案工作人员的服务意识，紧随时代步伐，重视研究、宣传和利用网络技术优化档案信息服务；二是要深化微信平台内容、功能、资源等方面的开发与研究；三是要借鉴其他领域的成功经验，注重理论研究与实践经验相结合。

第三节　档案信息服务模式面临的机遇、挑战及创新

随着信息化与数据化进程的加快推进，大数据理念正在影响着人们学习、工作、生活的方方面面，为新时期的档案信息服务工作带来了新的机遇和挑战。

一、大数据环境下档案信息服务工作的机遇与挑战

（一）大数据环境下档案信息服务工作的机遇

大数据时代，信息资源增长迅猛，丰富了馆藏档案信息资源的内容和数

量。一方面，“互联网+”环境下出现了泛档案化的现象，对传统的档案格局形成了较大冲击，原有档案信息资源与网络化所产生的信息资源的结合，使档案信息更加具有完整性；另一方面，随着互联网的高速发展和普及，自媒体的发展使全民的言论自由得到最大化地显现，出现了语言狂欢化的现象，各种社会问题、新闻事件都能够出现在网络上，这也是档案信息的一部分。另外，随着档案数字化工作的推进，一些原来被忽略或者不被发现的档案信息也将重见天日。

大数据环境提高了档案信息服务效率。当今时代，手机通信和互联网应用已经相当普及，信息的网络化传播使人们足不出户就可以尽知天下事。在这种时代背景下，档案信息的数字化和网络化可以大大方便人们对档案信息的查询、查阅，提高档案信息服务的工作效率。

（二）大数据环境下档案信息服务工作的挑战

大数据时代，档案信息服务工作面临理念、技术和管理成本等方面的挑战。

1. 档案服务理念方面

以档案为核心是传统的档案管理理念，价值性是档案信息收集的主要标准，对档案信息的分析与解读应秉持严谨的专业性和科学性态度。在传统的档案管理理念指导下，档案管理工作会耗费大量的人力、物力和时间，但也造就了档案收录与分析工作精准化的优良特征。相比较而言，在大数据管理理念指导下的档案工作呈现出泛档案化和价值性弱化等特征，视频、音频、图片、文字等丰富的档案形式和冗杂的档案量，对传统的档案信息服务模式提出了新的挑战，档案信息化、开放性、多元性等大数据时代特征的出现，使档案管理向着服务化的方向发展。

2. 档案管理技术方面

在传统的档案信息管理技术下，主要依靠人力开展信息收录与分析，而这种耗时费力的工作方式决定了最终形成的档案信息量较小，不存在数据存储容量不足的问题。而大数据时代信息收录与分析效率的大大提高，再加上泛档案化所带来的档案信息量的急剧增加，使数据存储容量成了不得不考虑的问题。同时，信息安全问题随之而来，档案数据的损坏、泄露或非法占用等都是现实存在的问题。档案管理与服务工作要想在未来有大的提高，最基本的和关键的就是要确保信息数据的安全。

3. 档案管理成本和人才方面

在档案管理与服务工作中引入大数据理念，离不开一定的技术支持，这就需要配置专门的计算机平台，进行专门的应用系统的研发与购买，以及获得其他的一些技术性的系统支持。即使已有的技术储备和电脑设备可用，也需要进行较全面的升级，以便更好地与大数据理念相衔接。另外，专门人才的引进和培训也是必须要做的工作，有了配套的系统而没有懂行的专门人才，那也是不可能真正实现大数据背景下档案工作改革突破的，无论技术系统多么先进和完善，都离不开人的操作。综合这些因素，档案管理与服务工作的改革更新成本还是不小的，至少对于地方档案管理部门来说这着实是一项不大不小的挑战。

二、大数据环境下档案信息服务的创新路径

数据本身是没有价值的，通过数据提供服务才具有真正的价值，数据即服务。因此，我们要深入挖掘档案资源的价值，把档案资源充分利用起来，变死档案为活资源，使其能够源源不断地创造价值。这就需要档案部门加快档案资源开放进程，改变档案资源服务方式，构建基于档案资源价值存在的知识服务体系。

（一）紧跟时代步伐，创新档案信息服务理念

随着技术便利化的发展，人们对数据的需求变得急切、复杂和多元。档案部门应创新服务理念，向“服务型”部门转型，做到由“坐等人上门”向“主动型服务”倾斜。在运用信息技术把隐藏在海量数据中的知识揭示出来的同时，主动对用户需求进行追踪、调查、研究，主动了解群众需求，有针对性地对数据进行量化分析，针对不同用户的不同需求，实行信息推送，实现主动服务、精准服务。

要实现档案资源物尽其用和档案工作向“服务型”转型，需坚持四种服务理念，即人性化服务、个性化服务、智能化服务和知识化服务。人性化服务，就是在档案服务中体现“以人为本”思想，秉持用户第一的原则，实现服务流程和服务态度的人性化，简化操作流程，服务热情、周到、用心、耐

心，专心；个性化服务，是要求档案部门充分了解和掌握档案利用者的切实需求，对用户和数据信息进行分类整理，以提供快捷性、精准性匹配的服务；智能化服务，是要实现档案数据处理系统的科学化、智能化，快速完成数据分析，智能抓取有效信息，进而提供便捷有效的服务，实现档案知识的顺畅流通与广泛传播；知识化服务，是一种基于网络环境下的开放式的服务，是档案服务发展的趋势和方向。档案知识化服务应以档案资源为核心，以大数据技术为支点，以档案知识挖掘为重点，以档案知识应用和知识创新为目标来构建档案知识服务体系，实现知识提供与检索、知识整合与加工、知识共享与交流的一体化服务。

（二）利用大数据优势创新档案信息服务内容

随着大数据时代的到来，新的广义的“大档案观”开始出现，这有别于传统狭隘的档案观，体现了新时期泛档案化的趋势和档案内容丰富、形式多样化的现实转变。档案部门在进行馆藏纸质档案数字化、接收档案文件电子化的同时，要有意识地收集更多类别广、形式多、价值大的数据资源。网络的发展产生了包括结构化数据、非结构化数据和半结构化数据在内的更多更复杂的数据种类，数字、符号、关系型数据库，文本、图片、表格、图像、影音等非结构化数据库，如 E-mail、HTML 文档等都应该纳入大数据时代档案收集的内容。要完成这些新内容的收集整理工作，需要创新手段，对网络资源进行实时监控，及时采录有价值的信息数据。网络信息数据的更换速率较快，而又蕴含海量资源，所以必须主动及时抓取网络资源。同时，档案部门要有意识地引导和培养网民的信息归档意识，从而降低抓取重要信息数据的难度。

（三）拓宽挖掘档案信息服务渠道，提高档案信息服务效率

网络的发展改变了信息传播的方式，丰富了信息传播的渠道，相应地，档案服务借阅、咨询、展览等传统途径也应做适当的调整。档案服务途径要实现多样化、科技化和网络化，就应注重对各种新兴媒体的开发利用，基于云计算、云存储的云服务手段的运用，发挥网络远程功能。积极开发微服务，微博、微信是中国网民最重要的网络社交平台之一，充分发挥微博、微信等新媒体优势，掌握和运用即时传播信息的服务形式，实现档案信息的即时分

享、传播与交流。档案部门通过开通微博、微信可以传达档案信息和传送服务项目，拉近档案与大众的距离，拓宽档案信息服务的范围，提高档案信息服务的效率。远程服务可以最大限度地减少地理区域限制，实现档案服务方便快捷、节约成本、远程到达等目的。档案云服务是以云计算技术作为支撑，以云存储资源为保障，将分散的档案信息通过云平台组织构建起来形成服务云，借助这些云平台强大的计算能力和低成本、高安全性等特性，来提高国家档案信息资源共享效率的一种档案信息资源服务模式。云服务能够为社会公众提供安全、开放的档案信息查询利用服务。

中国有“变则通，通则久”的古训，社会是不断发展的，只有紧跟时代发展的步伐，根据时代发展的需要，引进创新服务理念、先进技术，升级服务系统，改善服务态度，使档案服务工作与时代需求接轨，才能实现档案工作的更好发展，才能更好地服务于人民，服务于党和国家、社会和个人。

第十章　智慧城市背景下档案信息服务模式的创新研究

第一节　智慧城市背景下档案信息服务模式转变的现实条件

一、智能融合的信息服务环境

智慧城市是信息化高度发展、智能技术充分应用、智慧产业规模运作的现代化城市，其核心本质是将信息资源作为重要的生产要素，并充分运用现代信息技术最大限度地开发利用信息和知识资源，为社会发展、城市运行和人民生活提供全面、及时、便捷、高效的信息服务。智慧城市背景下的信息服务环境呈现以下态势。

（一）服务资源数字化

智慧城市是一个融合了物联网、互联网、云计算、大数据等技术集成应用的地理空间，这些信息与通信技术的广泛应用带来不同于以往的信息类型和信息规模，数字化资源、网络资源和多媒体资源等多元化数字信息成为信息服务的主要内容。而服务资源的数字化具体表现在政府部门、产业部门、社会组织以及 IT 公司通过建立门户网站，利用系统、应用程序或信息平台，为社会大众提供浏览、检索、查考、凭证等信息服务。

（二）服务内容多样化

智慧城市背景下信息资源内容的广泛性和资源形式的多样性促进了服务内容的多样化。由于信息产生的范围更加广泛，信息采集的渠道和途径更加复杂多样，所以信息服务机构要想为用户提供全面、快捷、高质量的信息服务就必须全面收集各方面信息，并为用户提供形式多样的服务内容。例如，从信息类型上，有些需要提供统计数据信息、有些需要提供文字信息、有些需要提供图片信息、有些需要提供声像信息、有些需要提供多类型综合信息等；从信息加工程度上，有些需要实时感知数据、有些需要原始文献信息、有些需要一次加工信息、有些需要二次汇编信息、有些需要综合加工的知识信息等。

（三）服务方式个性化

随着智慧城市背景下新技术和新媒体的快速发展和普遍应用，信息服务部门利用自身资源优势，整合服务内容，优化服务方式，能够根据用户的个性化需求提供全方位服务。服务方式个性化要求服务部门既能根据用户的明确要求提供信息服务；又能在充分把握用户的基本特征、兴趣爱好和行为习惯基础上，发现其潜在需求，并能利用现代信息技术主动提供有针对性的个性化信息和服务。

（四）信息传播网络化

信息传播是指信息通过一定的载体进行传递、交流和利用，并在传递、交流和利用中实现其价值。信息传播网络化即能够通过网络把分布存储的、不同载体的信息传递给不同时空的用户使用。智慧城市是通过高带宽的固定网络、无线网络、移动通信网络以及物联网等实现实时连接的，人们可以通过网络及时、迅速、不受时空限制地获取世界各地信息系统的信息，通过电子邮件、微博、微信、QQ、博客、网络论坛、流媒体等网络媒介进行在线交流并获取信息。网络化使信息传播发生了深刻变化，它既提高了信息传播的时效性和便捷性，也实现了信息传播的共享性和交互性。

（五）信息服务集成化

信息服务集成化是通过对信息服务的有序化组织，将各类服务资源整合到一起，为利用者提供统一服务平台、一次性用户认证、“一站式”服务。智慧城市背景下的信息服务集成了组织、技术、信息等多种资源，突破了异构系统、时间空间等限制，为用户提供了集成化、一站式的信息服务。

二、灵活多样的信息用户需求

智慧城市是数字化、网络化、智能化高度发展的社会环境。

高速发展的信息环境不断刺激着社会化信息服务需求，全社会的信息素养不断提高；全面普及的网络环境又满足社会用户对时效性和灵活性的要求，社会用户多元化的信息需求可能随时随地产生并得到满足；深入应用的智能环境又能及时感知社会用户的信息需求，并为其提供个性化服务内容。具体体现出以下三个方面的特点。

（一）多元化与个性化

在智慧城市背景下，迅速发展的信息化推动了信息资源的大量产生和信息需求的不断增强，全社会的信息意识也不断提升，社会公众的信息需求不再局限于经济、文化、科技等领域，而是遍布生产、生活、学习和社交活动等各个方面。智慧城市中社会公众的信息需求呈多元化发展趋势，其多元化需求表现在不同用户希望可以通过多种渠道、多种平台获得多种形式的信息产品；而不同用户的信息需求往往具有较大差异，各类用户信息需求的个性化程度不断增强。

对于档案用户，网络社会和智慧城市的发展也使他们的信息需求呈现出多元化、个性化的发展趋势。他们不再局限于学术研究和工作查考而利用档案信息，同时也涉及了政治、经济、教育、文化、民生、娱乐等各方面的信息。他们不仅需要大量传统纸质档案，还需要各种新型载体档案；不仅需要静态的信息，也需要音频、视频等动态的信息；不仅需要各种档案原文信息，还需要各类档案编研产品、档案文化产品等加工信息或知识信息，档案用户的需求显现出多元化特征。基于档案用户个体的差异也使其信息需求具有非常明显的个性化，但在传统环境下档案馆主要是提供馆藏档案的信息服务，档案利用的方式主要是通过供需双方的直接作用实现，而用户的很多个性化信息需求难以得到满足；信息技术的发展拓宽了档案接收领域，丰富了档案信息资源内容和形式，产生了更加专业化和特殊化的档案产品，形成了多样化和人性化的利用平台，也在一定程度上激发了档案用户的信息意识和潜在需求，用户的档案需求逐渐趋于专深化和特殊性，更具个性化特征。

（二）时效性和准确性

时效性和准确性是信息服务的重要特征，但在智慧城市背景下的信息服务对时效性和准确性有更高的要求。一方面，智慧城市快节奏的社会环境决定了其信息环境的瞬息万变，信息资源和信息产品本身的有效时间更短；而且快节奏的社会生活使信息用户对信息服务的时效性要求更高，信息用户往往需要在产生信息需求之后，马上就能得到对应的信息服务来满足这种信息需求。另一方面，智慧城市是一个信息泛滥和信息过载的社会，互联网的高速发展加速了信息资源的指数增加和广泛传播，而信息的过度膨胀和过量冗余信息的存在使得高价值信息获取的成本越来越高，人们迫切需要的不再是大量的低价值信息，而是少量的高价值信息，因为时间是人们最为宝贵的东西，而快捷、准确是节省时间最有效的方法。

在智慧城市背景下，以通信技术和网络技术为代表的电子信息技术的飞速发展大大提升了信息的组织能力和传输效率，也为档案信息需求的时效性和准确性提供了可靠的技术保障。对档案用户而言，互联网尤其是移动互联网为用户提供了高效、快捷的档案信息传播和获取途径，档案人员将数字档案资源借助网站、社交媒体、手机 App 等途径向社会公众提供利用，既实现了档案信息内容的及时更新，充分发挥了档案信息的时效性，又实现了传播手段便捷化、需求响应高效化，充分体现了信息时代档案用户需求的高效化特征。同时，网络环境下信息超载、信息污染等问题给用户准确、高效获取信息带来了较大障碍，因为能够获得的信息未必有用，而容易获得的信息往往价值很低，甚至有些虚假信息还会迷惑视听造成损失，所以真实、准确的档案信息将成为用户获取高质量信息的重要选择；并且，档案用户在通过网络直接获取大量所需的档案信息后，他们也更加注重信息质量，希望准确、有效地获取解决问题所需的关键信息。因此，用户对档案信息逐渐从数量上的需求发展为质量上的需求，同时由低质量需求向高质量需求上升，充分体现了用户需求的精准化特征。

（三）集成化与智能化

智慧城市的重要特征是更发达的信息化、更深入的智能化，社会信息基础设施高度发达，信息传播渠道形式多样，信息获取方式简单快捷，社会公众信息素养不断提升，因而，传统对一次信息资源的匮乏不再是智慧城市信息需求的主要方面。在智慧城市背景下，信息用户的信息需求往往是对高层次信息的需求，是对包含着高度智慧结晶的信息需求。信息用户需要的不仅是离散的信息，更多的是对集成信息以及经过综合分析之后作出的智能化决策。

在智慧城市背景下，档案用户的信息需求也侧重于档案信息内容的集成化和利用方式的智能化。从信息内容角度看，仅凭一份或几份档案信息已很难满足用户的信息需求，在很多时候用户往往需要综合化、集成化的信息。如有些研究学者不仅需要档案原件，还需要关于这份原件的相关说明；有些普通民众不仅要了解亲人在某个时期的情况，还想了解当时的社会背景和家族其他亲人的情况，这都体现出档案信息需求的集成化。从利用方式角度看，档案用户不再满足于到馆查档和网上分散查找，他们更希望档案信息资源之间的无缝链接，即通过一个入口或一个界面就能实现“一站式”服务，一键获取自己需要的一系列相关档案信息；而且，随着智能技术的深入应用，档案用户更青睐于利用智能化推荐系统，直接将自己的需求或问题输入系统，随即获取相关的档案信息或有效的解决方案，这将体现出档案信息需求的智能化。

三、高速发展的现代信息技术

如果说智慧城市是信息技术与知识创新环境下城市形态深度融合的产物，那么，构建信息资源从数据获取、存储、处理、挖掘到开放共享的完整信息服务链则是其持续发展的动力。信息服务与智慧城市深度融合的关键技术包括：物联网、移动互联网、云计算、大数据和人工智能，而这些新一代信息技术也将深刻影响着各类信息的智能感知、获取、传输、处理、服务等工作方式，将使信息服务水平提升到新的阶段。

（一）物联网技术

物联网是互联网和移动通信网的应用延伸和进化，是不同传感器之间按约定的协议进行信息交换和通信，以实现智能化识别、定位、追踪、监控和管理的一种网络技术。美国麻省理工学院 Ashton 在 1999 年首次提出物联网的概念，2005 年国际电信联盟（ITU）发布了《ITU 互联网报告 2005：物联网》，正式对物联网进行了全面阐释。2009 年时任美国总统奥巴马在与美国工商业领袖举行的“圆桌会议”上，对 IBM 提出的“智慧地球”概念给予了非常积极的回应，认为“这就是美国在 21 世纪保持和夺回竞争优势的方式。2013 年中国将云计算、物联网列入重大科技规划，并在 2014 年由工业和信息化部推出的《物联网白皮书》中从战略、应用、技术和标准、产业四个角度分析并归纳了物联网的发展。目前，物联网业已成为智慧城市中连接人与人、人与物、物与物并即将实现万物互联的核心技术之一。

一般来说，物联网技术由射频识别技术、传感器技术、网络和通信技术、数据处理与融合技术等四个方面组成，射频识别和传感器作为物联网的前端技术是物联网功能设计的主要参考因素，网络和通信技术、数据处理与融合技术属于物联网的后端支撑性技术，起到为射频识别和传感器提供由识别数据向应用转换的作用。依托物联网技术构建智慧档案管理系统，可以实现档案、馆舍、设备、用户与档案人员随时随地的沟通和互动，从而实现档案实体管理的自动化、档案业务管理的感知化、档案信息管理的精细化和档案利用服务的智慧化。

利用物联网技术将有效解决档案实体与现有的档案信息管理系统之间缺乏沟通桥梁的难题；同时，通过建立物联网管理系统与现有的档案信息管理系统的无缝链接，可以有效实现档案资源共享和档案实体快速灵活查找、准确定位区域、图形化导航索取、快速查库等智能化管理。例如，江苏省太仓市档案馆利用超高频射频识别技术，实时联动档案实体和数字档案资源，实现了档案实体的区域追踪定位、移动终端管理、自动盘库等功能，创新构建了档案的管理利用体系。

以物联网技术为核心，还可实现馆藏档案资源的精准获取与推送服务的智能化。物联网的感知和控制能力使得应用对象在提供感知信息后还能够相互传递信息，同时各个智慧节点自身都具有智慧化的信息处理能力，它们又通过物联网形成一个有机的整体，相互之间可以进行信息的交换与共享，因此除了丰富档案内容信息之外，还将产生大量的档案全生命周期过程中的辅助信息。在此基础上，能够自动分析用户的需求，挖掘各种档案知识，对各节点之间的档案知识进行汇聚和融合，从中获得一些隐藏的有价值的信息，从而为用户提供综合的深层次的信息服务。

（二）移动互联网技术

移动互联网技术是互联网技术与移动通信技术的结合和延伸。近年来，随着无线网络技术的发展和第五代移动通信（5G）业务的开展，以及智能手机、平板电脑、智能穿戴等移动智能终端设备的普及，我国已经进入了移动互联网飞速发展的阶段。

随着移动互联网技术的发展，手机微博、微信、App 等移动应用层出不穷，移动电子政务、移动电子商务等也快速发展，随之而来的移动档案馆、手机档案馆等档案移动服务也逐渐发展起来，不仅打破了时空界限，而且实现了档案信息服务的高效率和泛在化。

在移动互联网环境下，档案移动服务的技术形态主要由“云”和“端”两部分组成：“云”是指云计算、大数据和用户运营等虚拟开放平台；“端”是用户通过手机、笔记本和平板电脑等移动终端看到的 App 界面，包括移动端和应用两部分。“云”和“端”相辅相成，中间流动着的则是“活”的档案数据，即档案内容，主要由档案部门自制或与政府部门、IT 公司和社会组织合作完成。档案信息从“云”流向“端”代表用户接收档案数据、获取档案移动服务的过程；反之，则代表档案部门获取用户反馈、收集用户数据的过程。

移动互联网技术的普及也使得国内外档案馆开始重视移动互联网的应用，以达到满足用户需求，提升档案信息服务效果等目的。

（三）云计算技术

云计算是一种基于互联网的计算方式，它利用分布式计算和虚拟资源管理等技术，通过网络统一组织和灵活调用，将分散的软硬件资源和信息资源集中起来形成共享的资源池，并以动态按需求和可度量的方式，向使用各种形式终端的用户提供服务。按照云计算服务提供的资源所在的层次不同，可以分为基础设施即服务（IaaS）、平台即服务（PaaS）和软件即服务（SaaS）三种服务方式；根据服务对象的不同，则可以分为面向机构内部提供服务的私有云、向公众使用的公有云以及二者相结合的混合云等。

从本质上来讲，云计算的核心是将计算转为服务，因而以云计算为核心有利于实现信息服务的便捷提供。基于虚拟化的数据中心技术、互联网技术和信息终端技术的发展，为云计算的理论和实践提供了信息技术支撑。虚拟化技术将数据中心内的海量硬件、软件和网络等各类计算资源进行虚拟化，使得用户可以按需调用信息服务资源，而无须关注计算资源的配置、调度与演化方式；档案部门在搭建业务应用时，也可利用云计算技术将档案管理服务中的网络资源、存储资源和服务器资源等基础设施虚拟到云端，从而极大地提高档案基础设施资源的利用效率。互联网技术为云计算的发展提供了必要的基础平台支撑，云计算的全部服务均需通过互联网向云端的用户提供；该技术也能为档案应用系统提供运行所必需的软件平台资源，包括操作系统平台、软件开发环境、各类数据存储环境等，档案应用可以基于平台服务所提供的服务接口，直接在该平台上进行开发或部署档案应用。而信息终端技术则为云端用户便捷、高效地使用云计算环境下的多源信息服务提供了友好的人机交互环境，用户通过简单的操作即可按需获取所需服务；该技术通过对档案应用进行整合，按照最优化和通用化原则，以服务的形式向用户发布各种档案应用，使得终端用户不仅可以通过档案信息门户网站对档案资源进行使用，还可以直接通过网络或者接口使用档案应用服务，从而有效实现档案信息服务的便捷和高效。

云计算的理念是将信息资源放在公共资源池中，根据用户需求进行弹性分配，对于智慧城市来讲，云计算的应用将使得资源的分配更加高效，用户获取信息资源更加便捷。同理，云计算也将在扩大档案社会化服务范围、增强档案社会利用价值方面发挥更加重要的作用。比如：依托部署在“云端”的档案资源管理体系，公众可便捷地获得数字档案资源，并开展不同专题的档案编研；也可以将家庭档案和个人收藏制作成精美的网络展览，推入“云端”以供共享；还可以利用“云端”提供的“一站式”检索功能获得跨专业、跨地区的档案信息。在国家档案局开展的“中国档案云”项目中，拟建设以云计算技术为依托，建立“中央级”和“省级”两级中心，打破地域限制，打造成覆盖全国公共档案信息资源、互联互通、统一运营的“中国档案云”，从而为广大利用者打造一个统一的、“一站式”的档案信息资源共享和服务平台，为社会提供档案信息服务。

（四）大数据技术

近年来，随着信息技术的发展和智慧城市中信息化建设的深入，海量信息爆炸增长、高度聚集、迅速传播。从概念描述角度，大数据可定义为“无法在一定时间内用常规软件工具对其内容进行抓取、管理和处理的数据集合”。从技术描述角度，大数据是借助数据挖掘、云计算、数据库、可视化等技术，“对广泛异构的数据源进行抽取和集成，结果按照一定的标准统一存储，通过合适的数据分析方法对存储的数据进行分析，从中提取有益的知识并利用恰当的方式将结果展现给用户”。因此，以大数据技术为核心，有利于实现档案信息服务的深层开发，既能帮助档案人员从海量资源中快捷发现和获取数字资源，也能深度挖掘用户行为特征，提供个性化、多元化、人性化的智慧服务，还能从档案及用户的各种关联中获得洞察力并有效预测用户需求。

从数据角度而言，智慧城市的产生和发展不仅反映了数据资源的大量产生，也反映了数据资源的互联互通，更反映了数据资源的深度挖掘。可以说，智慧城市是大数据发展的重要载体，而智慧城市发展的核心则是数据资源的深度挖掘。因此，在智慧城市背景下，档案部门要充分利用大数据技术，一方面，通过深度挖掘用户在交互性知识服务过程中的潜在需求数据，实时透彻感知和预测用户需求，作出快速反应，有针对性地开展服务，主动为用户提供不同粒度、不同功能及不同类型的便捷、精准、高效的服务，从而最大限度地满足用户的服务需求；另一方面，根据用户需求和实际体验定位服务短板，以用户为中心，有效弥补“用户需求”与“服务供给”之间的差距，并推动档案信息服务朝着服务个性化、决策智能化、推送主动化、响应敏捷化的智慧服务转型。

在档案资源挖掘方面，大数据技术推动着档案开发从常规分析向广度、深度分析转变，利用语义分析、人工智能、机器学习、知识图谱等技术从海量档案资源中分析出潜在价值，为档案编研、信息服务、决策支持奠定基础。在用户数据挖掘方面，根据用户服务数据和网络数据，对档案用户身份记录、借阅记录等结构化数据及存储行为、搜索方式、行为轨迹乃至 SNS（社交网络服务）上的言行记录等半结构化、非结构化数据进行多维、交叉分析；并把各种数据进行融合，建立预测模型，发掘用户访问规律及隐性诉求，为进一步修正或重新制定档案信息服务策略提供依据，从而改善和提高服务能力。在关系洞察及趋势预测方面，利用大数据技术深入挖掘离散档案资源之间的关系，并将这些孤立的信息和分散的链接关联起来，进而更好地开展关联服务；同时对用户关系进行挖掘与管理，精确洞察相关用户之间的需求关系和共性特征，从而有效提升信息推送的覆盖率和针对性；最终通过数据与用户的有效衔接，实现服务需求与服务供给的完美结合，实现档案信息服务的优化升级。

（五）人工智能技术

人工智能始于 20 世纪 50 年代，至今大致分为三个发展阶段：第一阶段（20 世纪 50—80 年代）是注重逻辑推理的机器翻译时期；第二阶段（20 世纪 80—90 年代末）是依托知识积累构建模型的专家系统时期；第三阶段（21 世纪初至今）进入了基于数据积累、算法革新和自主学习的认知智能时期。

人工智能是研究、开发用于模拟、延伸和扩展人的智能的理论、方法、技术及应用系统的一门新兴技术科学，该领域的研究范围包括智能检索、专家系统、自然语言理解、机器人、逻辑推理、智能决策、过程控制、自动程序设计、问题求解与博弈、模式识别和神经网络等方面，具体涉及数字技术、虚拟技术、感知技术、数据挖掘、机器学习、遗传算法、并行计算、知识表示、生物信息处理技术等。

随着人工智能技术条件越来越成熟，智慧城市信息服务将形成以数据为驱动的自动化、智能化服务机制，并将逐渐从以"用户为中心"的信息服务向以"数据智能计算"的智能服务方向转变。在智慧城市背景下，档案工作作为智慧政务、智慧商务、智慧社会提供信息服务的重要一环，与人工智能技术的融合发展将成为必然趋势，而智能检索、深度学习、自然语言处理、知识可视化等技术在档案服务中的实践和应用将更加广泛和深入。

在人工智能技术飞速发展和档案利用服务需求快速变化的新形势下，档案实践部门对如何加强机器识别、计算机感知、数据快速提取等人工智能技术的应用，以及从用户需求出发如何运用数据分析、数据挖掘、知识可视化等人工智能技术实现智能化服务，都提出了更多新的需求，具体体现在以下几个方面：一是探索智能化在线归档的适用技术和实现方法，利用档案图像内容识别等人工智能相关技术，开发智能化在线归档处理工具；二是在管理流程设计中采用图像标签技术等措施，为重要档案实体进行身份标识，为机器更好地识读和解析档案提供便利，提高机读效率；三是根据用户历史查询信息，利用自然语言理解技术和信息抽取技术，进行用户需求分析和信息的智能推送，提高用户利用档案的效率和质量；四是针对档案利用过程中细粒度、精准化的需求，应用图像识别、文本处理技术，探究档案图文智能定位与精细化检索工具，实现对数字化图像内容的智能识别和精准定位；五是针对音视频档案文件信息量大、内容连贯无规律等特点，引入语音识别技术、计算机视觉技术，探索以音视频信息服务为主体的多媒体内容分析处理等智能化信息处理技术；六是运用知识表示与处理技术，实现档案垂直领域的知识优化，根据档案的特点和特定的利用场景，完善档案知识图谱构建和知识组织，满足用户实际需求。

第二节　智慧城市背景下档案信息服务模式的要素变化

在智慧城市数字化、网络化、智能化快速发展的背景下，信息服务环境的智能融合、信息用户需求的移动多元以及现代信息技术的高速发展，既将在宏观上影响档案信息服务的外部环境、服务理念和服务模式，也将在微观上给档案信息服务的组成要素服务主体、服务客体、服务内容和服务策略带来新的变化。

一、档案服务主体的变化

服务主体是信息服务活动的提供者和实施者，主要是指依托于服务机构的工作人员。在智慧城市背景下新的信息服务环境、服务理念和服务方式将对档案人员的服务理念、服务方式及其知识水平和工作能力提出新的要求。

（一）档案人员服务理念的改变

中国人民大学徐拥军教授曾在一篇博文中指出：在这个唯一不变的是变

化越来越快的世界，人们思想越顽固，就越会被变化的世界“边缘化”；思想越守旧，就越会被周围的变化“去功能化”，唯有以变应变才是我们的根本出路。而智慧城市的出现，标志着人们开始将技术的智能化、自动化与人类的文化力、创造力相互融合，以一种更加开放、人文的理念来重新认识和建设整个城市的生态环境，这种新理念也将影响档案人员的思维方式和服务理念。

由保守思维转向开放思维。由于根深蒂固的保守思想的影响和高度集中的管理体制的束缚，传统档案人员把自己的角色定位为“保管者”，无论是思想观念还是服务理念都过于保守。而智慧城市的建设理念是开放共享，这将推动档案服务理念的转变；同时，在智慧城市背景下，信息资源大量产生、信息需求日益增加、信息交流更加频繁、信息价值不断凸显，作为一种公共信息资源，档案馆所保管的档案信息经过加工处理后开放至社会，使这些公开信息得到自由的流动，以便公众开发利用，进而产生社会效益和经济效益。

由被动服务转向主动服务。传统的档案服务往往是以档案机构自身为中心、以馆藏资源为基础提供档案利用服务，较少考虑档案用户的需求特点和利用习惯。随着智慧城市的推进，社会服务环境的改变，用户信息意识的增强，档案人员的服务理念也将由被动服务向主动服务转变，主动以用户的信息、文化、生活等需求为中心，以积极的态度和服务精神发掘用户需求，主动服务社会。

由经验思维转向数据思维。在传统档案服务过程中，档案人员对档案资源的开发和利用更多的是按照自己或前人的经验来进行；而在智慧城市背景下，数据获取、数据挖掘、数据分析等大数据技术更加普及，无论是档案的利用情况统计，还是用户的需求特征分析，甚至是档案馆、档案和用户之间的关联程度分析，都可以通过数据分析来说明情况。所以，相比之前的经验思维，数据思维更加适应新时期的档案服务工作。

（二）档案人员服务能力的改变

在档案信息化进程中，掌握理论知识和操作技能的档案人员是提升档案服务工作水平的关键所在。而智慧城市的深入推进和信息技术的日新月异也对档案人员提出了更高的要求，具体体现在以下两个方面。

一是知识结构重构。档案人员除了要具备传统档案工作要求掌握的档案学基础理论知识以及文书学、历史学、外语、计算机等相关知识外，在智慧城市背景和现代信息技术环境下，档案人员的知识结构需要作以下补充。① 信息鉴定知识。信息时代的档案信息在规模上是海量的、在门类上是多维的、在价值上是多元的，档案人员只有具备电子档案内容价值和技术状况的鉴定知识，才能及时、准确地捕捉和收集具有档案价值的信息，并根据其重要程度开放利用。② 需求分析知识。档案信息服务工作须以用户为中心，以需求为导向。因此，档案人员能够对档案信息的现实用户和潜在用户、当前需求和未来需求、本单位内部需求和社会大众需求等，进行全面的、前瞻性的分析，并能对档案信息系统的信息需求、功能需求和性能需求进行准确的描述和规范的表达。③ 系统开发知识。为了实现档案业务和信息技术的完美结合，档案人员必须深度、全程参与档案信息系统开发，因而档案人员需要具备一定的软件工程理论和软件开发技术，能够使用信息技术专业语言与信息技术人员进行沟通，共同完成对信息系统的开发和建设。④ 系统评价知识。评价是系统维护和改进的前提，档案人员要具备评价档案信息系统质量的能力，能从档案管理和计算机技术的专业角度，评价档案信息系统的直接效益和间接效益，评价系统管理指标、经济指标和性能指标，并能对系统存在的问题，提出改进的意见和建议。

二是操作技能提升。档案信息化工作已经深入档案工作的各个环节，这就需要档案人员既懂档案管理业务，又熟悉计算机操作技能。他们的主要职责是应用计算机技术从事档案数据的积累、归档、组卷（组件）、分类、编目、扫描、保管、鉴定、检索以及数据备份等操作，而在智慧城市背景和现代信息技术环境下，档案人员的信息技术能力还需要不断提升，具体涉及：① 信息输入技术。既能采用传统的键盘输入技术，也能使用先进的语音、文字、图像识别输入技术，还能掌握数据导入、导出转储技术以及数码摄影、摄像技术。② 信息加工技术。能够采用信息检索工具，从指定的网页、服务器、脱机载体中采集档案信息；按照档案的形式和内容特征进行分类；按照档案的内在联系进行组件、组卷或组盘；采用自动或手工方式对档案进行著录和标引，以及对档案元数据进行采集、封装和管理。③ 信息保护技术。熟悉或掌握数据库管理、数据组织、数据迁移、数据加密、数字签名、脱机存储、网络访问控制、数据容灾，以及维护电子档案真实性、完整性、有效性和安全性等技术。④ 信息处理技术。熟悉或掌握文本编辑、图像处理、视频编辑、文件格式转换、数据下载或上传等技术，了解或掌握档案多媒体编研技术。⑤ 信息检索技术。能够按照用户查档要求，正确选择检索项、关键词、主题词、分类号，并正确组织检索表达式，对在线或离线保存的文本、超文本全文信息进行检索，并对检索结果进行打印、下载、排序、转发等处理。⑥ 信息传输技术。能够采用电子邮件、短信、微博、微信等手段接收和传播文字、图片、声音、视频等各类档案信息；能够掌握网页设计和社交媒体技术以实现各类档案信息的网络传播。

二、档案服务客体的变化

服务客体是信息服务活动的需求提出者和最终满足者，主要是指一切有利用需求的信息用户。在智慧城市背景下，档案用户作为信息用户的一部分，也将在用户类型和需求内容等方面发生各式各样的变化。

（一）用户类型的变化

不同用户由于社会角色、职业特征、地理位置等的不同，会有不同的档案信息需求，从而形成复杂多样的用户类型。档案信息内容的广泛和社会活动分工的细密决定了档案用户的多层次和多类型，这些类型的划分会随着需求目的的不同而不同，也会随着时间的变化而发生变化。传统的档案用户按职业因素和利用特征主要分为：管理人员、研究人员、工程技术人员、专门职业人员以及其他人员。然而，随着档案信息化和网络社会的发展，档案用户的界限日益模糊、用户的数量大幅增加、用户结构更加多样、用户需求动态变化。

在智慧城市背景下，档案用户突破了传统的到馆用户的局限，增加了网络用户和移动用户等新的群体，即可将用户群分为传统型用户、网络型用户和移动型用户三种类型。传统型用户，是指习惯到档案馆或者通过其他途径从实体档案中获取信息和满足需求的用户。网络型用户，是指习惯于借助广泛分布的信息网络，从处于任何位置的终端接入档案网站或数字档案馆门户，实现档案信息需求满足的用户，或是对档案信息有知识、娱乐、休闲等需求的广大“网民”。移动型用户，是指能够熟练使用移动终端尤其是智能手机，习惯于通过移动终端在线了解档案信息或利用档案信息的用户。随着网络社会的发展和移动终端的普及，网络型用户和移动型用户将日益成为档案用户的主力军，档案信息需求将更加多元，这就要求档案资源更加数字化、档案传输更加移动化、档案服务更加个性化。

（二）用户需求内容的变化

随着智慧城市的发展和科技水平的提升，人们获取信息的途径更加便捷多样，用户的信息获取能力也不断提高；同时，社会信息化进程的加快和移动网络的普及也促使人们对信息内容的需求出现新的变化。

第一，对档案信息类型的需求变化。随着印刷技术、存储技术和网络技术的发展变化，档案信息的载体和形式也在不断发生改变，除了传统馆藏占主导地位的纸质形态，更多出现的是以光盘、磁盘、硬盘等为主的电子化形态，以网站、微博、微信等为主的网络化形态和以数据库为主的数字化形态。随着档案用户信息素质的逐步提高以及信息技术和互联网的普及，档案用户在利用档案信息时不再仅满足于纸质档案，更倾向于通过形象生动的信息来满足其需求，比如图片、动画、音频、视频、网页等多样化的档案信息。这些类型的档案信息能够让用户全面、直观地感受到档案内容的各种显性特征，能更好地满足档案用户的各种需求。

第二，对档案信息内容的需求变化。档案信息内容是用户信息需求的核心，不同的档案用户受自身条件及外在环境的影响，需求的信息内容也各不相同，即使是同一个档案用户，也会在不同的时间及环境下有其不同的需求。以往的档案用户利用档案主要是从事学术研究、解决实际工作问题、满足个人的利用需求，具有一定的普遍性和相似性；当今社会的档案用户信息利用意识更强，查询利用档案的目的更加多样，有些是因为工作需要而利用档案文件，有些则是出于对家族、个人或组织历史的兴趣而查阅档案信息，还有一些是出于纯粹的休闲好奇或文化“漫游”而涉猎档案资源。

智慧城市背景下更多信息在被提供给用户的同时，用户对档案信息内容的需求也随之提升：对档案信息内容的广度要求提高，社会活动的复杂性和人们活动的频繁性，使得用户的档案信息需求涉及多个领域、多个方面，比如政治、经济、文化、医疗、城建、信用等；对档案信息内容的精度要求提高，档案用户越来越倾向于直接获取对解决问题起关键作用的实用性档案信息，而不需要自己去鉴别、提炼和摘取；对档案信息的深度要求提高，传统的一次文献和目录查询已经不能满足广大档案用户的需求，他们提出了全文查询、多媒体检索和深度加工的要求，希望获取经过加工、提炼、编研的综合信息。

三、档案服务内容的变化

信息资源是信息服务活动最基本的要素，智慧城市背景下各种电子设备和数字化技术的广泛应用，产生了大量的数字信息，这些数字信息又通过通信网络快速传播，其中存在很多无序、凌乱、缺损、冗余甚至过时、虚假的信息，这些信息又必须通过整理、加工和分析处理之后才能提供利用。这就使得信息服务内容产生两大变化：一是服务内容以数字信息为主，二是服务机构通过对数字信息的采集、整合、处理后提供信息加工品。档案资源作为信息资源的一部分，它在智慧城市背景下也呈现出这两种变化特征。

（一）以数字化档案资源为主要服务内容

在智慧城市背景下，馆藏资源发生了巨大变化，数字形式的档案资源成为档案信息服务的重要内容。这些资源不仅包括传统馆藏档案资源数字化处理后得到的副本化资源，还包括根据归档范围直接接收的具有原始凭证价值的电子文件，以及一些具有特色的、有保存价值的网络信息资源等。

副本化档案资源主要是指对传统的馆藏档案资源进行数字化处理后得到的档案数字化副本，它主要包括纸质档案的数字化副本、照片档案的数字化副本、缩微胶片档案数字化副本、录音录像档案的数字化副本等。纸质档案的数字化副本主要存在两种形态：一是通过扫描纸质档案后再运用字符识别软件进行识别，最终生成文本文件；二是直接扫描纸质档案后形成数字图像文件。目前，智慧城市建设中有重要利用价值的基建档案、房产档案、婚姻档案等传统纸质档案都已优先进行数字化转换。照片档案、缩微胶片档案、录音录像档案的数字化副本都是利用相应的数字化技术转换为数字文件，通过计算机系统和通信网络进行传递和利用。相较于纸质档案，照片档案、录音录像档案更能生动、直观、形象地再现历史场景和人物特征，是重要的影像记忆和特色鲜明的档案资源，是档案数字化加工和网上展览的重要素材。

电子化档案资源主要是指电子文件的归档与接收。电子文件作为一种新兴的文件形态，直接形成于信息化系统，不仅是管理机构和业务机构日常工作的工具，而且可以作为信息环境下机构工作的历史记录和活动凭据，也是智慧城市建设中重要的信息资源和文化财富。电子文件按信息类型可以分为：字处理文件或文本文件、图像文件、图形文件、影像文件、声音文件、数据库文件、程序文件、超媒体链接文件和元数据文件。

网络化档案资源是反映国家机关、社会组织或个人在实践活动中形成的、具有档案价值或潜在档案价值，并借助计算机网络进行传递和利用的各种数字档案信息资源的集合。它除了包括网络档案信息内容本身，还包括完整描述文件内容、背景信息、结构和网站存放地址的元数据以及相关支持软件等。其具体表现形态是各种政府网站、社交媒体、网络平台、电子邮件系统中存在的文字、图片、音频、视频、网页等结构化、半结构化和非结构数字信息资源。

（二）以知识化档案信息加工品为主要服务内容

信息服务是以信息为核心要素，通过对信息的采集、整理、加工、存储和综合分析，最终向用户提供具有较高知识含量的信息产品的过程。在智慧城市背景下的档案信息服务，也将更加注重档案资源的组织与开发，其中需要档案人员的智力投入和技术应用，实现档案信息和内含知识的关联、集聚，形成具有较高知识含量的档案信息加工品，帮助用户找到或形成解决问题的方案。

档案进行知识化加工的优势体现在：① 档案是人们在社会实践活动中直接形成的真实历史记录，它的来源和形成过程具有可靠性和规范性，对知识构建起到独特的支撑作用；② 档案的形成和组织始终保持来源联系，其构成包括内容、结构和背景三个必备要素，这就为信息整合和知识构建奠定了基础，更加便于进行知识的识别、获取、存储和档案知识地图的构建；③ 档案是由文件材料转化而来的，其中的数据、事实和知识均从实践中来又作用于实践，具有较强的规范性、针对性和价值性，构成了较为完整的知识结构，是真实可靠的显性知识源；④ 档案记录了特定行业和专业领域发展过程中解决特定问题的研究成果，具有行业和专业的知识结构和特色内容，更利于专业知识的构建和服务；⑤ 档案是社会的历史记忆，其中蕴含的知识是应用并验证了的知识，具有反映历史的知识性和解决问题的实践性，因而其实际查考作用大于其他非档案文献。

四、档案服务策略的变化

（一）服务特征的变化

智慧城市的信息化程度达到了前所未有的高度，政府管理与决策、社会运作与产业发展、市民的日常工作、学习或生活等各个方面与档案信息的联系将日益紧密。智慧城市背景下的档案信息服务，一方面，要面对智慧城市高度信息化的发展环境，即要改变传统档案服务的理念和方式，使档案服务过程中的档案信息分析、传播以及利用等过程达到移动化、智慧化的水平；另一方面，也要为智慧城市环境下的政府管理、产业发展、科学研究、经济运行与人民生活提供档案信息服务，其服务的范围将更加广泛，服务的内容也将更加多元化、系统化。总而言之，智慧城市的主要特征是基于物联网的动态感知、基于互联网的泛在互联、基于云计算的共享集成和基于大数据的智能应用，这些技术和特征也将影响并推动档案信息服务从简单、固定、零碎、被动转向全面、移动、生态和智慧服务。

1. 档案信息服务全面化

全面化包括两层含义：一是档案服务内容的全面，二是档案服务对象的全面。与传统档案信息服务相比，智慧城市背景下的档案信息服务将会面对更加庞大的信息量，档案信息产生的范围更加广泛、采集渠道和途径更加多样、开放程度更加宽泛，要全方位满足用户需求就需要提供全面的档案信息或知识产品。同时，档案信息服务的对象也不再局限于政府部门的工作人员、部分进行科研和编纂工作的专家学者以及少数涉及法律纠纷的档案用户，而是面向城市建设者、政府管理者、企业经营者、交通运输者、个体经营者以及社会团体等在内的全体大众，只要用户有档案信息需求，都需要为其提供信息服务。

2. 档案信息服务移动化

从时间和空间变化的视角，智慧城市建设要求通过以移动技术为代表的物联网、移动互联网、云计算等技术应用实现全面感知、泛在互联、普适计算与融合应用。档案信息服务也应跟上时代发展的步伐，加强技术应用与创新，充分利用短信、WAP、App和微信公众平台，便于用户通过智能手机、移动终端等各种移动设备自主接受移动服务。移动服务是档案部门应对移动互联网环境挑战的明智之选，它既打破了信息环境下时间和空间的限制，也满足了用户随时随地获取档案信息的需求；移动服务也是档案部门转变传统服务理念的重要路径，它使档案人员由保守管理思维转向开放服务思维，使档案用户由被动接受服务转向主动获取服务；移动服务也是开发和利用档案信息资源的内在要求，通过对数字档案资源进行组织、整合、挖掘和深化，为用户提供及时、准确、专业的档案信息。

3. 档案信息服务生态化

生态化是指智慧城市背景下的档案信息服务符合生态学特征，尤其是符合信息生态学特征。信息生态是关于信息、人、信息环境之间相互关系的总和，是一个相互作用的有机整体。信息生态要求以人为本，强调人的主导因素，而档案信息服务颠覆了传统的以档案馆为中心的模式，转变为以用户为中心。因此，智慧城市背景下的档案信息服务过程是以档案用户为中心，优化配置档案信息资源，高度融入信息环境，既维持档案馆内部信息资源的生态平衡，又促进外部信息需求环境的生态平衡。

4. 档案信息服务智慧化

智慧化包括档案采集手段智慧化、档案信息加工处理智慧化和档案信息传播利用方式智慧化。面对智慧城市环境下庞大的信息量，档案部门除了按照以往传统的档案收集手段接收档案外，还需要充分使用各种先进的信息采集手段，建立智慧采集平台，对信息环境下有价值的文字、图片、音频、视频、网页等信息进行智慧采集。同时，庞大的信息量也使以往的信息处理和加工方法逐渐被淘汰，取而代之的是伴随着智慧城市建设而发展起来的智能化技术。此外，网络化、智能化的社会环境促进档案利用服务的泛在化和即时性，即无论用户在何时何地有任何档案需求，档案馆都应该即时提供准确的信息服务。

（二）服务方式的变化

在智慧城市建设快速推进的过程中，社会化加速了由管理方式向服务方式的转变。档案馆作为集中保管党和国家重要信息资源的场所，重要目标之一就是利用馆藏资源为社会提供更加公平、有效、快捷的信息服务。在智慧城市背景下，档案部门通过大力建设数字档案馆，充分利用新技术、新思维探索新型档案信息服务方式，最大限度地减少信源与信宿之间信息的不对称，有效实现档案人员与档案用户之间的双向交流与充分互动，切实提高档案信息服务的水平和效果。新型服务方式具体如下。

1.“一站式”集成服务

过去传统档案馆和档案资源在地理空间上是分散的，各类档案信息资源间的隔离导致政府难以在决策过程中通过“一站式”的方式快速获取全部的档案资源，也影响民众跨区域利用所需档案资源。这种离散式的服务方式降低了档案服务效率，使档案馆中的信息资源难以得到有效利用，更难以适应智慧城市背景下信息资源整合的发展要求。在当今信息化、网络化的背景下要实现档案信息资源的充分利用，就需要考虑建立两个档案信息服务网络：一是建立一个内部档案信息服务网络，它是内部局域网，一般都是建立在网络互联的基础上，实现档案室之间以及档案室与档案馆之间集成档案信息的流转和共享；二是建立一个外部档案信息服务网络，如在档案网站中设置检索模块，将可以在网络上公开的档案信息进行整合和集成，从而为利用者提供全面的档案信息资源，也就是所谓的“一站式”集成服务。

“一站式”集成服务是在数字化、网络化和虚拟环境的技术基础上，将相关档案信息从不同信息源挑选出来，并经过有效组织和整理有机地链接成一个整体，同时借助于网络技术和应用软件的支持，从而使利用者“一步到位”得到整合好的、能满足不同层次和范围的档案利用需求。例如：在上海构建智慧城市的大背景下，上海市委、市政府在全市档案工作会议上着重提出：既要做好档案信息化建设，又要加强本市民生档案工作，将两者共同融入智慧化城市建设大格局中。2011 年 3 月，上海市 18 个国家综合档案馆（1 个市馆、17 个区县馆）实现“馆际联动，跨馆出证”，即上海市民生档案“一站式”服务。该服务是通过“远程协同服务机制”横向联通市、区县综合档案馆 18 个，纵向将查询点延伸到 208 个街道、镇社区事务受理中心，借助政务外网“上海市档案信息远程公共服务平台”形成以社区事务中心为前台查询、档案馆为后台调档、远程协同出证的服务模式。广大人民群众足不出社区，就可以轻松查档获证，享受“一站式”服务带来的便利。

2. 智慧档案云服务

智慧城市建设的一项重点任务就是要推动政务资源协同共享，打造标准统一、协同共享的基础数据资源库，并通过积极推动“智慧政务云”服务，实现资源共建共享，为政府管理、经济发展、民生需求提供安全、高效、便捷的信息服务。传统档案资源服务过程中存在着实体资源控制难、信息资源共享难、信息系统联通难、档案服务协同难等问题，而云计算提供的三类服务基本模式：基础设施即服务、平台即服务、软件即服务，正是解决这些问题的有效手段。而且，智慧政务云的平台搭建和服务方式也为智慧档案云的构建和服务融合创造了便利条件。

由于云计算服务模式能在多个层次上对数据资源进行按需定制，可突破信息资源的部门所有制，为档案信息资源整合提供有效手段，可减少建设成本和维护成本，真正实现档案资源的远程把控和集中服务等优点，基于云计算的档案信息服务平台是首选。

该智慧档案云服务架构的重点不仅是各个应用系统层间的互联互通，有效整合档案管理中的基础资源、平台资源和应用资源；而且是从底层基础设施的集中和共享起步，将它们抽象为 IaaS 层的服务能力，然后逐层向上统一规划数据资源、各个业务应用系统需要协同和共享的能力，并分别将基础支撑技术平台抽象为 PaaS 服务能力，将业务处理逻辑抽象为 SaaS 层的服务能力，最终形成服务资源池来满足政府、企业和公众等不同层级用户的使用需要，极大地提高了档案信息资源的使用效率和使用便捷性。

3. 档案信息移动服务

2015 年 8 月，国务院印发的《促进大数据发展行动纲要》提出，加快民生服务普惠化，推动传统公共服务数据与互联网、移动互联网、可穿戴设备等数据的汇聚整合，开发各类便民应用，优化公共资源配置，提升公共服务水平。2016 年 9 月，原中央档案馆馆长、国家档案局局长李明华在全国档案馆工作会议上提出，各级档案馆要探索研究采用大数据、云计算、智慧管理、移动互联等新兴信息技术的可行性，加强档案数据资源的挖掘利用和开放共享，从开放、协作、共享的角度思考档案馆的服务模式，积极迎接共建共享时代的来临。因此，在智慧城市信息化、网络化、智能化快速发展的背景下，充分利用移动互联技术建设移动档案馆，对融入国家政务信息化工程建设，为公众提供快捷方便的档案信息服务，以及创新档案服务理念和提升现代化管理水平有着重要的现实意义。

建设移动档案馆，可以向公众提供档案查询、档案展览等服务，可以向公众提供其所需的档案目录服务、预约服务、咨询服务等，可以接收公众捐赠档案或提供的线索，可以请公众参与档案鉴定、档案著录等档案管理工作，可以主动归档移动终端产生的有价值信息。同时，移动档案馆也是档案馆宣传档案工作、提高公众档案意识及参与意识的工作平台。公众登录移动档案馆，可以不受时间和空间的限制，方便快捷地反映对档案的需求、获取档案服务、参与档案管理工作和向档案馆提供档案。

第三节　智慧城市背景下档案信息服务模式转变的动力分析

智慧城市背景下的档案信息服务模式是在信息技术和城市建设快速发展过程中如何高效满足用户需求的全新命题，其模式构建与实施运行是一项复杂的系统工程，既涉及档案服务领域的价值取向与模式转变，也涉及对信息技术的智能应用，还涉及档案内容的深度挖掘与知识供给。由上述分析可知，在智慧城市背景下，作为行政服务机构的传统档案馆向新型数字化公共服务机构转变，档案人员的服务理念向“需求为导向”“用户为中心”方向转变，档案用户的需求特点向多元化和个性化方向转变，档案资源的内容和结构向数字化、知识化方向转变，信息技术也在随着数字化、网络化、智能化的发展而发生新的转变，这些要素的变化和相互作用也将推动档案信息服务模式的创新和转变。

“动力”之于机械是指做功的各种作用力，之于人是指行动的力量，之于系统是指系统内部各种因素为实现系统总目标相互作用的推动力。档案信息服务模式转变的动力指的是使档案信息服务各构成要素相互作用并促使其模式创新转变、向前发展的力量。在档案信息服务模式的整个要素关系系统中，服务主体、服务客体和信息技术发挥着关键作用。一方面，档案人员和档案用户作为信息人具有主观能动性，可以认识与改造系统中的其他因子；另一方面，信息技术作为连接档案信息、档案用户和档案人员的桥梁，为人际交互、信息交互和人机交互提供支持。因此，本书将档案信息服务模式转变的动力概括为服务主体的效益驱动、服务客体的需求牵引和信息技术的进步推动三个方面，构建出档案信息服务模式转变的动力模型。

一、服务主体的效益驱动力

追求效益不仅是人类发展生产力的激励因素，也是推动人类改造社会、发展社会的直接动因。同样，服务主体对效益最大化的追求也是推动档案信息服务模式转变的重要驱动力。

所谓效益，是指效果与收益，即有用的结果或者是有益的效果，它不仅是指经济效益，也包括社会效益。经济效益是能够用经济指标衡量的，主要是服务主体在提供档案信息资源和服务功能的过程中所能为服务客体节省或新增的经济收入，重点体现在城市建设、经济发展、科学研究、法律纠纷和医疗服务等方面。社会效益是服务主体通过将有限的档案资源提供给社会公众利用，从而满足其日益增长的信息、文化、知识需求，重点体现在政治、文化、教育、科技、历史研究等领域。

鉴于档案服务工作所能带来的经济效益和社会效益，也反向影响着档案行政机关的行政驱动和档案机构的职能推动。在国家政令的推动下，国家综合性或专业型档案馆也不断转变职能，由管理型向服务型转变，积极推动档案信息服务工作，为社会发展和公众利用提供档案服务，例如上海、青岛、杭州等多个地方综合档案馆积极开展民生档案服务工程，打造“一站式”服务平台提供跨馆利用、跨馆出证等服务。尽管各级各类档案机构的职能、目标各有差异，但档案服务所产生的巨大效益对实现其职能和扩大其社会影响力具有重要的驱动作用，而档案机构和档案人员的主动参与和积极行动也将成为档案信息服务模式创新的重要动力。

二、服务客体的需求牵引力

信息需求是人的基本需求，是产生信息动机的原动力，并在外部环境作用下激发出寻求信息的行为。档案用户一旦产生信息需求，便会产生档案信息获取行为，拉动档案馆的信息传递，进而激发档案人员的信息生产和加工处理。

随着智慧城市背景下政治、经济、文化和技术等外部环境的发展变化，档案用户的信息需求也在与时俱进、不断变化，当档案用户的信息需求难以得到满足时，他们会通过信息反馈的方式向档案馆或档案服务人员反馈信息诉求和需求变化，从而推动档案人员对档案信息的供给做出调整，以及对档案信息服务内容和服务方式进行改进；而当档案用户的某一信息需求得到满足以后，往往会促使其不断产生新的需求。如此往复，螺旋上升。因此，档案用户的信息需求将牵引档案信息服务的发展，推动服务主体更新技术应用、提升系统功能、优化服务流程甚至创新服务模式，从而不断地满足用户需求，帮助用户解决问题。

目前，档案用户的类型和需求是多种多样且动态变化的，不同类型的档案用户需求不同，同一类型的档案用户也因知识背景、兴趣偏好及工作内容等因素产生不同需求，每个用户的需求层次和需求强度也不尽相同。然而档案信息服务还存在档案信息数量不足和类型不全、检索方式较为单一、服务系统不够完善、服务理念不够先进、利用效果不够理想等诸多问题。因此，这些日益增长和不断变化的用户需求与档案信息供给不足之间的矛盾将成为推动档案信息服务模式转变的根本动力，也将拉动档案信息服务朝着高质量、高效率的方向发展。

三、信息技术的进步推动力

“需求牵引，技术推动”是科技发展的规律，也是信息服务的重要动力。

从档案信息化发展的历程来看，档案载体形态和服务方式的每一次转变和提升，都离不开信息技术的应用和推动。随着计算机、数据库、互联网以及移动通信等技术的发展和广泛应用，档案信息服务也经历了从传统手工检索到计算机辅助检索、目录数据库检索、全文数据库检索，再到区域共享信息服务、互联网远程协同服务等发展阶段。档案信息服务的软硬件设施、服务方式与服务手段、服务资源等都与信息技术密切相关，信息技术既是满足用户需求和实现服务供给的重要手段，也是档案信息服务模式转变的关键推动力。

在智慧城市背景下，以物联网、云计算、大数据、移动通信和智能技术为代表的现代信息技术的飞速发展和深入应用，为拓展档案信息服务功能和提高档案信息服务效率提供了强大支持，信息技术的应用逐渐成为改进档案信息服务水平的重要力量。现代信息技术的充分应用与档案服务功能的有机结合，产生并强化了服务主体利用信息技术的动机，同时，又为实现档案信息服务目标提供了保障。尤其是物联网、移动互联网和云计算、大数据技术，已在提升档案信息服务能力方面发挥更加重要的作用。例如利用物联网技术将有效解决档案实体与现有的档案信息管理系统之间缺乏沟通桥梁的难题，利用云计算和移动互联网技术能在“云端”提供“一站式”检索服务，利用大数据技术能够深入挖掘离散档案资源之间的关系并更好地开展关联服务。因此，充分利用现代信息技术构建综合、高效、智能的档案信息服务平台，既可以为用户提供个性化、知识化和集成化的信息服务，也可以提升档案部门的管理水平和服务层次，还可以引领档案信息服务的发展方向。

第四节　智慧城市背景下档案信息服务模式转变的理论支撑

没有理论支撑的研究是空洞的研究。对研究的概念进行有效的疏理，对研究的对象进行清晰的定位，能够使研究更具有目标与导向，也能够使研究内容不偏离研究轨迹，从而起到研究的一脉相承作用。本节结合全书的研究内容，总结档案信息服务所需要的基础理论，以期为进一步研究智慧城市背景下档案信息服务模式转变提供理论支撑。

一、需求层次理论

“需求”原指个人生理上的一种匮乏状态，在社会心理学视域下，“需求”的含义得以扩展，用以表示一种渴望获得而又匮乏的心理状态。“在现实生活中，人有各种需要，“任何人如果不同时为自己的某种需要和为这种需要的器官做事，他就什么也不能做”，因此，可以说，需求作为“内心的意向”构成了人们活动的原动力和原目的。人的需求纷繁复杂并不断变迁，从不同角度分析将得出不同的需求。

（一）马斯洛需求层次理论

1943 年，美国社会心理学家马斯洛在其著作《人类动机的理论》一书中，首次提出了著名的需求层次理论，回答对于人的积极性以何为基础，根据何种依据，如何充分调动的问题，同时也为人们了解人的性格动力结构提供了较为完整的理论体系。1954 年，马斯洛发表了《动机与人格》，他进一步阐述了需求层次理论的观点体系。他认为人的行为是由动机引起的，动机起源于人的需求，而人的需求是以层次的形式出现的。据此，他将人类需求分为五个层次，依次为生理的需要、安全的需要、社交的需要、尊重的需要、自我实现的需要。五个层次的需求构成了一个“有相对优势关系的等级体系”，只要低一级的需要得不到起码的满足，它就是激发人的行为的动机；而一旦得到满足，它就让位于高一级的需要。需要的层次越高，在个体发展中出现得就越晚，与生存的联系也越间接，越属于精神世界的范畴。在上述理论中，马斯洛将前两个层级归类为物质性基础需求，属于较低等级的需求；而后三个层级则是较高等级的需求，归类为精神性高级需求。

（二）奥尔德弗 ERG 需要理论

美国耶鲁大学的克雷顿·奥尔德弗在马斯洛提出的需要层次理论的基础上，进行了更接近实际经验的研究，提出了一种新的人本主义需要理论。奥尔德弗认为，人们共存在三种核心的需要，即生存的需要、相互关系的需要和成长发展的需要。这一理论被称为“ERG”理论。生存的需要，是指与人的基本生存相关的需要，包含了马斯洛理论中的前两个层次：生理的需要和安全的需要。相互关系需要，主要是指人的交往、社交等需要，包含了马斯洛需要理论里面的部分尊重的需要，以及情感的需要。成长需要，指的是个人追求发展以及完善自身的需要，相当于马斯洛需要理论中一部分尊重的需要，以及自我实现的需要。与马斯洛的需要层次理论不同的是，奥尔德弗的“ERG”理论表明：人在同一时间可能有不止一种需要起作用；如果较高层次需要的满足受到抑制的话，那么人们对较低层次的需要的渴望会变得更加强烈。奥尔德弗还提出了三个需求层次之间的相互关系：一是需要满足，指的是同一层次的需要得到一些满足时，会引发对这一层次在质和量上更多的需要；二是需要加强，指的是当同一层次的需要满足得越充分，越会引发更强烈的高层次需要；三是需要受挫，指的是当高层次的需要没有及时或较为充分地得到满足时，会导致低层次需要的膨胀和加强。

智慧城市的建设是一项复杂的系统工程，针对城市的客观需求适配对应的智慧应用是开展这项工程的前提。“人既是智慧城市建设的主导者、推动者，也是建设成果的享受者。智慧城市的建设要以满足人的需求为根本出发点，以实现人的发展为落脚点”；更重要的是，个体在社会生活中的各种需求都与自身的生活、发展息息相关，其需求基本都是从简单向复杂递进，从单一向多样演进，正是这些无数个体的普遍性需求推动着整个城市的形成、运行、发展。因此，智慧城市的应用需求本质上是城市居民的服务需求，本身就带有马斯洛需求层次理论的烙印，而其建设目标不仅应满足人的生理需求，也应向满足更高层级的精神需求方向迈进。在需求分析的诸多理论中，马斯洛需求层次理论从人本主义角度论述了需求对人类行为的激励作用，在宏观层面上揭示了人类需求的普遍规律，对于我们认识智慧城市背景下档案信息需求具有方法论意义上的指导价值。具体表现在：

一是从供给导向转为需求导向。长期以来，我国档案服务采取的是“供给导向”发展模式，往往从自身业务供给角度出发，有什么样的内容就提供什么样的服务，用户常常面临着“提供的服务不需要，需要的服务找不到”的尴尬，显然，这是一种非常“不智慧”的服务模式。需求层次理论构建了一个科学的需求分析体系，简化了需求分析的过程，使得信息需求由“隐性”

转变为“显性”为智慧城市背景下档案信息需求分析指明了方向。更为重要的是，根据马斯洛需求层次理论，不同信息需求之间存在先后顺序，只有在前一层次的信息需求得到满足后，才会衍生出后一层次的需求，这就迫使档案工作人员必须对不同类型、不同背景的用户需求进行分析，有针对性地提供档案信息服务。

二是从静态分析转为动态分析。“需求层次理论是一种动态的理论，行为和选择跟随需求层次的变化而变化，不同层次的需求导致了不同的动机和行为。”作为一种动态的追踪分析模式，基于马斯洛需求层次理论的档案信息需求分析不再执着于某一群体、某一阶段或某一方面的档案信息需求，而是力求把从基本需求层次到高级需求层次的信息需求进行系统的分析，客观地还原档案用户在信息利用过程中的阶段变化。由于城市发展水平和客观实际的限制，智慧城市背景下信息用户的档案需求也千差万别，有些只是关系到自己的衣食住行，满足生存的基本需求；有些开始满足对身体健康、知识获取、社保就业等的安全需求；有些开始满足人与人、人与机构、人与社会等不同主体间的互动和社交需求；有些上升到满足为促进自身成长和自我价值实现提供知识和智力支持的文化自信需求和自我实现需求。需求层次理论对不同层次及同一层次的不同发展阶段的档案信息需求都具有较大的指导意义。

总之，信息服务尤其是关注广大用户的利用需求逐渐成为档案服务工作的重点。需求层次理论也给智慧城市背景下档案信息服务提供了新的思路：在新的社会背景和技术环境下，一定要遵循需求变化的客观规律，遵循以人为本的理念，为不同类型的信息需求提供与之相应的个性服务。

二、信息传播理论

（一）拉斯韦尔的传播过程模式

1948 年，拉斯韦尔在一篇论文中提出了一个传播学研究中最有名的命题：“描述传播行为的一个便利方法是回答五个 W 的问题：Who、Says What、In Which Channel、To Whom，With What Effect。”此后，这句被称为“拉斯韦尔模式”(或称“5W”模式)的名言便被广泛引用。

拉斯韦尔“5W”模式显示了信息传播的一般原则，不失为对传播活动内在机制及要素之间关系的直观和简洁的描述，在传播学历史上具有重要意义，为人们理解传播过程提供了具体的出发点，后来大众传播学所研究的五大领域：“控制研究”“内容分析”“媒介分析”“受众分析”和“效果分析”都是沿着拉斯韦尔所描述的五个维度展开的。

拉斯韦尔模式显示了传播模式的一个典型特征：强调信息传播的终端或信息传播的动机在于影响受传者的行为反应，把传播者看作主要是一种主导服务过程，而且还假定任何讯息总是有效果的。但在实践过程中，该模式忽略了传播是循环往复的双向流动过程，实际缺少了信息反馈过程并忽略了反馈的作用，这样的传播过程是不完整的。然而，时至今日，拉斯韦尔模式仍是指导我们研究传播过程的一种便利和综合性的方法。档案馆进行各类信息服务的过程，实际也是信息传播的过程，借用拉斯韦尔“5W”模式，即为：Who——各类档案馆（本书定位为数字档案馆）、Says What——所传递的档案信息、In Which Channel——信息媒介和利用平台、To Whom——档案用户、With What Effect——服务效果，如果在档案信息服务模式中将信息反馈作为辅助要素加入其中，则档案信息服务的“5W”传播模式将更加完整。

（二）香农—韦弗的信息传播模式

1949 年，信息论创始人香农提出了有关传播的数字模式，该模式主要应用于一个特定的通信领域，其中涉及一些问题：哪一种传播渠道能够运载最大数量的信号？信息在发射器到接收器的途中，有多少被传递的信号将被产生的噪音所破坏？后来，他和韦弗合作研究，将此通讯原理运用于人与人之间的传播，从而对以后的传播模式的研究产生了重大影响，这种模式也被称为香农—韦弗模式。

在这个模式中，传播被描述为一种直线型的单向过程，该模式展示了五种需要完成的正功能（包括信源、发射器、信道、接收器、信宿）和一种负功能（噪声）。在上述过程中的第一步是信源发出一个信息或一组信息供传播；下一步，由发射器将信息转换成信号，这些信号被调整成适合于通向接收器的信道，接收器的功能与发射器的功能相反，它将信号还原成信息；然后，收到的信息抵达信宿；在信息被传递时，可能受到噪声的干扰，而噪声概念的引入，表明传播过程内外的各种因素会影响传播效果。这种模式在档案信息服务领域也具有参考作用，如果从服务技术来看，无论是媒体传播还是网络传播，都涉及信源、信道、噪声和信宿等问题，因此如果设计稳定、高效、抗干扰的数字档案利用媒介或平台就尤为重要；从服务过程来看，同一时刻、同一信道内如果通过多个信号，就有可能相互发生干扰，这就可能导致发出的信号与收到的信号之间产生差别，这种差别可能是噪音干扰产生的差别，也可能是服务者与利用者对于信息的不同理解造成的差别，这就涉及如何增加反馈或互动功能来纠正差别。

（三）奥斯古德—施拉姆的循环互动模式

1954 年，施拉姆依据奥斯古德提出的理论，创制出一种主要针对人际传播形态的理论描述。奥斯古德认为，香农和韦弗有关传播过程的数字模式主要描述机械传播技术下的直线形态，不符合人际传播的实际；在人际传播的传播活动中，参与者既是信息的发送者，又是接收者。施拉姆依据该理论，在香农—韦弗提出的直线型模式基础上，加入了反馈机制以实现交流互动功能，形成一个高度循环和互动的模式，后来被称为“奥斯古德—施拉姆模式”。奥斯古德—施拉姆的循环互动模式比较符合信息传播过程的实践状态，呈现出信息传播过程的互动性、循环性特征，是传播学的重要理论创新。除此之外，奥斯古德—施拉姆的循环互动模式的重要贡献还在于，其破译了信息在“人际传播”过程中编码、释码、译码的完整过程，超越了其余研究者的传播外系统研究视野，进入了“人际传播”系统的描述，实现了信息传播研究的系统完整性。

在该模式中，传播者和接收者在传播过程中一直进行着身份替换过程，即传播者在下一轮的传播过程中成为了接收者；第一轮中的接收者，在下一轮的传播过程中又成为了传播者。这种模式在数字档案信息资源共享和用户众包服务等模式中有参考价值，一方面，可以将共享的视野空间拓宽到馆际的共享模式，另一方面，可以通过信息用户的互动和反馈来实现档案信息服务范围的扩大化和服务质量的高效化。但该模式也存在一定缺陷，一方面，其将传播双方放在完全平等的关系中，与档案信息资源共享服务的现实情况不相符合；另一方面，该模式体现了人际传播特别是面对面传播的特点，而档案信息服务更多的是面向大众传播的过程。

（四）罗森格伦的使用与满足模式

1974 年，罗森格伦基于马斯洛的需求层次理论，以受众的需求和满足为主要研究内容提出了他的使用与满足模式。这一模式的最大优点在于从需求方面概括出了较为全面的影响受众使用与满足的因素：人类共同的需求、个人特有的需求及社会结构的影响，并从需求、动机和问题角度进行了阐释。

该模式以受众的“需求”为起点，而当受众感到其需求存在问题并觉得存在某些可能的解决方案时，该需求才可能引发相关行动。如该模式所示，需求的体验由社会特征（如发展的水平、政治体制）和个人特征（如个性、社会地位、生命周期位置）塑造或影响。而对问题和可能解决方案的感知则导致了动机的形成以进行媒体使用或其他类型的行为。这种模式在用户型档案信息服务模式中有重要参考作用，档案信息用户也涉及社会特征和个人特征，社会特征包括所处智慧城市的经济水平、科技水平、文化特征、服务环境等，个人特征包括个性、工作岗位、社会地位、文化水平、信息素养等，而基于这两类特征所引发的对用户档案信息需求的感知和满足，是研究档案信息服务模式组成要素及其相互关系的重要依据。

（五）莫拉纳的信息流动模式

20 世纪 70 年代末以后，以报纸、广播、电视为主的三大媒体引领大众传播进入新的主流传播模式时代，1985 年，莫拉纳对国际传播的各种形式作了一个基本分析，并提出一种普适的国际信息流动模式，其对当今网络环境下的信息传播具有一定的理论借鉴。该模式分为两个维度，一是技术维度（分为硬件和软件两端）；二是传播维度（分为生产和流通两端）。

该模式的基本特点是借用我们熟悉的从信源到信宿的传播环节，再现从发送者经由技术化的生产系统和流通系统而最终到达受众的流程。在信息传播过程中涉及“技术维度”的两端：硬件和软件，用于生产的硬件包括摄影场、印刷厂，用于流通的硬件包括发射台、通信卫星接口、家庭接收器等；用于生产的软件包括剧本、节目知识产权、管理制度和专业规范，用于流通的软件包括推广、研究和市场营销等。而在生产和流通两个阶段也涉及来自

“媒体外部”和“媒体内部”的因素。

莫拉纳的国际信息流动模式对在智慧城市建设和信息技术环境下研究档案信息服务模式有着重要的理论支撑作用。在智慧城市背景下数字档案大量产生，数字档案的管理和利用过程也涉及生产、加工、处理等生产阶段以及发布、推送、利用等流通（传播）阶段；信息技术环境下也涉及数字档案信息利用平台的搭建，其中包括基础设施、网络设备等硬件和数据库系统、数据挖掘、智能检索等软件。另外，档案信息服务活动也是档案信息传播和档案数据流动的过程，以上与传播学相关理论也将为新型档案信息服务模式的框架设计和内容分析提供支撑。

三、档案价值理论

近年来，传统档案机构职能的拓展、“社会型”档案工作领域的开辟、“智能化”信息技术的应用，使传统档案服务逐渐转向数字档案信息服务，而且服务本体更加基于数字档案资源，服务主体更加对接政府信息化发展，服务客体更加贴近社会民生和公众需求，服务内容更加注重信息集成和知识融合，服务手段更加依赖网络技术和信息技术。所有上述应用的拓展，又都借助于一定的理论基础。

档案是国家机构、社会组织或个人在社会活动中直接形成的有价值的各种形式的历史记录，是人类信息利用、文化传播和文明传承的重要媒介。探究档案价值的本质与特性是档案学理论的重要研究内容之一，也对新型档案信息服务模式的理论研究有着重要的支撑作用。

（一）文件档案双重价值论

20 世纪 50 年代，美国档案学家谢伦伯格提出“文件双重价值论”即成为公共档案的文件具有两种价值：一种是文件对其形成机关的原始价值，也称第一价值，包括行政管理价值、法律价值、财务价值和科研价值；另一种是文件对其他机关和个人利用者的从属价值，又称第二价值，包括证据价值和情报价值。我国档案学者在此理论基础上进行了拓展研究，提出档案的双重价值说：档案第一价值是指档案对于其形成者所具有的价值，其价值主体是档案形成者；第二价值是指档案对社会即除档案形成者之外的其他利用者具有的价值，其价值主体是非档案形成者。谢伦伯格主要从文件到档案的鉴定角度提出了“文件双重价值论”，而我国将这一理论应用到档案价值本身，也进一步将其应用领域由档案鉴定延伸到档案利用，并对信息时代加强档案信息开放利用以提高档案的“文化价值”或“社会价值”（即第二价值）有着重要的借鉴作用。

新型档案信息服务模式的构建是为了转变服务理念、创新服务方式并提升服务质量，但最根本的目的还是最大限度地发挥档案的作用，实现档案价值，创造更大效益。档案价值过去更侧重于对其形成者所具有的第一价值；而在新的社会环境和时代背景下，档案对整个社会的第二价值更为重要，尤其在当今电子文件大量产生的数字时代，档案的“情报价值”也将会发挥更加广泛和深远的作用。该理论对信息时代加强档案信息开发利用，以及档案社会化服务、档案信息服务创新、档案信息服务业务协同等方面的理论研究和社会实践都具有重要的参考作用。

（二）档案价值本体论

哲学上关于价值的讨论存在“主体说”“客体说”和“关系说”等不同观点，其中“关系说”认为价值是对主客体相互关系的一种描述，它代表着客体的存在、属性和合乎规律的变化与主体的需要、肯定存在相符合或相接近的性质和程度。基于此，张斌从主客体关系角度提出档案价值本体论，具体内容包括：第一，档案价值是以社会实践活动为中介的档案客体对主体的意义，是通过档案与人们主体需要的关系得到体现；第二，档案价值是档案客体和主体之间的特定关系，是档案属性与主体需要的统一，其中档案及其属性是档案价值的物质基础，主体及其利用需要是实现档案价值的必要条件；第三，档案价值是档案客体对从事社会实践活动的主体所具有的凭证和参考意义或作用。

档案价值本体论的观点对研究档案信息服务过程中主体与客体的相互作用关系有着重要的参考价值。尤其在智慧城市背景下，社会政治、经济、文化、科学技术等环境都发生了不同程度的变化，这些变化也深刻影响着社会公众的信息需要，而大范围、多样化的社会公众主体需要又有利于档案潜在价值的充分实现，从而推动档案信息服务模式的转型升级。

（三）档案双元价值论

2003 年，覃兆刿在《中国档案事业的传统与现代化》一书中提出“档案双元价值观”，试图对档案价值问题做哲学上的原价值追问，以便对中国古代档案传统和档案事业现代化观念进行分析和阐释，而后续的相关系列研究逐渐深入完善并形成了“档案双元价值论”。该研究认为：“档案始终可以作两个层面的理解，一是它作为一种行为方式，人类的初衷在于借助它的结构形式所赋予的功能，称为‘工具价值’；二是作为记录或者文献归属的实体，其内容负载的价值，称之为‘信息价值’。前者是一种普遍意义的价值，后者是一种个性价值；前者由档案的自然属性赋予，后者由档案的社会属性赋予。”“档案双元价值论”试图揭示档案的形成规律和价值规律，是档案传统走向现代化的价值内趋，是实现档案事业现代化目标的观念要件。在电子文件大量产生的数字时代，”档案双元价值论”中的“信息价值”将会发挥更加广泛和深远的作用，其对档案社会化服务、档案信息服务创新、档案信息服务业务协同等方面的理论研究和社会实践都具有一定的参考作用。

四、文件运动理论

（一）文件生命周期理论

文件生命周期理论是在 20 世纪文件数量急剧增长的专业背景下提出的。该理论的研究发端于国外档案学者对文件即文件中心的理论解释，后来，该理论的研究范围逐渐扩大到文件的整个运动过程以及对这一过程的全面管理。1940 年，美国档案学者菲利普·布鲁克斯最早提出了“文件生命周期”概念，目的是强调文件运动的一种时间跨度，该表述形式为文件生命周期理论的形成提供了缘由。1950 年，英国伦敦大学罗吉尔·艾利斯在第一届国际档案大会上提出了文件运动的“三阶段论”，即关于文件的现行阶段、暂时保存和永久保存三个阶段的理论。1974 年，曾任英国公共档案馆馆长的马勃斯在其专著《文件中心的组织》中吸收了艾利斯的观点，对文件中心与文件运动阶段的对应关系进一步作了系统论述。1987 年，阿根廷档案学者曼努埃尔·巴斯克斯在《文件生命周期研究》一书中深入探讨了文件的价值属性与运动阶段、保管场所和管理方式之间的关系，全面系统地论述了文件生命周期理论。同年，陈兆祺将文件生命周期概念引入国内，我国档案学者结合中国的实践对这一理论作出进一步深化研究，主要概括为三个方面：第一，认为从现行文件到历史档案是一个完整的生命过程，即文件运动具有整体性的特点；第二，认为文件在全部生命过程中先后表现出不同的作用和价值，使其整个生命周期可以区分为不同的运动阶段，即文件运动具有阶段性的特点；第三，认为文件在每一阶段因其特定的价值形态而与服务对象、保存场所和管理形式之间存在一种内在的对应关系，即文件运动过程中各种因素有着内在联系的特点。

文件生命周期理论是“指导从文件到档案全过程管理的基本理论，是现代档案学理论的重要理论成果之一，是研究文件从最初形成到最终销毁或永久保存的整个运动过程、研究文件属性与管理者主体行为之间关系的一种理论，是对文件和档案运动过程和规律的客观描述和科学抽象”。该理论既准确地揭示了文件运动的整体性和内在联系，为文件的全过程管理奠定了理论基础；又准确地揭示了文件运动的阶段变化，为文件的阶段式管理提供了实践原则；还准确地揭示了文件运动过程的前后衔接和各阶段的相互影响，为实现从现行文件到档案的一体化管理，为档案部门或人员对文件进行前端控制提供了理论依据和实践指导。但随着计算机和网络技术的飞速发展、办公自动化的普遍应用和电子文件的大量产生，文件生命周期理论在揭示电子文件运动的某些现象方面存在一定的局限性，而文件连续体理论的提出正好弥补了文件生命周期理论的不足，它是“文件生命周期理论在电子文件时代的补充”。

（二）文件连续体理论

文件连续体思想启蒙于20世纪50年代，澳大利亚档案学者伊恩·迈克莱恩指出：文件管理者才是真正的档案工作者，档案学应该朝着对记录信息特色、文件保管系统和分类过程方面的研究发展。该观点引发了对档案管理与文件管理连续性问题的探索，也创新性地引出了“连续体”这一术语。20世纪 80 年代，加拿大档案学者杰伊·阿瑟顿详细论述了连续体概念，他把文件的整个运动过程分为生成（接收）、分类、鉴定、保管与利用四个阶段，认为所有阶段都相互关联，文件管理者与档案工作者在不同程度上都必须介入文件的全过程管理。20 世纪 90 年代，为寻求针对电子文件更为适宜的管理理论和方法，澳大利亚档案学者弗兰克·阿普沃德构建了文件连续体模型，并提出了“文件连续体理论”。随后，澳大利亚档案学者苏·麦克米希和英国档案学者萨拉齐·弗林等也均在此理论基础上进行了研究与拓展。2000 年，弗兰克·阿普沃德综合之前的研究成果，对连续体模型进行了深层改造，并提出了新的文件连续体模型，将其称为“指导网络时代文件管理实践的理论”。

“文件连续体”在 1996 年出版的澳大利亚国家档案标准（AS4390：第 4.22 条）中的定义是：“从文件形成（包括形成前文件管理系统的设计）到文件作为档案保存和利用的管理全过程中连贯一致的管理方式。”这一定义揭示了文件形成、保存与长久利用应该实行一体化管理的理念。文件连续体理论的主要内容是构建了一个多维坐标体系来描述文件的运动过程，从 4 个维度、4 大主轴、16 个焦点来理解文件的整个生命周期。文件连续体模型的四个“轴”（文件保存轴、证据轴、事务活动轴、执行主体轴）浓缩了档案学的主要论题，每一个轴又代表了 4 个相关的“维”（形成、捕获、组织、聚合），这 4 个“维”以时空概念为基础，充分体现了从文件到档案形成、归档、管理、利用各个要素的联动和互动，探究了文件记录保存的信息对象的整个生命跨度。

文件连续体理论拓宽了文件生命周期理论对文件（尤其是电子文件）和文件保管体系解释的可能范围，它强调全程管理和前端控制，强调从文件形成之初就要对其进行档案化管理，这将有助于了解档案工作者和文件工作者实际工作的各种当前状况以及档案和文件使用的各种背景；文件连续体理论提醒我们，在档案实践中要着眼于文件记录保存的信息对象的整个生命跨度，以动态、多元的思维不断挖掘档案信息资源，并确保其真实、可靠、完整和可用，让“死档案”鲜活起来，提升档案资源的管理效率、效用和效能，满足现在以及将来社会多样化的需求。

五、新公共服务理论

有学者认为西方公共服务理论研究大致经历了三个历史发展阶段：社会政策学派与公法研究阶段，该阶段明确提出“公共服务”概念；公共经济学研究阶段，该阶段明确提出“公共产品”概念；然后是新公共管理阶段，该阶段则将“公共服务”视为公共管理的核心内容。新公共管理理论，以及在此基础上发展起来的新公共服务理论对我国档案信息服务模式转变有着重要的借鉴意义。

从 20 世纪 80 年代开始，英国、美国、澳大利亚、新西兰等西方发达国家掀起了一场声势浩大被称为“新公共管理”的政府改革运动，随后，新公共管理运动迅速成为整个西方公共管理改革的主导方向。而“新公共管理”一词最早是由胡德于 1990 年提出的，该词被用来描述公共部门的管理实践向私有的工商管理方法的靠拢和借鉴，即强调以顾客为中心，强调对结果的管理等。从组织的角度来看，新公共管理包含两种组织上的变化：一是它使得公共部门和私有部门的界线模糊化，二是减少组织内各种规章程序对行政裁量权的种种束缚，特别是通过对各种市场机制的引入，促进了公共部门组织控制的分权化。在戴维·奥斯本和特德·盖布勒所著的《改革政府》一书中，新公共管理的理论核心主要概括为：① 政府把握方向而不是事必躬亲；② 公共服务的主要客体是需求者，要以需求者的需要为导向；③ 以最后提供了什么服务为考量标准而不管投入了多少；④ 公共事业的管理需要改变政府一家提供的独大局面，社会和私人的力量都可以引入；⑤ 对于服务的提供要建立完整的绩效考核机制；⑥ 注重权力的分配；⑦ 倡导企业化的管理与政府管理相结合。

“新公共服务”一词由罗伯特·B.登哈特和珍妮特.V.登哈特夫妇共同提出，该理论是在对新公共管理理论进行反思、批判和继承的基础上建立的一种新的公共行政理论和范式。新公共服务理论是在民主公民权、社区与公民社会、组织人本主义及后现代主义四个思想来源的基础上建立的一种更加关注民生价值和公共利益，更加适合公民社会发展和公共管理实践需要的新理论。该理论具体包含七个要点：① 政府角色是服务而非掌舵；② 公共利益是公共行政目的，而不是副产品；③ 战略性思考，民主化行动；④ 服务对象是公民，而不是顾客；⑤ 政府承担的责任是多重的，而不是单一的；⑥ 尊重人的价值，而不只是生产效率；⑦ 公民价值和公共服务高于企业家精神。

公共文化服务是公共服务的重要组成部分，档案信息服务又是公共文化服务的重要组成。近年来，随着社会的进步和公民文化权利意识的增强，社会对公共文化服务的需求日益迫切；而随着智慧城市的建设和数字时代的到来，政府及公共服务部门的服务理念更趋于“公众化”和“人性化”，社会大众对数字信息需求的程度也在不断提升。为适应并满足这一社会需求，数字档案馆也在积极开展数字档案资源建设和服务、公共档案文化资源建设和服务。无疑，新公共服务理论对新型档案信息服务模式的理论探究也具有一定的启迪和借鉴作用。具体表现在：第一，新公共服务理论提出以公民为服务对象、重视公民权。因此，在提供档案信息服务的过程中，更要强调以人为本的理念，即一切服务的提供不是基于档案馆自身的设想，而是根据服务对象的切实需求来确定服务内容和服务方式。第二，新公共服务理论以追求公共利益为目标。档案馆的目标也是为了更大限度地满足公众需求，所以档案部门有责任积极分析和识别公众的档案需求。第三，新公共服务理论提倡打破传统服务模式，开创新型的服务模式。因此，我国档案信息服务工作也要抓住智慧城市建设契机，适当突破现有管理体制制约，创新档案信息服务模式，实现档案信息服务公共利益的最大化。

第五节 “智慧型”档案信息服务模式的理论构建

档案信息服务模式的相互作用源于三个主要素的作用程度，以及各要素之间的作用顺序，在服务策略的影响下，这些主要素表现出不同的作用强度，进而构成信息服务模式的动力，并最终确定信息服务模式的角度和方向。同时基于本章上述论述，智慧城市背景下新一代信息技术的广泛应用，城市管理方式和信息服务理念的进一步提升，以及社会大众的信息利用意识和信息利用能力的大大增强，这些技术因素和外部环境的变化都将影响到档案信息服务要素的改变和相互作用关系，进而衍生出更加便捷、高效、智慧的服务模式。因此，本章拟以档案信息服务模式组成要素间的相互作用关系为基础，并从信息技术的核心应用和信息人的主观能动角度建立“智慧型”档案信息服务模式。

一、构建“智慧型”档案信息服务模式的理论基点

（一）权变理论支撑档案服务活动迈向智慧化

“变化”是人类社会活动中恒定不变的原则。当组织和人所处的生态环境发生变化时，其能力和结构也必然随之而变，组织结构、领导行为、决策方法、执行计划和实施方法等都是组织内随着内部和外部环境的变化而调整的重要因素，这是权变管理理论诠释的现象。权变管理理论强调，组织内各项管理活动应与组织所处的、具体的生态环境相匹配，组织应针对一定的环境条件寻求最合适的实现组织目标的管理方式，组织的体系结构、业务模式和运作机制应随着生存环境、工作性质、员工素质和愿景目标等因素的变化而调整。

系统观是权变管理理论研究的出发点，它将组织视作一个与其环境不断相互作用而进化发展的开放系统，认为组织内的系统是复杂的和动态的，组织结构不是固定不变的，而应根据组织内、外环境的变化而不断调整。21世纪以来，随着信息技术的深入推广和互联网的广泛应用，促进了数字档案资源的大量产生和网络系统中电子文件的大量形成，也带来了电子档案的缺位管理和档案信息的滞后服务，于是国内外档案界开始调整思路、转变角色、优化组织和变革政策，以应对档案管理和服务的外部环境变化，这正是权变理论支撑下的档案服务思维模式和行动计划。

（二）信息服务模式衍生机制支撑档案服务智慧转型

信息服务模式的衍变和创新与信息服务活动的内部要素和外部环境紧密相关，信息服务活动的内部要素（服务主体、服务客体、服务内容、服务策略）之间存在着相互作用的内部动力和作用因子，是信息服务模式衍变的主要原因；信息服务活动的外部环境（信息技术应用、资源共享程度、政府相关政策、经济发展水平、社会发展形势、公民文化程度等）与信息服务也存在相互作用和外部推动关系，有利于诞生新的信息服务模式。这种以信息服务各要素为基础的衍变关系和以发展条件等外围因素为基础的催生动力所构成的信息服务模式衍生机制，不仅影响信息服务活动的整个过程和相应的服务方式，而且能够促使信息服务模式产生具有动态自适应特点的衍变结果。

信息服务模式的衍生机制要说明的是信息服务内部要素的关系变化及相关外部因素的作用推动而引起的变化情况和过程。这种变化的情况和过程根据信息服务活动内外部要素和环境影响，需遵循有序性、多样性、可转变三个基本原则。从内部要素作用关系角度看，有序性原则是指在由主导要素决定的每一类服务形式中，主导要素之间可能形成一种有序的关系链，前者作用于后者，后者接受前者的作用而产生相应的动作，不同的顺序也可能产生不同的档案信息服务活动，主要素之间的顺序就是相互作用的关系。如“用户—服务内容”就表示用户直接作用于信息服务内容，档案网页的内容浏览就属于这类服务。从外部环境影响关系角度看，多样性原则是指信息服务与各种相关因素之间的不同关系将导致多种多样的服务模式产生，其结果是信息服务在适应环境并发挥作用的同时，自身也将获得发展，其他领域的一些技术方法被应用到信息服务领域中来。比如档案信息服务与网络技术、档案信息服务与社会治理、档案信息服务与服务外包、档案信息服务与记忆工程等。从内外要素环境相互关系角度看，可转变性原则是指不同的档案信息服务活动在某一时期可能会有一个或多个外部因素在起作用，而在内部要素之间也需要通过相互转换来平衡它们之间的关系。如当某种档案信息服务活动不符合当前网络环境时，可以重点强调某个主导要素，同时调整服务策略，就可能会改变服务要素的主辅关系以及信息服务活动的先后顺序。

档案信息服务活动在智慧城市深入推进、政府信息更加公开、信息技术广泛应用、文化交流日益频繁、用户需求逐渐增强的外部环境下，加之档案人员服务意识和能力的提高、档案用户利用意识和水平的增强、档案资源形式和内容的改变、档案服务方式和手段的完善，档案信息服务模式将朝着技术与信息融合度更高，四个要素之间的集成度更高，个性化服务、交互式服务、便捷服务等服务性能更高，智能化水平更高的方向发展。

二、“智慧型”档案信息服务模式的框架设计

“智慧型”档案信息服务模式是以智能档案信息服务系统为中心，全程融入并支撑档案信息服务活动的全过程，档案人员围绕用户信息需求和信息活动来组织、集成、挖掘、处理档案信息资源，针对不同需求的用户群体提

供智能的、主动的、个性化的信息服务，支持用户灵活自主地获取信息、互动交流和解决问题的一种服务模式。"智慧型"档案信息服务模式是一种新型档案信息服务模式，它适应了数字化、网络化、智能化时代下档案信息服务的发展趋势，更加侧重智能技术在档案信息服务中的深入应用，也同样强调信息人在档案信息服务中的主观能动作用，对于未来档案信息服务工作的开展有着更为优越的适用性。

"智慧型"档案信息服务模式是通过现代信息技术构建的智能档案信息服务系统将信息服务模式的组成要素联系在一起，实现档案人员、档案资源和档案用户的全面感知、泛在互联和实时交流，从而以一种更加主动和智慧的方式来提升服务水平。在服务过程中，档案用户通过服务系统将利用需求和问题传达给档案人员，甚至档案人员通过服务系统动态感知用户需求，然后根据用户需求对档案资源进行整合、加工处理，形成对档案用户更有利用价值和更高层次的服务产品，并以智慧化的服务策略与方式通过服务系统将集成化的档案信息提供给档案用户，最终实现用户的需求满足和问题解决。

参考文献

［1］大数据环境下新型集中式数字档案室建设模式探讨［J］. 陕西档案，2023（6）：7.

［2］逯晶. 基于大数据视域的档案管理工作变革研究［J］. 兰台内外，2023（33）：33-35.

［3］钟之华. 大数据环境下高校数字档案馆建设实践研究［J］. 科技资讯，2023，21（20）：248-251.

［4］张传芳. 大数据环境下医院财会工作的创新思考［J］. 中国乡镇企业会计，2023（9）：96-98.

［5］王润婷，刘欢，李玥，等. 大数据环境下区块链技术在高校电子档案管理中的创新应用［J］. 信息记录材料，2023，24（8）：71-73.

［6］孙文星. 大数据环境下如何做好公路档案管理工作［J］. 兰台内外，2023（21）：42-43+46.

［7］狄强军. 大数据视角下档案管理创新研究［J］. 兰台内外，2023（21）：32-33＋36.

［8］赵志杰. 大数据环境下高校档案信息化管理［J］. 办公自动化，2023，28（14）：53-55.

［9］熊均清，王轲，李英杰，等. 大数据环境下新时代高校党员干部政治素质档案建设研究［J］. 中国管理信息化，2023，26（13）：140-143.

［10］梁燕华. 大数据环境下医院科研档案规范化管理要点［J］. 黑龙江档案，2023（3）：73-75.

［11］张烈芳. 大数据环境下事业单位综合档案管理创新研究［J］. 兰台内外，2023（18）：39-40+43.

[12] 苏景云. 基于大数据环境下，退役军人档案管理的优化策略[J]. 兰台内外，2023（17）：16-18.

[13] 戈玉荣. 大数据环境下医院人事档案资源管理与利用分析[J]. 黑龙江档案，2023（2）：80-82.

[14] 王瑶. 大数据环境下广播电视档案管理及开发策略 [J]. 档案天地，2023（4）：54-57.

[15] 杨文娜，李子林，胡玲玲. 大数据环境下归档政务信息长期保存组织体系研究 [J]. 兰台世界，2023（3）：56-60.

[16] 韩萍. 大数据环境下不动产登记档案信息资源整合解析[J]. 黑龙江档案，2023（1）：249-251.

[17] 郑伟良. 大数据环境下档案信息风险治理研究[J]. 办公室业务，2023（4）：112-114.

[18] 陈宇琴. 大数据背景下档案管理工作知识科普与质量提升[J]. 科技视界，2023（2）：83-86.

[19] 刘军. 基于大数据环境下数字档案的分类管理与加密防护[J]. 黑龙江档案，2022（6）：49-51.

[20] 肖文芳，廖聪慧，赖秋接，等. 大数据环境下企业档案的可视化分析[J]. 数字技术与应用，2022，40（12）：29-31.

[21] 龚慧卿. 地方大数据管理部门与档案主管部门协同发展研究 [D]. 湘潭：湘潭大学，2021.

[22] 杨茜，王亮，解宁. 新时期档案管理实践与创新 [M]. Viser Technology Pte. Ltd.，2021.

[23] 郭士华. 基于文档型非关系型数据库的档案数据存储与应用研究 [D]. 沈阳：辽宁大学，2021.

[24] 郭晓文. 大数据视域下新媒体环境中地方高校档案管理和公共服务能力建设 [J]. 赤峰学院学报（自然科学版），2021，37（3）：49-53.

[25] 刘丽娜. 大数据环境下医院档案编研工作的实践创新路径——评《基于大数据环境下创新型档案管理与服务研究》[J]. 热带作物学报，2021，42（3）：929.

［26］蔡盈芳. 互联网+会计档案管理［M］. 北京：电子工业出版社：2019.

［27］于奎彬. 大数据环境下电子商务档案管理研究［D］. 保定：河北大学，2018.

［28］王苏醒. 大数据环境下服务型公安户籍档案管理模式构建研究——以W市公安智慧档案系统为例［J］. 电子政务，2017（11）：81-90.

［29］丛彦坤. 大数据环境下辽宁省档案馆档案利用服务问题研究［D］. 沈阳：东北大学，2017.

［30］彭忆. 大数据环境下双流区人事档案管理信息化建设研究［D］. 成都：西南交通大学，2019.

［31］段雪茹. 大数据环境下档案信息资源整合分析及提升策略［D］. 沈阳：辽宁大学，2017.

［32］郭文亭. 大数据环境下地方政府干部人事档案管理研究［D］. 秦皇岛：燕山大学，2016.

［33］陈媛华. 大数据时代的高校人事档案管理创新［M］. 成都：四川大学出版社：2015.

［34］肖敏. 大数据环境下档案利用服务体系建设研究［D］. 湘潭：湘潭大学，2015.

［35］赵屹. 赵屹. 数字时代的文件与档案管理［M］. 北京：世界图书出版公司：2013.